シリーズ・グローバルヒストリー❷

東京大学出版会

鈴木英明――［著］

解放しない人びと、解放されない人びと

奴隷廃止の世界史

Global History

JN041063

A Global History of Abolition of Slavery and Slave Trade
(Series Global History Vol.2)

Hideaki Suzuki

University of Tokyo Press, 2020
ISBN 978-4-13-025172-3

シリーズ刊行にあたって

グローバルヒストリーの方法を用いて、これまで知られていなかった人類の過去に迫り、世界史の新しい見方を提示すること、これが本シリーズの目指すところである。グローバルヒストリーという歴史があるのではない。グローバルヒストリーは、新しい角度から人類の過去を調査し、読み解き、理解するための方法である。グローバルヒストリーの研究成果を積み重ねることで、新たな世界史が構築されるはずだ。

海賊、奴隷から古着、茶、会社や仲買人、一個人、聖地など多彩なテーマを扱う本シリーズでは、グローバルヒストリーの様々な方法が試みられる。それらは各巻で著者によって具体的に説明されるだろう。ただし、二つの基本的な方法だけはどの巻にも共通している。

一つ目は、過去の事象を解釈し説明する際に、人類社会全体を意識するということである。ある主題をどのような枠組みで語るかによって、問題の所在、論点の置き方や文脈は変わってくる。本シリーズでは、国や地域などの限定された空間に関わる主題であっても、その背後の人類社会、すなわち世界全体を意識して検討が進められる。それによって、閉じた一国史や一地域史の中での従来の説明や理解とは異なる斬新な結論が導き出されるだろう。これまで見逃されていた事象に光があたりそこに新たな意味が付与されるかもしれない。世界の様々な部分が相互に影響を与え合い、直接、あるいは間接につながっていたこと、ときにはそれらが統合された全体を構成していたことが説得的に示される場合もあるだろう。逆に、世界のある部分が他の部分とはまったく異なる動きを示していたということが明らかになるかもしれない。

もう一つは、著者が自らの立ち位置を明確に意識した叙述を行うということである。本シリーズは日本語で刊行される。読者は日本語による知と教養を身につけた人々であり、その多くは日本人だろう。その意味で、本シリーズは、日本語による知と教養の多様化・高度化と日本人の世界観・歴史観の刷新に貢献するはずだ。しかし、グローバル化の進む現代においては、日本人に向けて世界史を語っているだけでは十分ではない。本シリーズの著者たちは、地球上の住民すべてにとって意味があり、理解されうる世界史とはどのようなものかを数年に亘って議論してきた。シリーズの各巻で、地球上のすべての住民を読者とする世界史の実現を目指して、工夫を凝らした説明と叙述が行われている。読者が本シリーズ各巻のメッセージを受け止め、地球の住民としての視点から建設的に検証・批判して下さることを願っている。

羽田　正

解放しない人びと、解放されない人びと／目次

序章　奴隷廃止という世界史的共通体験

1　奴隷制と私たち(1)

こんにちの日本に生きる私たちにとって、「奴隷」や「奴隷制」「奴隷交易」という言葉は時間的にも、空間的にも、どこか遠くのことに聞こえてしまう。人によっては空想や妄想のなかのものなのかもしれない。しかし、いずれにしても、それらを肯定的に捉える場合は多くないだろう。むしろ、否定的に、ときに嫌悪感、あるいは背徳感を伴いながらそれらを想起する人が大多数だろう。

場所を変えると、この地球上の多くの地域や国でそれらはより強い忌避感や嫌悪感の対象となる。二〇一二年にアメリカ合衆国ジョージア州の小学校で発生した「奴隷算数問題」はその一例である。アトランタ市郊外のある小学校教諭が児童に課した文章題の宿題二〇問に端を発し、全米を巻き込む議論が巻き起こった。何が問題になったかといえば、文章題に奴隷が登場していたのだ。それはたとえば、次のようなものである。「木に五六個のオレンジがなっています。もし八人の奴隷がそれらを同じ数だけ摘むとすれば、それぞれの奴隷は何個のオレンジを摘むことができるでしょうか」、「もしフレデリックが一日に二度叩かれるとしたら、一週間で何度叩かれるでしょうか」。

問題文中の「フレデリック」が、元奴隷の奴隷制廃止運動家フレデリック・ダグラス（?—一八九五年）を連想させるという指摘もなされた。学校が調査に乗り出し、この教諭は「個人的な理由」で辞職した。彼は算数の例題に奴隷を登場させたのを契機に職を失ったのである。類似の事件は全米各地で繰り返されており、インターネットで容易に見つけることができる。現代に生きるアフリカ系アメリカ人が祖先探しをするなかで奴隷交易や奴隷制の歴史と向き合うドラマ『ルーツ』（一九七七年放映）が一種の社会的現象となり、現在でも繰り返し放映されたり、自由黒人ソロモン・ノーサップによる一八五三年発表の自伝を基にして制作された二〇一四年公開の『それでも夜は明ける』がアカデミー賞を獲得したのを好例に、人種問題と深く関連しながら、合衆国では奴隷問題への関心は非常に高く、常に敏感な問題であり続けている。

別の事例を挙げよう。合衆国とは何かと対極的に見られがちなアラブ諸国も、奴隷問題への繊細さについては大差ない場合がある。ペルシア湾岸へ文献調査に初めて出かけたときのことは、いまでも鮮明に覚えている。文書館に関する確たる情報も伝手もなかった私は、調査を始める前に、インターネットで見つけた現地の研究者と海外の研究者とを結びつける地元NGO団体の役員と面会した。「奴隷交易の研究をしています」とまず自己紹介をしたところ、即座に彼は「それを文書館では絶対に言ってはならない」と厳しくとがめた。私は、自分の立場がある特定の見方に基づいて奴隷制や奴隷交易を批判するのではなく、むしろ、それらをより広い文脈のなかに位置づけて、そうした見方を相対化したいのだと説明を加えたが、彼はまったく耳を貸さなかった。とにかく、奴隷にかかわる問題を調査するのであれば、文書館は私に調査許可を出さないだろうとのことだった。文書館や政府にとって、「奴隷」は自分たちの過去には存在しないものなのだと彼は続けた。これはあまりにも大げさだと思うかもしれない。しかし、たとえば、合衆国の書店で奴隷関係の書籍を見つけるのは非常にたやすいが、湾岸諸国では至難の業だ。とはいえ、この地域に奴隷交易や奴隷制が存在していた事実を否定する研究者はまずいない。

結局、文書館での調査は無事に行え、そのあと、同じ国の別の町——そこは海上交易のネットワークの結節点にあり、奴隷の流入も文書から確認できる——で交易一般に関する調査もした。ここでもうひとつ印象的な経験をした。現地でできた友人にふと、「昔、この町には奴隷が結構いたの」と何気なく聞いたところ、それまで笑顔だった表情が素に戻り、「いや、奴隷なんていたことがないよ」と彼は返答したのだった。その答えの素っ気無さと表情の変わりように、私は話題を急旋回せざるを得なかった。

上のふたつの事例を比較すれば、議論はいくらでも尽きない。ただ、私がここでいいたいのは、奴隷に関する問題は世界中でいまだ非常に繊細な問題だということである。より正確にいえば、奴隷という言葉に世界中はきわめて敏感なのである。いわゆる従軍慰安婦が「性奴隷」という言葉で表現された際の国際社会の反応はその好例だし、二〇一五年に、いわゆる「イスラーム国」が奴隷制を復活させたという報道が非常な驚きと反感とをもって世界中で受け止められたことを思い出してもよい。

ところで、そうしたニュースを聞いて、そこで名指しされる奴隷制とか奴隷と呼ばれるものが実態としていかなるものかをまず吟味した人はどれだけいるのだろうか。過敏なリアクションは少なからぬ場合、まず「奴隷」という言葉そのものに向けられているのではないか。つまり、その言葉が指し示す具体的な内容そのものを落ち着いて吟味することなく、「奴隷」という言葉のもつインパクトに私たちは引きずられてしまっているのではないか。「奴隷」という言葉はそれほどに強い力をもっている。これは何もいまにはじまったことではない。一九六〇年代、国際連合の経済社会理事会の席上で、当時、南アフリカ共和国で行われていたアパルトヘイトやそれに追従する政策をとっていた南部アフリカ諸国の諸政策を、「奴隷制の目に余る事例」としてタンザニア代表が糾弾したのはそのほんの一例である。

そうだとすれば、世界中で共通しているように見えるこうした奴隷に対する一種の拒絶反応は一体、どこから来るのだろうか。その解答として予期されるのは、人間の本質的なところにあると想定される「道徳《モラル》」や感情にそうした反応の原因を求めるものである。「奴隷制は道徳に反する」とか、「奴隷制は人間にとって感情的に受け付けないものなのだ」、「人が人を売るなんて、想像すらしたくない」などなど。実際に、読者の多くはこうした答えに一定の安堵を得るかもしれない。しかし、二一世紀を生きる私たちの想起する「道徳」が通時代的に、つまり、人類の歴史を通して、いつでも通用するのだろうか。また、私たちがある出来事や事物に直面して抱く感情と、時代も場所も離れた人びととのそれとのあいだに違いがないとする前提は正しいのか。もしも道徳が通時代的で、人間のあるものごとに対して抱く感情が時代や場所によって変化しないというのであれば、では、なぜ奴隷制や奴隷交易が長い時間に亘って存在してきたのだろうか。奴隷交易は少なくとも紀元前二三〇〇年頃のメソポタミアの粘土板碑文にその存在が確認できるとされる。奴隷制や奴隷交易は、地球上の多くの社会で大きな反感も呼ばず、きわめて長い時間に亘ってほぼ途切れることなく存在してきた。それなのに、それらは一八世紀末から二〇世紀初頭にかけて次々と廃止されていく。この急激な変化のなかに、こんにち奴隷に向けられている世界規模で通底する感情を読み解く手がかりはないだろうか。そうだとすれば、次のような問題に向き合う必要が出てくる。なぜこのタイミングだったのか。そして、どうして地球上のほとんどの地域で——奴隷制や奴隷交易が存続してきた気の遠くなるような時間に比して——あっという間に、それらが少なくとも法的に廃止されたのだろうか。そして、こんにちを生きる私たちはそうした過去とどのような関係をもっているのだろうか。

2　世界史的共通体験としての奴隷廃止——本書の目的

国民国家史のなかの奴隷廃止、グローバル・ヒストリーのなかの奴隷廃止

本書の目的は、奴隷制や奴隷交易の廃止（以下、特に区別する必要のない限り、双方を含めて奴隷廃止と呼ぶ）をひとつの世界史的な共通体験として再考することである。

そのためには一国史という大きな障壁を乗り越える必要がある。なぜならば、奴隷廃止はそれぞれの国の来歴を語る国民国家史のなかに深く埋め込まれ、その国が誇るべきひとつの大きな達成として好意的に描写され、ひとつのハイライトになっている場合が少なくないからである。そこには多くの場合、ヒーローがいる。たとえば、「エイブラハム・リンカン」と聞けば、読者の多くは「奴隷解放宣言」という単語が頭に浮かぶだろう。イギリスであれば、日本ではそれほど知名度は高くないが、ウィリアム・ウィルバーフォース（一七五九—一八三三年）を筆頭に奴隷廃止に尽力した「聖人たち《セインツ》」

と呼ばれる人びとがいる。タイであれば、チュラーロンコーン王（ラーマ五世、一八五三—一九一〇年）である。彼らはそれぞれの国民国家史のなかで非常に人気のあるヒーローたちであり、奴隷廃止はまさに彼ら「聖人君子」の面目躍如たる輝かしい功績として描かれる。

あるいは、オスマン朝における奴隷制廃止はタンズィマート改革の一環として描かれ、明治政府による芸娼妓解放令は明治維新の一部に位置づけられる。チュラーロンコーンの奴隷制廃止もチャクリー改革の一端であり、こうした改革は、それらの国々における近代化の幕開けであった。奴隷廃止はこの文脈のなかで重要なひとコマとして意味を付与される。旧態依然とした古い秩序を打破し、多くの国民が希求してきた「新たな時代」が到来するのと引き換えにして奴隷廃止があったのだと理解される。つまり、それまで虐げられてきた人びとが解放され、「自由」を獲得するのと同時並行して、彼らを含めた「国民」が創出されていったのである。このような解釈は、記念式典や像の建立、博物館での展示、そして学校教育の場でも繰り返され、「国民」のこころに埋め込まれていく。

一例を挙げよう。タイ・バンコク郊外のナコーン・パトムにタイ蠟人形館がある。蠟人形とはいうものの、現地の暑さでは蠟が溶けてしまうという理由で、シリコンで作られている。人形館に入るとまず、王族の人形が訪問者を迎えてくれる。その後、順路に従えば、高僧の人形などが陳列されているが、クライマックスは例のチュラーロンコーンの奴隷制廃止に関する一連の人形群である。関連の展示はふたてに分かれ、まず、正装で玉座に鎮座する王の前に半裸の人びとがひれ伏した光景が示される（図1）。これは、王自らが奴隷たちに奴隷制廃止を布告する場面である。次に、別の人形群が奴隷の暮らしを説明する。実は、最初の場面は、この王がバンコクに建てたアナンタサマーコム宮殿の天井フレスコ画と同じ構図である。この宮殿は、のちの一九三二年立憲革命によって国会議事堂として用いられるようになった歴史をもつが、元来は迎賓館としての用途を意図していたともいわれる。王はそのフレスコ画を誰に見せたかったのだろうか。いずれにせよ、この博物館は学校遠足の格好のスポットのようで、私が館を出る頃には、元気いっぱいの子供たちがリアルすぎる蠟人形にぎょっとした表情を見せながら、それでもわいわいと展示場に繰り出していた。

図1　タイ蠟人形館の奴隷解放に関する展示

このように、奴隷廃止は国民の物語のなかのひとコマとして、現在に生きる国民にとって切り離されるべき不可逆的な過去として、様々な場面で表象される。そうやって国民国家史のなかに深く埋め込まれることで、その枠組みを超えたスケールで奴隷廃止の問題を捉えることが難しくなっているのである。とはいえ、この問題を一国史のなかだけに留めていては、先に少し触れたように、各国や地域における廃止が一九世紀を中心としたその前後の時期に集中していることを十分に理解できないだろう。この点において、奴隷制廃止の問題は、地球を一体のものとして捉えようとするグローバル・ヒストリーの重要なテーマとなっていく。

世界的共通体験と世界史的共通体験

奴隷廃止を、人間が作り出した仕組みを人間自らがその意思によって廃止し、かつ、それが特定の集団に留まらず、地球規模で生じた現象として捉えれば、それは人類にとって、その歴史上、初めての経験であったと評することができるだろう。人類の地球規模での共通体験として頭に浮かぶのは、コレラなどの疫病や天災、異常気象などがある。近年の環境史の目覚ましい展開は、その方面からの地球の一体性を如実に気づかせてくれる(2)。これに対して、奴隷廃止はきわめて人為的な世界的共通体験であった。わずか百数十年のあいだに、それまで各地で連綿と続いてきた交易や制度が地球規模で消滅してしまうのである。それは偶発的に世界のあちらこちらで発生したのではなく、それぞれに連関していた。この人類史上初の体験はどのようにして実現したのだろうか。その結果として、奴隷制や奴隷交易を少なくとも法的に容認する社会は、こんにちほとんど存在しない。そのように書けば、一見、この世界的共通体験はハッピー・エンドで結べそうである。しかし、それでよいのだろうか。むしろ、私はこの共通体験が法的な廃止の実現をもって終止符を打つものではなく、こんにちに生きる私たちを取り巻く状況にも大きな影響を及ぼしていると考えている。本書では、その意味で奴隷廃止を世界史的共通体験として捉えたい。つまり、本書でいう世界史的共通体験とは、奴隷廃止という世界的共通体験に至る過程に留まらず、共通体験を得たのちの世界の変貌も含んでいる。

単数形か、複数形か

奴隷廃止が人間の意思によってなされたと書いた。ここでの人間とは単数形、複数形、どちらなのだろうか。単数形ならば、人間とは一枚岩のもので、何らかの共通した意思や認識——たとえば、

「奴隷制は良心に基づけば絶対に認められない制度である」――が人間には本質的に備わっていて、それに基づいて奴隷廃止がなされていったことを含意することができるだろう。あるいは、ある特定の人物や集団が、各地の奴隷廃止を導いたということも意図できる。他方で、複数形ならば、多様な人間がいることを念頭に、奴隷廃止についての行為主体とその思惑の多様性へと注意を喚起することになる。本書の立場は後者である。人間を一枚岩として捉えることは本質主義に身を置きかねない。単数形で捉えながら議論する別の方法があるのかもしれないが、少なくともいまの私にはできない。

また、廃止の連関はドミノ倒しのように、ある廃止が別の廃止に一方向的に作用を及ぼす類のものでもない。あちらこちらの社会で廃止を主導した主体は多様であった。この意味において、個別性を有する各社会の枠組みのなかでそれぞれの廃止が繰りひろげる独自の展開を無視することはできない。それらにこそ、一国史などの枠組みで積み上げられてきた厚い蓄積がある。本書は、確かにグローバル・ヒストリーを目指すのだが、それはより小さな単位を対象とした研究蓄積を無視することではない。むしろ、グローバル・ヒストリーを描く作業は、それらの力を借りることなくしてはできない作業であろう。ただし、事例をただ集めただけでは、グローバル・ヒストリーにはならないはずである。そうではなく、一国史などの枠組みでは個別的に見える廃止が、別の個別的に見える廃止とどこで、いかにつながりあっていたのかに注目しながら事例をつなぎ合わせていく必要がある。したがって、本書の重要な課題のひとつは、多様な意思や意図をもち、活動する空間も多様な主体たちが、どのように交錯し、そのような多様性のもと、どのように世界的共通体験を紡ぎだしていったのかというプロセスに自ずと定められていく。

定義することの限界[3]

先の単数形か複数形かという問いを、廃止の対象についてもここで投げかけたい。つまり、世界各地の奴隷制、あるいは奴隷と呼ばれる人びとは、時代・地域を超えて何らかの共通性を有する、つまり単数形として捉えられる対象だろうか。そうならば、奴隷制や奴隷に関する普遍的な定義は可能だろう。他方、共通性を抽出できない場合、奴隷という共通の語彙が充てられているものの、それぞれの実態は十把一絡げにして理解できない多様性に満ちていることを意味する。結論から先にいえば、本書は後者の立場をとる。奴隷制や奴隷の実態はきわめて多様である。ブルボン朝のルイ一四世治世期に成立し、アフリカ黒人の使用方法などを事細かに規定する「黒人法典」[4]やアユッタヤー朝期の法が後代にまとめられた『三印法典』内の「タート法」のように法制化された場合もあれば、インド洋各地の奴隷制のように慣習法的に存在したものもあった。また、奴隷たちがそれぞれの社会で果たした役割も異なる。単純労働力としての役割が重視される社会もあれば、所有者の社会的地位や財力、権力を誇示するための威信財として奴隷が用いられる社会もある。奴隷を人身供儀に用いる社会もあれば、所有者による生殺与奪を厳しく制限する社会もある。解放率が高い社会もあれば、低い社会もある。加えて、奴隷が奴隷を所有する事態も、世界規模で見れば決して驚くべきことではない。果たして、こうした多様性を、ある一個の定義のなかに詰め込むことができるのだろうか。

奴隷の定義は多くの研究者がこれまで取り組んできたが、いまだに十分な合意はなされていない。読者はどのように定義するだろうか。想定できるひとつの答えは、「自由」との対比を踏まえた定義だろう。一般に、解放された奴隷は「自由」を獲得したといわれる。この点を踏まえれば、「自由対奴隷」という図式は成り立ちそうである。しかし、インド洋周辺やアジアの諸言語で「奴隷」を意味する単語を並べていくと、そこで見えてくるのは、ひとつにそれらの語彙がほとんどの場合、本来的に「自由」の対義語ではないという事実であり、もうひとつはそれらのあいだから浮かび上がってくる多様性である。福沢諭吉が英語の freedom を日本語で「自由」と翻訳したのを好例として、特にアジア諸言語において、「自由」とは近代以降に輸入された新たな概念に基づく語彙であった(5)。他方で、「奴隷」として指し示される人びとはそれ以前から存在していた。たとえば、現代タイ語で「自由」に相当する語は「イッァラファップ」であるが、この語は本来、「偉大である」という状態を意味する。タネト・アフォンスワンによれば、タイ社会において奴隷と自由の対義語関係が定着するようになるのは、二〇世紀前半の奴隷制が廃止され、不平等条約撤廃の運動が展開され、ナショナリズムが勃興する時代においてであった。宣教師らの影響を受け、ようやくイッァラファップは奴隷の対義語として定着していった。

一九二六年国際連盟奴隷条約における定義(6)

奴隷の普遍的な定義はこんにちに至るまで確立しているとはいえない。古代ギリシアやローマ、あるいは南北アメリカ大陸の事例を念頭に試みられてきた定義がたとえば、インド洋周辺諸社会の事例に必ずしも当てはまらないことは、こんにちの多くの研究者が認めている。それでも、多くの場合、一九二六年に国際連盟で批准された通称奴隷条約の第一条を引いて、一応、次のように定義される。

「奴隷制度とは、その者に対して所有権に伴う一部または全部の機能が行使される個人の地位または状態をいう」(7)。

この定義は読めば読むほどわからなくなる。たとえば、ここでいう「所有権」が含意するものは、世界中どこでも同じだろうか。所有の概念範囲の広さと多様性とは、すでに様々に議論されてきた(8)。それらを傍に置き、仮に時間と空間の制約を超えて、人間社会に普遍的に共有される所有権概念があったとして、では、個人の「状態」は所有権の範囲なのか。

上の定義は国際社会なる場所で最初に承認された奴隷の定義であるが、これで決着がついたわけではない。その後、様々な個人や集団が自らの非難する対象をより強く糾弾しようと「奴隷」という言葉でそれを呼んで、奴隷の概念を操作してきた。先のアパルトヘイトを奴隷制と呼ぶのもその一例である。つまり、現代社会において、この繊細で、それゆえに有用でもある「奴隷」という単語に対して、はじめから包括的な定義を与えようとすれば、定義の問題に議論を拘泥せざるをえなくなってしまう。また、あらかじめ定義をして本書の対象を限定してしまうことで、本来視野に入っているはずの対象が見えなくなってしまう恐れもある。どちらも本書の意図するところではない。

むしろ、各言語の多様な語彙に等しく「奴隷」という訳語が与えられていき、それらが置換可能で同質のものと見なされ、そのうえでそれらが廃止されていくというプロセスに注目すべきではないだろうか。あらかじめ定義を定め、個々の「奴隷制」と呼ばれるものがその定義に合致するかを確認したり、個々の事例から定義を導き出したりするのではなく、個々の「奴隷制」が括弧の外れた奴隷制として見なされ、廃止され、それが世界的共通体験となるプロセス、そしてそれがいかなる新たな状況を引き起こすのかというプロセス、それらに本書は注目したいのである。

3　本書の方法論

連関する世界史(9)

本書の目指すところを、方法論に関連させてもう少し具体的に説明したい。グローバル・ヒストリーにおけるふたつの大きな方法論的柱としてしばしば取り上げられるのが、「比較」と「連関」である。本書が採用するのは、基本的には後者である。方法論としての「連関」は、近年では「トランスナショナル・ヒストリー」などに細分化し出している。

「連関」とはそのように方法論でもあるが、同時にグローバルに歴史を考えようとする際にきっかけとなってくれる現象でもある。そのような現象としての「連関」を考えてみると、「接続性」と「共時性」のふたつのキーワードが浮上する。「接続性」とは、実際に人びとのあいだで行われる有形・無形の交換や収奪によって、人びとが連関することを意味する。他方、「共時性」とは、たとえば自然災害などがその好例だろう。すなわち、ある出来事を共有することで生じる連関である。これから論じる世界史的な共通体験としての奴隷廃止は、双方の連関の産物といえよう。個々の廃止が接続することで共時性が醸成されていくのであり、同時に、その過程こそがさらなる接続性を促進していく。次に、このふたつのキーワードについて、本書のなかでの焦点をもう少し明らかにしたい。

接続性——「想像力」がつなぐ世界[10]

グローバル・ヒストリーで取り上げられる連関とは、多くの場合、接続性の範疇に含まれる。接続性は物質的な交換として想起されやすいが、それに留まらない。接続性に関して本書の鍵になるのは、自己から他者へ投げかけられる「想像力」である。とりわけ、自己と他者とを区別したり、その距離を測ろうとする想像力であり、同時に、自己と他者をつないだり、重ね合わせたりする想像力である。ここでいう自己と他者とは、単数形の場合もあれば、複数形の場合もある。

「他者」や「他者性」は、奴隷制を成り立たせる重要な要素のひとつとして、多くの研究で挙げられるキーワードでもある。つまり、奴隷が他者、あるいは外部者としてホスト社会から切り離され続けることが、奴隷制の成立・維持にとって重要であるとされる[11]。ただし、この見解には、アフリカ史やインド洋海域史、東南アジア史の立場から反論が唱えられており、それらの対象とする社会では、奴隷はホスト社会に同化させられる傾向が強いと指摘される。とはいえ、そうした社会でも、奴隷化の契機においては他者性が重要な要素となる。たとえば、キリスト教徒やイスラーム教徒のあいだでは、同じ宗教を信仰する者を奴隷にすることは、心理的にも、法的にも避けられてきた。とはいえ、奴隷は常に別社会から連れてこられるわけでもない。同一社会の内部でも、奴隷が誕生する契機はある。懲罰や債務はその一例である。その社会において定められた規則に外れたり、履行すべき約束を履行できなかったりという規範からの逸脱者は、その社会において一種の他者として想起され、奴隷化の対象となる。このように、他者性とは想像力によって作られるものである。奴隷制の発生や維持、奴隷化に他者性が大きな貢献をしてきたならば、奴隷廃止がなされるうえでは、誰かを自己とはまったくかけ離れた他者として想起するのではなく、その誰かを自己と同一の分類のなかに想起する想像力が重要だったと仮定することができるかもしれない。

また、本書で扱う事例からは、自己と複数の他者の塊としての世界との距離を測ろうとする想像力も見出せそうである。より具体的にいえば、奴隷廃止が本格化する一九世紀は、いわゆる国際社会というものが地球規模に拡大していく時代でもあった。そこに参加するためには、そのメンバーシップにふさわしいと認められる必要があり、奴隷廃止はその重要な条件となった。国際社会の内側にいる人びとにとって、なぜ奴隷廃止がその外側にいる誰かをそこに受け入れる重要な条件になったのだろうか。この問題は特に第4章後半の焦点となる。もちろん、この想像力だけを頼りにして奴隷廃止の歴史を書き切ることはできないが、本書ではそこかしこで登場する重要なキーワードとなる。

共時性——一九世紀の大いなる矛盾(12)

共時性なるものに注意するならば、接続性を媒介に作り出されていく点に加え、奴隷廃止が世界的共通体験として立ち上がっていく時代、それと相矛盾するような別の共時的現象が並行していたことは無視できない。それは、とりわけ熱帯や亜熱帯の地域を中心とした労働力需要の著しい増加である。イマニュエル・ウォーラーステインの議論するような近代世界システム論に基づけば、この時期、世界はより一体化し、ヒトやモノの流通量が増大すると同時に、生活の均質化によって「世界商品」の需要が飛躍的に増大した。砂糖やコーヒー、香辛料や茶は、どれもその生産に奴隷やそれに類似した立場の人びとがかかわっていくことで、生産量が爆発的に増加した世界商品である。これについては、ヨーロッパを中心とする旺盛な消費を無視することができない。たとえば、イギリスにおける砂糖の消費量は一八〇〇年代には三億重量ポンドほどであったのが、一八五二年にはその三倍強の一〇億重量ポンドに達している。

また、植民地化が世界の各地で進展し、その支配のためのインフラストラクチャーの建設も各地で喫緊の課題となっていた。鉄道の敷設や港湾の整備はその最たるものである。より多くの労働力が、より集約的に必要とされていた。そうした多くの場所において、労働力需要をそれまで満たしてきたのは、ほかならぬ奴隷たちであった。であるとすれば、なぜ奴隷廃止が進められていったのだろうか。労働力需要が奴隷廃止後も各地で継続・増大していたのは疑いがない。たとえば、英領東アフリカに敷設されたウガンダ鉄道には一八九五年から一九〇二年までのあいだ、四万人近くの労働者がはるばるインド亜大陸から投入されている。

この労働力需要の増加と、それまでの労働力供給・維持を担っていた奴隷交易・奴隷制の廃止とは大いなる矛盾を形成しているといえよう。ただし、この指摘は次のような見解を念頭に置けば、あまり意味のないものとして切り捨てられるかもしれない。それは、奴隷制は経済的な効率が悪く、自由意思をもつ賃金労働者のほうがより効率が高かったゆえに、奴隷制が廃止されたというものである。これはアダム・スミス以来、奴隷制反対の立場から繰り返されてきた有力な言説のひとつである。つまり、経済効率の観点からは、奴隷制が消滅するのはある種の必然であったというのである。

しかし、この見解には多様な反論が可能である。まず、事実として、イギリスで最後まで奴隷制廃止に反対したのは奴隷を用いる西インド諸島のプランターたちであり、その影響下に身を置いた議員たちであった（第3章参照）。経済的な効率を重んじるのであれば、なぜ彼らはいち早く奴隷廃止に転じなかったのだろうか。これに関連して、奴隷制廃止がイギリス帝国にとって経済的な自殺行為であったとする研究も、実証研究の精度が上がっている現在、広く受け入れられている。つまり、奴隷制を廃止したことで、イギリス帝国の植民地産農作物は国際的競争力を大きく減じているのである。

ところで、奴隷は、家事などの仕事を担う家内奴隷を好例に、どこにおいても経済的な利益のために所有されていたわけではない。多くの社会で奴隷は単なる労働力以外の価値ももっていた。奴隷がもつ単純労働力を超えた機能の多様性と、そうした奴隷がそれぞれの社会で長い時間に亘って存在してきた事実を踏まえれば、奴隷制を労働の一形態としか捉えず、廃止の意義を制度的移行のなかに落とし込めてしまうことで、多くの問題がこぼれ落ちてしまうことに気がつくだろう。たとえば、飢饉やそれぞれの事情で生存が難しくなった個人に対して、奴隷制は生存可能性を高めさえしてきた。つまり、そのような状況下において、自分を奴隷として所有してくれる人が見つかれば、それは多くの場合、衣食住の確保を意味し、生命の危機からは少なくとも脱したのと同然だった。あるいは、負債の返済が困難な人物が返済の代わりに奴隷となる事例は、とりわけ東南アジアでは珍しくなかった。奴隷交易や奴隷制がそうしたセーフティ・ネットの機能をある社会において果たしてきたとすれば、奴隷廃止はその社会に何をもたらしたのだろうか。

奴隷というのはその所有者の言いなりになるようなイメージが一般には流布しているが、それは多くの場合、歴史的な実態からきわめて大きくかけ離れている。たとえば、イスラーム法では、奴隷は確かに所有者の財産であり、それは家畜と同じく「声を発する財産」であったものの、所有者は奴隷の衣食住に責任を有し、人間としての最低限の生活を保障しなくてはならず、生殺与奪の権利はもちろんなく、過度の懲罰も禁じられていた。イスラーム法の支配する社会のみならず、世界中の多くの社会では、奴隷の衣食住を満たすことは所有者のいわば義務であり、それを怠れば社会的な地位は著しく低下した。したがって、少なくとも中東やアフリカ大陸東部のイスラーム教徒のあいだでは、みずからの家で生まれた奴隷を売却することは大変な不名誉とされていた。奴隷とは、所有者が養い、立派な人間に育てるべき対象として社会的に認知された存在であった。そうした対象を売却する行為は、したがって、社会的な要請を無視し、所有者に課せられた暗黙裡の義務を放棄することにほかならなかった。それはその所有者の社会的な地位、名声、名誉を大きく傷つけるに十分であった。このように、奴隷制とは、私たちの一般的なイメージとは裏腹に、多くの場合、現実の社会に深く根差し、ときに奴隷となる人びとの生存の問題に深くかかわりながら、非常に長い時間をまたいで存在してきた制度であった。そのような奴隷制が廃止されることは、それぞれの社会にどのような影響を及ぼしたのだろうか。

また、イギリスや合衆国の場合、表に裏に大衆のサポートが奴隷廃止に大きな貢献を果たした（第2章、第3章参照）。たとえば、後者では、「地下鉄道」と呼ばれる援助組織が逃亡奴隷の逃避行を支えたが、それは非合法な行為ともなる。彼らの運動に内包される熱狂的な情熱は、単に労働制度の移行に廃止の歴史的位置づけを収れんさせてしまえば、たちまち視界から消え去ってしまう。なぜ彼らはそんなにも懸命だったのだろうか。立ち止まって考えれば、解放された奴隷たちが自らの身を置く労働市場にいずれ流入するだろうことは、十分に想定できたはずである。実際にそれは現実のものとなる。奴隷廃止に賛成していた労働者たちは元奴隷たちと労働市場で競合することとなり、その過程で、屈折した形で白人意識が醸成されていったことは広く知られている。

このように、一九世紀、世界規模で大いなる矛盾が進行していた。この矛盾もまた奴隷廃止と共時的な現象であるならば、廃止の問題それだけを取り出し、一種の無菌状態のなかでその展開を追うのではなく、双方の相克のプロセスのなかで、どのようにして奴隷制や奴隷交易が廃止されていったのか、つまり、奴隷廃止が、この大いなる矛盾を形成するもう片方の諸問題とどのような相互作用を生み出したのかという問題に立ち向かう必要が出てくる。この点において、本書を奴隷廃止が達成された時点で終えることはできない。奴隷廃止を世界史的共通体験として叙述するためには、奴隷廃止後、大いなる矛盾がいかなる世界を育んでいったのかについても考察する必要が生じるのである（第5章、終章）。

関連する既往研究と本書の構成(13)

既存の研究との対比のなかで本書の位置づけをもう少し確かなものにしてから、序章を終えたい。世界各地の奴隷廃止に関する研究は枚挙にいとまがない。しかし、地球規模でこの問題を考えようとする研究の数はいまだそう多くない。その背景には、冒頭で述べたような奴隷制廃止が一国史において与えられてきた地位の高さがあるだろう。もちろん、一国史の枠組みを乗り越えてこの問題を捉えようとする試みがこれまでなかったわけではない。一九九三年に出されたマーティン・クライン編集の『鎖を壊すこと——近代アフリカとアジアの奴隷制、拘束、そして解放』はその嚆矢である。クラインはその序文で奴隷解放の世界史を提唱し、アジア・アフリカ各地の奴隷制廃止に関する各論を収録している。その後、類書の論文集が複数、刊行される。しかし、そのほとんどで取り扱われる事例は、クラインの提唱に反して環大西洋地域に偏っている。最近では、環インド洋地域に関する奴隷研究が進展しており、従来の大西洋中心の奴隷理解に一石を投じている。この分野でも奴隷廃止の問題を扱う論文集が刊行されているが、今度は対象とする事例が環インド洋地域に限られてしまう。

奴隷廃止の世界的共通体験において、大西洋を股にかけた交流が果たした役割がきわめて大きいのは確かである（第1章、第2章）。西洋世界の奴隷制と廃止に関して多くの著作があるデイヴィッド・デイヴィスは次のように述べている。「アメリカのクエイカーたちがイギリスの廃止論者に影響を与え、イギリスの廃止論者がアメリカに影響を及ぼし、アメリカの廃止論者がブラジルの改革者たちに影響を及ぼしたのである[14]」。大筋では間違っていないのだが、その視座を環大西洋地域だけに留めることには賛同しない。むしろ、こうした連関がまさに地球規模で進展していったプロセスに着目し、彼の指摘を再考する必要がある。その場合、果たして彼の言葉に続きを書き足せば事が足りるのだろうか。

また、本書はホワード・テンパリーの次の言及を支持するものではない。環大西洋地域のみならず、アフリカ大陸や英領インドの事例を含んだ論文集を編纂した彼は、奴隷制廃止を「異論はあれど、歴史を通しての人道主義の最高の到達である」と評価する[15]。これを皮肉ではなく、文字通りに受け止めるべきならば、これには大いに異論がある。結果だけを眺めれば、この評価に首肯できそうに思える。確かに、イギリスで民衆の大規模な請願運動に後押しされて、議会が奴隷交易廃止の決議をして以降、世界の各地で奴隷制や奴隷交易が廃止されていった。彼が専門とするイギリス（帝国）史の文脈では、人道主義的な主張やそれに基づいて行動を起こした人びとの貢献が高く評価されてきたし、現代イギリスでは奴隷廃止の歴史的意義はそこに求められる。しかし、奴隷廃止が世界史的な共通体験になっていく過程をつぶさに追っていけば、すぐにテンパーリーの評価に首肯することは難しくなる。たとえば、一八六〇年代以降に本格化する英王立海軍によるアフリカ大陸東部沿岸沖での奴隷交易監視活動は、目覚ましい成果を挙げた。しかし、それは奴隷を積んだダウ船も、積んでいないダウ船も見境なく拿捕、破壊した結果にほかならなかった。事実、この監視活動に参加したある艦長は回想録のなかで、自分たちの無差別な拿捕や破壊が王立海軍の規定に基づいた報奨金目当ての行為であったことを認めている。そうだとすれば、奴隷交易監視活動と人道主義とはいかに整合するのだろうか（第3章参照）。また、明治政府による芸娼妓解放令の布告の過程を観察すれば、そこに人道主義的立場が貫かれていたと主張することも同じく容易ではない（第4章参照）。

テンパーリーの指摘とそれへの異論に対しては、次のような批判が予想される。それは、その時点の人道主義が対象とする範囲と現代の私たちが理解するその対象範囲の相違を指摘するところからはじめられるだろう。これは傾聴に値する批判だが、このふたつがまったく何の接点もない別のもの同士であると想定するよりも、むしろ、双方が何らかの関係性のなかにあると考えたほうが自然だろう。そうであるならば、どのようにして変化していったのかという、やはり、プロセスについて十分に意識的である必要がある。奴隷廃止に込められた意思や意図は時代の進展とともに、また多様な人びとがそこに関与するなかで多様化していく。この点についても本書では注意深く観察していきたい。もしもそうした変化や多様性を認めることができ、人道主義から遠く隔たった意思や意図がある社会における奴隷廃止の原動力となっていた事例が集積されれば、奴隷廃止という世界的共通体験の功績を人道主義だけに容易に捧げることはもはやできない。また、人道主義がこの世界的共通体験に大きな影響を与えたのならば、廃止後の世界にもその痕跡を認めることができるはずである。果たしてどうだろうか。こんにちに生きる私たちは、この世界的共通体験から延びるどのような延長線上にいるのだろうか。これらを単純にひとことでまとめることも私にはできない。繰り返し述べてきたように、その答えは奴隷廃止を世界史的共通体験として、そのプロセスを叙述することによってしか出しえないと考えている。

そろそろ本論に移ろう。

（1） Jean Allain, *Slavery in International Law: Of Human Exploitation and Trafficking*, Leiden: Martinus Nijhoff, 2013, pp. 149–151.; Adolf Leo Oppenheim, *Ancient Mesopotamia: Portrait of a Dead Civilization*, rev. Erica Reiner, Chicago: University of Chicago Press, 1977, p. 282.; Jack Goody, “Slavery in Time and Space,” in James L. Watson (ed.), *Asian and African Systems of Slavery*, Berkeley: University of California Press, 1980, p. 18.; https://abcnews.go.com/blogs/headlines/2012/01/teacher-who-assigned-math-homework-with-slavery-questions-resigns; https://www.riverfronttimes.com/newsblog/2019/12/09/missouri-school-investigating-slave-trade-homework-assignment; http://nypost.com/2013/02/22/midtown-teacher-includes-questions-about-slavery-in-elementary-school-math-homework/（最終確認日二〇二〇年九月二六日）。

（2） 近年の日本語による環境史の展開については、池谷和信編『地球環境史からの問い——ヒトと自然の共生とは何か』岩波書店、二〇〇九年、水島司編『環境と歴史学——歴史研究の新地平』勉誠出版、二〇一〇年を参照。

（3） Thanet Aphornsuvan, "Slavery and Modernity: Freedom in the Making of Modern Siam," in Anthony Reid (ed.), *Asian Freedoms: The Idea of Freedom in East and Southeast Asia*, Cambridge: Cambridge U. P., 1998.

（4） 黒人法典とそのもとでの奴隷使用の具体的な実態については、浜忠雄『ハイチ革命とフランス革命』北海道大学図書刊行会、一九九八年、一四—三四頁（同、三〇三—三〇七頁には黒人法典の抄訳が収録）、小川了『奴隷商人ソニエ——一八世紀フランスの奴隷交易とアフリカ社会』山川出版社、二〇〇二年、六五—七六頁、浜忠雄『カリブからの問い——ハイチ革命と近代世界』岩波書店、二〇〇三年、三九—四五頁を参照。

（5） 現代日本語における「自由」は、福沢諭吉が『西洋事情』初編（一八六六年刊行）のなかで、その翻訳に腐心したことが知られるように、明治以降、自由民権運動などの展開のなかで、その意味内容とともに、徐々に浸透していった（小堀桂一郎『日本人の「自由」の歴史——「大宝律令」から「明六雑誌」まで』文藝春秋、二〇一〇年、王暁雨「近代日中における翻訳事業と思想受容——「自由」を実例として」『関西大学東西学術研究所紀要』四八、二〇一五年、一七六—一八一頁）。ただし、freedomを「自由」と訳したのは福沢が最初ではない。たとえば、最初の本格的な英和辞典として知られる堀達之介編『英和対訳袖珍辞書』（一八六二年刊行）ではすでにfreeを「自由ナル。應真ナル。易キ。障ナキ」と訳語が宛てられているし（堀達之介編『英和対訳袖珍辞書』江戸、一八六二年、三一五頁）、オランダ語やポルトガル語、ラテン語の翻訳に際して「自由」の訳語が用いられていた（柳父章『翻訳語成立事情』岩波書店、一九八二年、一八〇頁）。また、中国における近代的「自由」概念の流入と訳語の問題については、王「近代日中における翻訳事業と思想受容」、一八一—一八六頁を参照。

（6） Jean Allain and Kevin Bales, "Slavery and its Definition," Queen's University Belfast Law Research Paper No. 12-06, 2012, p. 4.; Gwyn Campbell, "Introduction: Slavery and Other Forms of Unfree Labour in the Indian Ocean World," in Gwyn Campbell (ed.), *The Structure of Slavery in Indian Ocean Africa and Asia*, London: Frank Cass, 2004.; J. E. Penner, "The Concept of Property and the Concept of Slavery," in Jean Allein (ed.), *The Legal Understanding of Slavery: From the Historical to the Contemporary*, Oxford: Oxford U. P., 2012.; James L. Watson, "Introduction: Slavery as an Institution: Open and Closed System," in Watson (ed.), *Asian and African Systems of Slavery*.

（7） 訳文は、松井芳郎・薬師寺公夫・坂元茂樹・小畑郁・徳川信治編『国際人権条約・宣言集』東信堂、第三版、二〇〇五年、三一九頁を使用した。

（8） ここでは、三浦徹・岸本美緒・関本照夫編『比較史のアジア——所有・契約・市場・公正』東京大学出版会、二〇〇四年を挙げておく。とりわけ、同書収録の岸本美緒「土地を売ること、人を売ること——「所有」をめぐる比較の試み」を参照。また、大庭健・鷲田清一編『所有のエチカ』ナカニシヤ出版、二〇〇〇年も参照。

（9） James Belich, John Darwin and Chris Wickham, "Introduction: Prospect of Global History," in James Belich, John Darwin, Margret Frenz and Chris Wickham (eds.), *The Prospect of Global History*, Oxford: Oxford U. P., 2016, pp. 3, 10–20.; Sebastian Conrad, *What is Global History*, Princeton: Princeton U. P., 2016, pp. 44–61.; Patrick O'Brien, "Historiographical Traditions and Modern Imperatives for the Restoration of Global History," *Journal of Global History* 1-1, 2006, pp. 4–7.; Diego Olstein, *Thinking History Globally*, Palgrave Macmillan, 2015, pp. 11, 15–19.; 秋田茂「グローバル・ヒストリーの挑戦と西洋史研究」『パブリック・ヒストリー』五、二〇〇八年、三六頁。トランスナショナル・ヒストリーの一例として、シェルドン・ギャロン「日本史の立場からトランスナショナル・ヒストリーを書く」羽田正編『グローバル・ヒストリーの可能性』山川出版社、二〇一七年。

（10） Campbell, "Introduction," pp. xv–xviii, Suzanne Miers and Igor Kopytoff, "Introduction," in Suzanne Miers and Igor Kopytoff (eds.), *Slavery in Africa: Historical and Anthropological Perspectives*, Madison: The

University of Wisconsin Press, 1977, pp. 14-26.; Anthony Reid, "'Slavery so Gentle': A Fluid Spectrum of Southeast Asian Conditions of Bondage," in Noel Lenski and Catherine M. Cameron (eds.), *What is A Slave Society?: The Practice of Slavery in Global Perspective*, Cambridge: Cambridge U. P., 2018, pp. 422-425.; Watson, "Introduction," pp. 6-7.

(11) たとえば、フランスの人類学者クロウド・メイヤスの議論などを援用しながら、所有者の圧倒的な権威によって、社会的な死を宣告された存在として奴隷を位置づけたオルランド・パターソンの議論は広く知られている（オルランド・パターソン著、奥田暁子訳『世界の奴隷制の歴史』明石書店、二〇〇一年、九五一一八一頁）。また、Moses I. Finley, "Slavery," in *International Encyclopedia of the Social Sciences*, Vol. 14, New York: Macmillan, 1968, pp. 307-314で言及される他者性の議論も頻繁に引用される。

(12) Gwyn Campbell, "Introduction: Abolition and its Aftermath in the Indian Ocean World," in Gwyn Campbell (ed.), *Abolition and its Aftermath in Indian Ocean Africa and Asia*, London: Routledge, 2005, p. 3.; ibid., "Introduction: Slavery and Other Forms of Unfree Labour in the Indian Ocean World," pp. xxi-xxiii.; Philip D. Curtin, *The Rise and Fall of the Plantation Complex: Essays in Atlantic History*, Second edition, Cambridge: Cambridge U. P., 1998, p. 178.; Seymour Drescher, *Econocide: British Slavery in the Era of Abolition*, Chapel Hill: the University of North Carolina Press, 2010 (1st. 1977, The University of Pittsburgh Press).; J. S. Mangat, "The Immigrant Communities (2): the Asians," in D. A. Low ad Alison Smith (eds.), *History of East Africa*, Vol. 3, Oxford: Clarendon Press, 1976, p. 469.; Anthony Reid, "'Closed' and 'Open' Slave Systems in Pre-colonial Southeast Asia," in Anthony Reid (ed.), *Slavery, Bondage and Dependency in Southeast Asia*, Melbourne: University of Queensland Press, 1983, pp. 158-161.; United Nations, *World Economic and Social Survey 2004: International Migration*, New York: United Nations, 2004, p. 16.; 清水和裕『イスラーム史のなかの奴隷』山川出版社、二〇一五年、一四頁、シドニー・ミンツ著、川北稔・和田光弘訳『甘さと権力——砂糖が語る近代史』平凡社、一九八八年、二六九—二七〇頁、柳橋博之『イス

ラーム財産法』東京大学出版会、二〇一二年、三四頁、同『イスラーム家族法——婚姻・親子・親族』創文社、二〇〇一年、六三三—六三四頁、デイヴィッド・R・ローディガー著、小原豊志・竹中興慈・井川眞砂・落合明子訳『アメリカにおける白人意識の構築——労働者階級の形成と人種』明石書店、二〇〇六年。

（13） Campbell (ed.), *Abolition and its Aftermath*.; David Brion Davis, "Looking at slavery from broader perspectives," *American Historical Review* 105-2, 2000.; Seymour Drescher, *Abolition: A History of Slavery and Antislavery*, Cambridge: Cambridge U. P., 2009.; Kumie Inose, "What was Remembered and What was Forgotten in Britain in the Bicentenary of the Abolition of the Slave Trade?," in Hideaki Suzuki (ed.), *Abolitions as A Global Experience*, Singapore: NUS Press, 2016.; Martin A. Klein, "Introduction: Modern European Expansion and Traditional Servitude in Africa and Asia," in Martin A. Klein (ed.), *Breaking the Chains: Slavery, Bondage, and Emancipation in Modern Africa and Asia*, Madison: The University of Wisconsin Press, 1993, p. 27.; William Mulligan, "Introduction: The Global Reach of Abolitionism in the Nineteenth Century," in William Mulligan and Maurice Brich (eds.), *A Global History of Anti-Slavery Politics in the Nineteenth Century*, p. 3.; Derek R. Peterson (ed.), *Abolitionism and Imperialism in Britain, Africa, and the Atlantic*, Athens: Ohio U. P., 2010.; Hideaki Suzuki, "Abolitions as A Global Experience: Introduction," in Suzuki (ed.), *Abolitions as A Global Experience*, 5, Howard Temperley (ed.) *After Slavery: Emancipation and its Discontents*, London: Frank Cass, 2000.

（14） David Brion Davis, "Looking at slavery from broader perspectives," *American Historical Review* 105-2 2000, pp. 452-467.

（15） Howard Temperley, "Introduction" in Howard Temperley (ed.) *After Slavery: Emancipation and its Discontents*, London: Frank Cass, 2000, p. 1.

第1章　新大陸と啓蒙の時代

インド洋でも、太平洋でもなく、大西洋こそが史上最も活発に奴隷交易の行われた海であった。アフリカ大陸から大西洋を西に横断する奴隷交易は一六世紀以降、わずか三百数十年の歴史しかもたないのにもかかわらず、そこで運ばれた奴隷の数は、それよりもずっと長い歴史をもつインド洋における奴隷輸送の推定総数と比べても、同じか、それよりも多かったと見なされもする。奴隷廃止をテーマとする本書において、この大西洋奴隷交易の展開を無視することはできない。なぜならば、大西洋こそが世界的共通体験としての奴隷廃止の揺籃の海でもあったからである。大西洋奴隷交易の展開と奴隷廃止へ向けた動きは実際のところ、ほぼずっと並走していた。

第1章では新大陸の発見までさかのぼり、大西洋奴隷交易の展開を追い、また、なぜ、この交易で取引されたのがほかでもなくアフリカ黒人だったのかについてまず検討しよう。物語は新大陸の発見からはじめられる。新大陸の発見は大西洋奴隷交易に不可欠な出来事であったが、同時に奴隷廃止にとっても不可欠な出来事であった。

1　大西洋奴隷交易

大西洋奴隷交易の規模[1]

大西洋奴隷交易の発生は大航海時代の副産物である。新大陸発見を経て、カリブ海の島々や南北アメリカ大陸の各地がスペインやポルトガルの王室の支配下にはいっていく頃、アフリカ大陸から西へと針路を取る大西洋奴隷交易がはじまる。カリブ海のアラワクやカリブなどの人びとが植民者との戦争、あるいは「コロンブスの交換」でもたらされた疫病によって人口を大規模に減らすようになる一五二〇年代、アフリカ大陸からそれらの地域へ向けた奴隷交易が実験的に開始された。

この交易については、アメリカ・エモリー大学のデイヴィッド・エルティスが中心となり、一九九〇年代から網羅的な資料収集とそれに基づくデータベース構築がなされてきた。その成果はヴォヤージーズ・データベース（以下、VDと略）として一般に知られており、インターネットで公開されている[2]。VDは二〇二〇年現在、合計三万六一一〇の大西洋を股にかけた奴隷航海を網羅しており、それに基づいた推定値も出されている。初期のポルトガル船による交易を除けば、こんにち、大西洋奴隷交易に関してもっとも信頼できるデータベースであり推計である。これを参照すると、VDがカヴァーする一五〇一年から一八六六年までのあいだ、アフリカ大陸西部から約一二五〇万人強の奴隷が大西洋へ向けて運び出された。時期によって数の増減があるのを知ったうえで平均を出せば、三世紀半強のあいだに毎年、約三万二〇〇〇人強がアフリカ大陸から運び出されたことになる。これがどれく

地図1　第1章に登場する主な地名

らいの規模かを把握するために、アフリカ大陸から大西洋以外への奴隷輸出を参考にしてみよう。基本的には、大西洋へ向けて輸送される奴隷の供給源はアフリカ大陸西部であったが、とりわけその初期においては、それ以前から存在するサハラ砂漠越え奴隷交易の供給源と地理的に大きく重なっていた。サハラ砂漠越えの奴隷交易については、一五世紀に至るまで年間輸送数は五〇〇〇人を超えないと考えられている(3)。また、一六〇〇年以前にアフリカ大陸からその外部へ運び出された奴隷の数は、すべてあわせて年間五〇〇〇から一万人の規模であったとされる。これらと較べれば、その規模の巨大さを理解できるだろう。

金と奴隷(4)

ポルトガルの船団によってアフリカ大陸の外へと連れ出された最初のアフリカ黒人は、一四四一年にリスボンに降り立った人びとだったとされている。ポルトガル船の乗組員のひとりがエンリケ航海王子を喜ばせようと、現在のモーリタニア沿岸に位置するボジャドル岬近辺で捕えた一組の男女を連れ帰った。その後もその付近の住民がしばしば連れ去られたが、ポルトガル勢は当初、奴隷にそれほどの関心を示さなかったとされる。むしろ、アフリカ大陸西岸へ向かう航海の主目的は金にあった。アフリカ大陸西部の金は地中海や中東では伝説とともに早くから知られており、ニンジンのように金塊が土に埋まっているといった類の逸話が中世アラビア語地理書には頻繁に収められている。一三二四年に行われたマリ王国の王マンサ・ムーサのメッカ巡礼は、こうした伝説がそう嘘ではないかもしれないとヨーロッパの人びとに気づかせた事件だった。彼がメッカや途中で立ち寄ったカイロで大盤振る舞いをしたことで、エジプトの金市場では価格が急落したとされる。その後、カタルーニャ地図などでも金の王冠を被り、金の杖を右手に、左手には金塊をわしづかみにして玉座に鎮座するマンサ・ムーサと思しき人物がアフリカ大陸西部のあたりに描かれるなど、この地域の金は地中海一帯で広く知られるようになっていった。ポルトガル勢は何よりもまず、金を欲していたのである。

しかし、彼らは徐々に奴隷交易にも傾倒していく。その背景としてはふたつ挙げられる。ひとつはアフリカ大陸西部の奴隷交易に仲介者として入り込み、そこから得た利潤で金などを獲得する仕組みを確立したことである。アフリカ大陸で大西洋奴隷交易が本格化する以前、奴隷が現地社会にどれくらいの重要性をもっていたかについては議論があるが、多くの研究者はこの交易の発生以前から、すでに一定程度に発達した奴隷制と奴隷交易が存在していたと考えている。ごく初期にはポルトガル勢自らによる奴隷獲得が試みられたが、これにはもちろん大きな危険が伴うので、仲介業が成り立つことがわかってからは行われなくなっていった。ポルトガル勢は、あたかも一七世紀のオランダ東インド会社のアジア域内交易のように、アフリカ大陸西部の域内交易の複合体のなかに自らの居場所を確保したのである。ただし、その役に徹していたばかりではない。奴隷交易に傾倒していくもうひとつの背景は、一連の航海活動の最初に征服されたマデイラ諸島で砂糖をはじめとするプランテーションが展開され、その労働力需要に応える必要があったことに求められる。元来は無人だったマデイラ諸島では、一四一九年にポルトガル船が漂着したのをきっかけに植民が行われ、一五世紀を通じてヨーロッパ向け砂糖の最大の生産地となる。そこではポルトガル出身者のみならず、ジェノヴァやシチリア出身者がサトウキビ栽培に従事していた。一六世紀初頭には人口は一万五〇〇〇から一万八〇〇〇人規模に達し、そのうち奴隷は二〇〇〇人弱いたとされる。マデイラ諸島で生じた労働力需要をまず満たしたのがカナリア諸島の先住民であったが、やがて供給が追いつかなくなる。また、スペインのカスティーリャ王室が一五世紀末に支配を確立したカナリア諸島でもサトウキビ栽培が行われたが、やはりじきに労働力需要が満たされなくなっていく(5)。こうしてアフリカ黒人奴隷が求められ出すのだが、アフリカ黒人奴隷に労働力を全面的に依存するプランテーションがサントメ島で誕生する。

サントメ島とコンゴ王国(6)

ギニア湾に浮かぶサントメ島こそは、新大陸でその後、爆発的に拡大していくプランテーションとアフリカ黒人奴隷とを固く結びつけた場所であった。はっきりとした日時については不明であるが、一四七〇年代初頭まではポルトガルの航海者たちによってこの島の存在が確かなものとなり、一四九〇年代初頭までには定住化が進められる[7]。その後、サトウキビとその栽培技術がマデイラ諸島から導入され、一五一七年の段階で製糖所をふたつ確認することができる。誰が最適な労働力なのかに関する知識も持ち込まれた。サントメ島が経済的にもっとも潤っていた一五七〇年代においても、この島のヨーロッパ系住民が五〇〇名を超えることはなかったと考えられている。彼らは現地の気候に耐えることが難しく、また開拓初期には、生態環境の違いから彼らの常食を常備することもできなかった。したがって、熱帯雨林に覆われていたこの島を開拓し、サトウキビを栽培した労働力は彼ら自身ではない。それは対岸のアフリカ大陸から運ばれた。その後に大西洋の向こう側で展開されるアフリカ黒人を主たる労働力として商品作物をプランテーション栽培するという形態は、サントメ島ですでに本格的に実践されていたのである。生産される砂糖の質はきわめて低かったが[8]、この島の製糖業は一五二〇年代後半にはすでにマデイラ諸島の同業者に脅威を与える存在となっており、この世紀の第3四半期に最盛期を迎える。島の正確な奴隷人口はわからないが、最盛期には六〇から八〇の製糖所があり、それぞれ一五〇人程度の奴隷を擁していたとされる。ここから、おおよそ九〇〇〇から一万二〇〇〇人の奴隷がいたと概算される。

サントメ島がポルトガル勢によって確認されてからしばらく経った一四八三年、ポルトガル王室はその対岸から内陸部に版図を有していたコンゴ王国と外交関係を結ぶ。この出来事がポルトガル勢の奴隷獲得にもたらした影響は大きかった。従来の彼らの奴隷供給源は、サハラ砂漠越えの奴隷交易網におけるそれと重なっていた。当然、そこには競合相手が存在する。しかし、コンゴ王国の版図はサハラ砂漠越えの奴隷交易網よりも南に位置し、この交易網には深く関与していなかった。ポルトガル勢力は、いわば「手つかず」の奴隷供給源との邂逅を果たしたのである。VDの推計によれば、この新たな奴隷供給源が大西洋奴隷交易に提供した奴隷総数は全体の約四五パーセントに達する。

ポルトガル勢のコンゴ来航当初、王ンズィング・ア・ンクウをはじめとするコンゴ勢は、ポルトガル勢の有する航海や火器、建築に関する技術に関心を示し、加えて、海からやってきた来訪者たちに聖的な力も認めていたとされる。他方、ポルトガル勢はいまだ知ることのなかったこの強大な王国との商業的可能性に心を惹かれ、プレスター・ジョンとの遭遇も夢想した。そうして交流関係が進展する過程で、キリスト教も入っていき、ンズィング・ア・ンクウは一四九一年五月三日に洗礼を受け、ジョアン一世を名乗る。一五〇六年に彼が没し、その息子ムヴェムバ・ンズィンガ（洗礼名アフォンソ一世）が王位を継承すると関係はより深まる。ポルトガル勢はコンゴ川下流域北岸のマンドゥリからボコ・ソンゴにかけての地域に良質な銅を見つけ、ムヴェムバはヨーロッパ製品を独占的に臣下に分配することで自らの王位の安定を図ろうとした。この時点ではポルトガル勢の来航目的が奴隷の獲得に収れんしていなかったことには注意したい。

コンゴ王、奴隷市場、貝貨(9)

一五一〇年代に入るとポルトガル勢の奴隷需要が高まりだす。サントメ島でのサトウキビ栽培の本格化が引き金を引く。コンゴ王国で奴隷調達に従事するポルトガル勢とは、多くの場合、この島に拠点を置く者たちであった。ムヴェムバは奴隷狩りの遠征をするなどして高まる需要に対応を試みるが、一五二〇年代に入ると需要がより一層高まり、王の供給能力が追いつかなくなっていく。そうなると、サントメ島などからやってきた私商人たちは王の意図を無視して独自に奴隷の調達を試みはじめる。これはムヴェムバにとって好ましい状況ではなかった。王位の安定に重要なヨーロッパ製品の独占ができなくなるからである。彼は自国内のポルトガル勢の活動の規制を訴える親書をポルトガル王に送ったり、彼らに売られる奴隷が本当に戦争捕虜であるのかを確認する部署を設けたりするなど状況の打開を試みた。一五二〇年代末にようやく状況が好転し出す。ただし、それは上述の努力が実を結んだからではなく、王がポルトガル勢を満足させられる奴隷供給源を確保したからにほかならなかった。マレボ湖近辺に一大奴隷市場群が出現するのである。その背景としては、コンゴ王国とマレボ湖北岸で境を接するティオの人びとによるマココ王国とのあいだで一五世紀末から続いていた銅交易をめぐる争いが挙げられる。この絶え間のない争いによって、一定数の戦争捕虜——すなわち奴隷——が安定的に確保できるようになっていたのである。しかも、この付近はムヴェムバが王位に就く以前に統治していた場所であり、当時、ポルトガル勢にこの地域での滞在と交易——とりわけ銅——を許可してもいた。つまり、双方にとってマレボ湖近辺は土地勘のある場所だった。この市場群に奴隷を供給したのはコンゴの人びとのみならず、ティオの人びともそうであった。市場に商品が枯渇すれば、ティオの人びとはより遠隔地から奴隷を運んできたとされる。

アンネ・ヒルトンによれば、供給が豊富かつ安定的なこの奴隷市場群の出現によって、ムヴェムバは体制を再び安定させることに成功した。というのは、それによってポルトガル勢と自らの臣下が勝手に交易関係を発展させる危険性は薄まり、ポルトガル勢が王国内の僻地へ奴隷購入のために勝手に出入りして現地の情勢が不安定化することも防げたからである。ここで注目したいのは、この奴隷市場群に奴隷を供給するティオの人びとがムブラという貝貨を欲したことである。ティオ語でムブラ、コンゴ語ではンズィムブと呼ばれるこの貝貨の正体はコガタマクラガイ（*Olivella nana*）であり、当時、ルアンダ近辺で採取されていた。当初、ポルトガル勢はこれを自前で用意することができず、したがって、ムヴェムバから取得しなくてはならなかった(10)。コンゴ王の体制を再び安定させたこの奴隷市場群は、一六世紀末まで大西洋奴隷交易における一大供給地として機能し続ける。

ところが、コンゴ王国の安寧は永続せず、一五四五年にムヴェムバが没すると長い内戦期に入る。その後、一五七五年にポルトガル勢はコンゴ王国の当時の版図の南端に位置するルアンダに新たな奴隷輸出の拠点を獲得する。島ではなく、大陸に位置するこの良港によって奴隷はより効率的に運び出されるようになる(11)。ただし、西中央アフリカでポルトガル勢が奴隷獲得の足場を築いたことは、それまで奴隷を調達してきたギニア湾などの地域がそのような役割から解放されたことを意味しない。それらの地域から新大陸に奴隷を輸送しようとする新規参入者が登場するのは時間の問題となっていた。

一方、大西洋の対岸ではポルトガルとスペインの王室が領土を拡大していた。スペイン勢は一四九二年にイスパニョーラ島とキューバ島に到達したのを足掛かりに、アステカのテノチティトランを一五二〇年に陥落させ、その廃墟のうえにヌエバ・エスパーニャ副王領の首都を築く。また、一五一九年にパナマを獲得して以降、南米大陸にも進出し、インカを滅亡させ、一五四四年にはポトシ銀山を掌中に収めた。他方、ポルトガル勢は一五〇〇年、ペドロ・アルヴァレス・カブラルのブラジル到達を経て、一五三四年以降、ブラジルでの定住を試みるようになる。一五四九年には首都サルヴァドールが建設され、征服活動が展開していく。この新天地ではすでに一五三〇年代からサトウキビ栽培が試みられるようになっていた。新たに獲得した広大な土地の開発可能性が現実味をもって征服者に現れてきたのである。彼らにはそれを試す労働力——奴隷——が必要だった。この状況を北西ヨーロッパの人びとが傍目に見ていたことも忘れないでおこう。彼らもやがてあとを追ってくる。大西洋の東西で史上かつてない規模の奴隷交易への準備が、あたかもギアがかみ合うかのように同時進行する。

2　新大陸におけるアフリカ黒人を用いた奴隷制の展開

新大陸におけるアフリカ黒人を用いた奴隷制の展開(12)

セビーリャ生まれのカトリック司祭で、広大なヌエバ・エスパーニャの各地で活動したバルトロメ・デ・ラス・カサス（一四八四—一五六六年）が、新大陸の先住民に対する植民者の過酷な扱いに異議を唱えたことは広く知られている。彼の活動によってエンコミエンダ制などによる先住民の酷使の実態が公表され、それをひとつの大きな契機として、最終的には一五四二年にインディアス新法が公布される。先住民の酷使はスペイン領において非合法となり、エンコミエンダ制の廃止も時間の問題となった。長い時間をかけて執筆された『インディアスの破壊についての簡潔な報告』（一五五二年刊行）や『インディアス史』（一五六一年刊行）は、そうした彼の活動の集大成でもある。しかし、先住民保護を訴える活動の一方で、彼は誰かを労働力として用いなければ植民地経営が成り立たないことも判っていた。新大陸の人びとを用いないとすれば、誰を用いればよいのか。彼はきちんとその代替案を示している。先住民を酷使から解放したうえで重要だったとされる一連の活動のなかで、アフリカ黒人奴隷を用いるという代替案を彼は繰り返す。

新大陸におけるアフリカ黒人奴隷制とラス・カサスの関係については、様々な解釈がなされてきた。彼の一連の主張がアフリカ黒人奴隷制と奴隷交易の進展に力強い後押しをしたとする見解の一方で、彼がのちにアフリカ黒人奴隷制について反対したことを指摘し、この制度への容認が一時的なものにすぎなかったとする意見もある。(13) 少なくとも、『インディアス史』では悔恨を読み取れる箇所が散見される。たとえば、彼が先住民の解放と引き換えに黒人奴隷の利用をスペイン王に進言したことについて、「浅慮の責めを負わねばならぬと自らを裁き、深刻なる悔恨にさいなまれた。それというのも、黒人が捕獲される際の状況も、インディオが捕囚の身となっている状態と等しく、不正義の手段によるものであることを、司祭(ラス・カサス)はあとで調査し判明したからで」あると記している。(14) 問題は、先住民の代わりにアフリカ黒人奴隷を用いればよいという意見が(少なくともある時期までの)ラス・カサスに留まらなかったことにある。先住民保護のためにスペイン王に送られた多くの嘆願書のなかには、たとえば、アフリカ黒人ひとりの労働力が先住民の四人から八人分に相当すると主張するものも含まれていた。

スペイン王室が支配を確立した地域のなかで、アフリカ黒人奴隷が初めて本格的に導入されたのは大アンティル諸島であった。これらの島々はスペイン勢にとってさらなる征服活動の拠点でもあり、植民地支配の実験場でもあった。それゆえに労働力が必要とされた。これに応える人口はそこには一定程度存在しており、大アンティル諸島最大の島イスパニョーラ島はコロンブスの到達時に全島で一〇〇万人程度の人口を擁していたとされる。しかし、征服後、その多くが不慣れで過酷な労働作業、あるいは植民者たちが知らぬ間にもってきていた疫病に倒れていった。その結果、この島の先住民人口は一五〇八年には六万人、一五七〇年の記録ではわずかに五〇〇人足らずまで激減したとされる。そのさなかの一五二五年、アフリカ大陸から新大陸へ直接向かう奴隷輸送が開始された[15]。

他方、ポルトガル王室が領有を宣言したブラジルでは、少し遅れて一五六〇年頃からアフリカ黒人奴隷の流入が目立つようになってくる。ブラジルに到達して以降、染料に用いられるブラジルボクなどの入手が植民者たちの主な活動だったが、一五三〇年代から四〇年代にかけてサトウキビ栽培が本格化する。一五三〇年にブラジル沿海部のフランス船掃討と探検とを主たる任務に派遣されたマルティン・アフォンソ・デ・ソウザ率いる遠征隊のなかにはサトウキビ栽培に熟達した者もおり、マデイラ諸島などでサトウキビ栽培を経験したポルトガルやイタリア、フランドル地方の出身者も少なくなかった。植民地としてのブラジルが大きく様変わりしはじめる。

サントメ島の砂糖が低品質ゆえの価格低迷に悩んだのに対し、初期のブラジル産砂糖はマデイラ産と比べれば質は一枚落ちるが、サントメ産よりはずっとましであった。たとえば、一六世紀後半のリスボンにおける一アッロバ（約一四・七キログラム）当たりの砂糖価格を比べると、マデイラ産が二五〇〇から三〇〇〇レイス、サントメ産六三〇から九五〇レイス、ブラジル産は一四〇〇から一八五〇レイスとなる。ブラジルの場合、サトウキビの単位面積当たりの収穫高も高く、製糖能力にも長けていた。その結果、サトウキビの移植から二〇年も経たないうちに、ブラジルの砂糖生産量はマデイラ諸島と肩を並べる。それは労働力、すなわち奴隷需要の高まりを呼び起こした。一五五九年には、サントメ島の王室代理人に対して奴隷輸出に関する命令が下され、ブラジルの行政官が発行した証明書

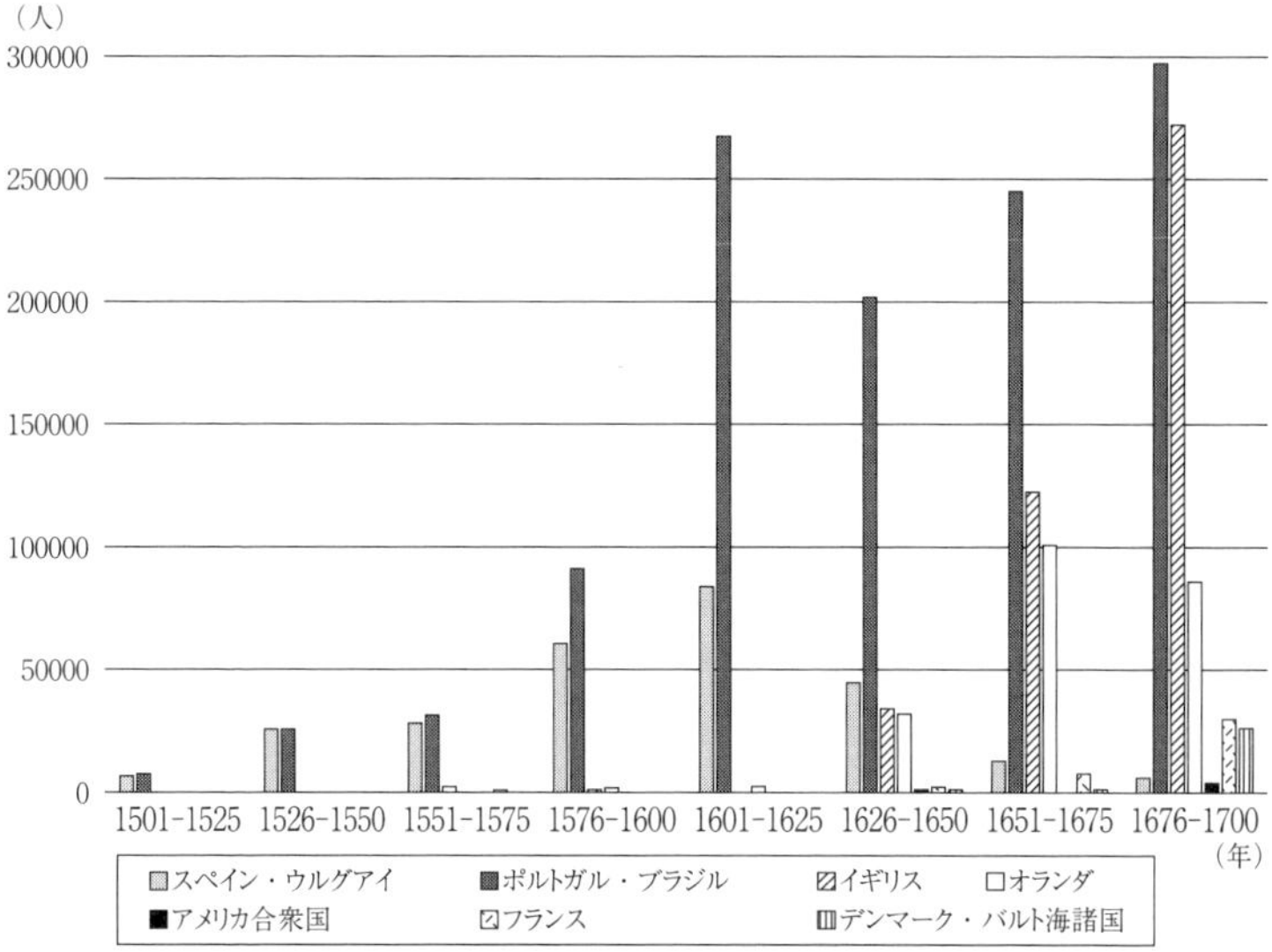

図２　大西洋奴隷交易の規模（1501-1700 年）

をもつ製糖業者は、同代理人支配下の地域から奴隷を直接購入できるようになった。アフリカ黒人奴隷交易のエンジンはブラジルに向けて全開し出す[16]。

ＶＤによれば、一六世紀後半にブラジルへのアフリカ黒人奴隷の流入が爆発的な増加を遂げる。一七世紀以降もその勢いは継続し、対照的に低下し出すスペイン領への流入をやがて凌駕するようになる（図２参照）。砂糖の生産量もこれと同じ軌跡を描く。一五八〇年の段階では年間五〇〇〇トン程度だった生産量は、その半世紀後には二万トンに跳ね上がった。それからもう少し進んだ一六四〇年代には、ヨーロッパ市場に出回るキビ砂糖の八割がブラジル産になっていた。

北西ヨーロッパ勢の参入と新たな砂糖生産地の台頭(17)

ところが、ヨーロッパ市場でのブラジル産砂糖の圧倒的に見える優位は永続しない。一七世紀に入ると、英仏蘭、あるいはデンマークといった国や王の特許状を得るなどして、新大陸での活動に新規参入する人びとが増加する。こうした新興植民地の多くでも砂糖生産が目指された。

たとえば、イギリスが一六二〇年代に支配を確立したバルバドス島では、当初、タバコのプランテーションが展開されていたが、ヴァジニア産よりも質が劣るなど、市場において伸び悩んでいた。そのようななか、一六四〇年代初頭までにはサトウキビ栽培が試みられるようになり、蘭領ブラジルからの移住者が持ち込んだ製糖技術によって、一六四〇年代末から質・量ともに目覚ましい向上を遂げる。一六六九年の推計によれば、英領西インド諸島からイギリスへの砂糖輸出の八割はバルバドス島産によって占められていた。

その後、一八世紀の前半になると、同じ英領のリーワード諸島とジャマイカ島が砂糖生産でバルバドス島を追い越していく。特に後者については、先行するバルバドス島やリーワード諸島から奴隷を伴ったプランターの入植を積極的に呼び込んでいた。それだけでなく、ヨーロッパからの年季契約労働者も受け入れていたが、この島の白人人口は一六八〇年から一七〇〇年のあいだに約九〇〇〇人から七〇〇〇人に減少している。他方、アフリカ黒人奴隷の人口は一六七三年から一七〇三年のあいだに約一万人から四万五〇〇〇人に激増する。この好対照な人口動態は次の二点を押さえることで説明できる。ひとつは熱帯の気候やアフリカ大陸から運ばれた病気、あるいは他の島への移住などによる白人人口の減少であり、もうひとつが大規模プランテーションの誕生である。

イギリス占領直後のジャマイカ島では、それまで島を占拠していたスペイン勢によって経営されていたカカオや綿、インディゴなどを栽培する小規模プランテーションを引き継いだ移住者たちが多く、そこにいたアフリカ黒人の使用も引き継がれた。しかし、移住者たちが病に倒れて島を離れたり、死亡するなどでそれらの経営が放棄されるようになると、そうした小規模プランテーションを資本のあるプランターたちが買収し、統合していく。それらを彼らは、製糖所などの設備投資は必要だが収益の高い砂糖栽培に転換させていった。このような過程が一七世紀第3四半期から一八世紀半ばまで見られたのち、プランテーションは島の内陸部にも拡大していく。

こうして、カリブ海を含む新大陸がその容貌を急速に変えていくとき、アフリカ黒人奴隷は欠かせない存在となっていくのである。(18)

3　アフリカ黒人が奴隷化される正当性

なぜアフリカ黒人だったのか？(19)

ところで、なぜアフリカ黒人が奴隷として対象化されたのだろうか。そのひとつの背景は聖書的な世界観にある。旧約聖書の『創世記』に収められている有名なノアの方舟物語は、ときにロマンチックに語られることもあって、多くの読者になじみ深いものだろう。堕落した人類を見た神が洪水によってそれを滅ぼそうとしたとき、「神と共に歩んだ正しき人」であるノアは神に託され、方舟の建造をはじめる。できあがった方舟にはノアはもちろん、その妻、そして三人の息子とそれぞれの妻、すべての動物のつがいが乗り込んだ。四〇日四〇夜続き、堕落した人類をすべて滅ぼした洪水をノアの方舟はしのぎ、そのなかにいたものたちだけが生き残ったというあらすじである。ノアたちは方舟から放ったカナリアが戻ってきてしまったことから、まだ陸地から遠くにいることを悟ったが、次に放ったときにはカナリアが戻ってこず、そこで陸地に近づいたと確信する場面を覚えている読者も少なくないだろう。問題はこのエピソードのあとにある。洪水が収まり、神が人類に対して二度と破滅的な災害を及ぼさないと契約したのち、ノアたちは再び地上に居を構えた。ノアはブドウを栽培し、ワインを醸造したが、あるとき酔いつぶれ、裸で眠ってしまった。その姿を見た息子のひとりハムはセムとヤペテのふたりの兄弟を呼び、ふたりは父から目を背けながら着物でその裸体を覆った。目覚めたノアがこのことを知ると、ハムの息子のカナンを以下のような言葉で呪ったとされる。「カナンは呪われよ。彼はしもべのしもべとなって、その兄弟たちに仕える」、また、「セムの神、主はほむべきかな、カナンはそのしもべとなれ。神はヤペテをおおいならしめ、セムの天幕に彼を住まわせられるように。カナンはそのしもべとなれ」（『創世記』9：25－27）。

『創世記』によれば、全世界の人びとはノアの息子たちに起源をもち、洪水後の地球の大地は彼ら三人によって分割されたとする。分割された地表はそれぞれ、ヨーロッパはヤペテ、アジアはセムに委ねられ、アフリカはハムに与えられた。このような聖書的世界観を基礎にして、おおよそ九世紀ごろまでにTO図が誕生する（図3）。この世界図は十字軍の進展とともに情報量の質的、量的な飛躍を遂げる。その後も、追加される知識によって現実感を常に保ちながら一五世紀まで受け継がれたとされる。ハムの子孫（アフリカ）はヤペテとセムの子孫（ヨーロッパとアジア）のしもべ、すなわち奴隷になるべき存在であるという理解もこの世界観のなかに組み入れられながら定着していく。『創世記』に基づき、アフリカ黒人を奴隷にふさわしい人びとと見なす「ハムの呪い」と呼ばれるこうした理解は、六・七世紀までに定着していったとされ、その影響力は、TO図が現実の世界に影響を及ぼさなくなって以降も二〇世紀に至るまで継続した[20]。

ただ、アフリカ黒人が新大陸で奴隷として用いられたことについては、より実用的な別の理由も存在した。すなわち、植民者たちは単純労働力としてのアフリカ黒人の有用性や利用方法について、先述のようにすでにマデイラ諸島やサントメ島などで経験と知識とを蓄積していた。それらは新大陸開発の先駆者であるポルトガル勢やスペイン勢のなかだけに留まりはしなかった。たとえば、ブラジルからバルバドス島へと向かったプランターたちによって伝播もしたし、イギリスがスペインから奪取したジャマイカ島のように、前の統治者がアフリカ黒人奴隷を用いたプランテーションを残していったことでも継承された。

図3　イシドロス『語源論』のTO図

注）Oは地球の形状を表し，大地はTの字（河川や海洋）によって，ヨーロッパ，アジア，アフリカに三分割される．その大地を海洋（環海）が取り囲んでいるが，環海の終わりは地球の果てとされた．

アフリカ黒人奴隷以外の選択肢はなかったのか？[21]

しかし、アフリカ黒人奴隷をわざわざ連

れていくまでもなく、新大陸やカリブ海の島々の先住民を用いることはできなかったのだろうか。事実、彼らは植民活動のための労働力の一部にはなったが、何より植民者たちが運んできた病原菌に非常に弱かった。病原菌との接触は、免疫をもつ旧大陸の人びとにとって致命的ではないが、免疫をもたない新大陸の人びとにとっては致命的だった[22]。新大陸では、植民者たちの征服活動と彼らのもち込んだ病原菌によって、コロンブス到達以前と比べ、先住民の数が激減する[23]。また、ブラジルに到達してから二世紀のあいだに植民者たちの出会った人びとの多くが狩猟採集民であった事実が物語るように、そこにすでにいる人びとは、農場や鉱山での労働力として植民者の期待する程度に使えるわけでは必ずしもなかった。とはいえ、植民者たちにとって、先住民は常に、そしてどこにおいても、まったく利用できない労働力だったわけではない。スペイン領内のエンコミエンダ制では先住民奴隷も積極的に用いられた。しかし、植民者と先住民のこうした接触そのものが病原菌の伝染を助長し、結果的には先住民人口を減らす結果につながっていたことは無視できない。いずれにしても、植民者たちが獲得した広大な土地とその農鉱業に関する潜在的な可能性に対して、彼らに利用可能な労働力として残された先住民の数はきわめて少なく、このギャップは埋められる必要があった。

それならばヨーロッパ人を連れていくというのはどうだろうか。実際に、囚人や捕虜、あるいは浮浪者はヨーロッパ諸国の海外進出において先兵となってきた。たとえば、初代ブラジル総督トメ・デ・ソウザがポルトガル領ブラジル最初の主要港サルヴァドールを建設する際、六〇〇人の流刑者を連れて行っている。流刑地としてはじまった英領オーストラリアの歴史を思い起こしてもよいだろう。ただし、新大陸では彼らが単純労働力として継続的に主要な位置を占めることはなかった。

なぜヨーロッパ人ではなかったのかという問いについては、いくつかの解答の可能性を挙げることができる。ひとつはヨーロッパ内部での労働力需要の高さである。たとえばヘルバート・クラインは、いわゆる「繁栄の一六世紀」において進む商工業の発展や都市の発達が大量のヨーロッパ人を新大陸での単純労働者にすることに対する高い障壁となったと指摘する。しかし、これに続く「一七世紀の危機」の時代はどうだろう。この時代のヨーロッパでは小氷期に入ったことで農業不振が続き、各地で三〇年戦争や清教徒革命などの戦乱が頻発し、魔女裁判などの社会不安も増大したとされる。生活困窮者や戦争捕虜、異端や違法行為による囚人は少なからずいたはずである。

この点について明快な論を展開するのがシーモア・ドレッシャーである。もしヨーロッパ諸国が互いの戦争に伴う捕虜を新大陸での強制労働に用いはじめれば、その報復や捕虜の救出がそこかしこで起こっただろうと彼は指摘する。ヨーロッパ大陸しかり、海外の植民地しかり、加えて海上しかりである。そのような事態が生じた場合、たとえば、ポルトガルのような人口の少ない国にとって、報復合戦を乗り切ることが難しいのは明らかである。また、植民地で得た富を本国に持ち帰ろうにも、洋上で艦隊が捕捉されたり、撃沈されてしまえばそこまでである。そのような報復合戦は当然、捕虜となった人びとを奪還する局面でも展開しうる。植民地の経営とは、原則的に少人数の植民者が多くの労働者を使役することによって成り立つわけであるから、人数として圧倒的に多いそのような労働者が仲間の奪還作戦に乗じて反旗を翻せば、植民者はひとたまりもない。もちろん、捕虜が植民地で反乱を起こしたのに乗じて、奪還作戦が展開することも考えられる。また、キリスト教世界においては、戦争は正戦の論理（*ius bellum iustum*）に則って正当化されたうえで行われており、労働力確保が戦争の目的となるためにはそれが書き改められる必要もあった。正戦の論理はトマス・アクィナスらによって一四世紀ごろには体系化されたとされる。アクィナスによれば、ある戦争が正戦であるためには、①正しい目的のもとに君主が宣戦布告をすること、②正当な原因が存在すること、③正しい意図に基づいて遂行されることの三つの条件が必要とされた。正しい戦争の結果として捕虜を奴隷にし、労働力として用いることは、ローマや西ゴートの時代から市民法によって認められてきたし、正戦論の観点からは、ローマ時代の哲学者アウグスティヌスも正しい戦争のもとでの略奪を認めている。しかし、逆にいえば、略奪はあくまでも正しい戦争がもたらすひとつの結果でなければならず、略奪を目的とした戦争はけっして正戦となりえないのである。つまり、奴隷を獲得するという目的では戦争は正当化できない(24)。

自他の境界

ドレッシャーの議論は明快であるがふたつの疑問が残る。ひとつは、アフリカ黒人を奴隷として用いることの正当性を正戦論の観点からどう説明するのかという疑問である。これに対する答えはそう難しくなさそうだ。たとえば、先に見たように、ポルトガル勢はアフリカ大陸西岸で現地の人びとからの購入を通して奴隷を獲得していた。そうした奴隷はアフリカ大陸内部の正戦による捕虜であるはずだと認定することで、獲得の正当性が見出された。また、新大陸で先住民の奴隷を獲得する場合にも、購入前にその奴隷が正戦に基づく戦争の捕虜かどうかを確認したり、上述の正戦の要件を満たしたうえで奴隷を獲得しようとする事例が見受けられる。また、ラス・カサスがアフリカ黒人奴隷制に対して先に紹介したような深い悔恨の念を露わにするのは、新大陸へと連れてこられるアフリカ黒人がポルトガル人によって「不正義かつ暴虐的な方法で奴隷化され」(25)ていたことに気づいたからであった。もうひとつの疑問は、ヨーロッパ諸国間の戦争で獲得された捕虜が、果たして援軍の到来など待ったりしたのだろうかという疑問である。ドレッシャーの説明は、国への帰属意識を植えつけられた私たちには理解しやすいが、それをこの時代の人びとに当てはめるのは妥当だろうか。というのは、この時代のヨーロッパ諸国の兵士の多くは傭兵であり、その出身地も様々で、私たちが連想しがちな「国のために戦う」という観念とはだいぶかけ離れていたはずだからである。

ふたつ目の疑問は先行研究を俯瞰してもなかなかうまく答えられない。ただし、それを自他の境界という問題に引きつけて考えるならば、次のデイヴィッド・エルティスの議論が注目に値する。ヨーロッパ人の囚人や捕虜、あるいは浮浪者を新大陸に送れば、実際のところ、アフリカから人間を連れていくよりも費用が安く、また、そうした潜在的な新大陸向けの労働者が十分にヨーロッパにいたことを彼は指摘する。しかし、ヨーロッパにおける非常に高い文化的、心理的な障壁によって、それは現実的な選択肢にはなりえなかった。つまり、中世にヨーロッパ内部で奴隷制が終焉して以来、奴隷制への忌避感情が生まれ出し、それは、同時期に並行していったヨーロッパ人意識の形成（エルティスは「内側の人」という言葉を用いる）と重なることで、ヨーロッパ人が同じ内側の人であるヨーロッパ人を奴隷にすること、また、それを用いることに対する忌避感情が汎ヨーロッパ的になっていったからであるというのが、エルティスの議論である。彼がこの議論を展開するなかで挙げる事例は豊富で、ヨーロッパ人がヨーロッパ人を奴隷化することへの忌避感情については、たとえば、一六五五年に七二名のイングランド人政治犯がバルバドス島に送致された一件が大きな議論を呼び起こし、最終的に英議会へ請願がなされたことを挙げているし、奴隷制そのものへの嫌悪は、イギリスの愛国歌『ルール・ブリタニア』に「ブリトンの民は決して、決して、決して、奴隷とはならない」と繰り返されているところに見て取ることができると指摘する。この議論を受け入れるならば、ヨーロッパ人にとって内側にいない、すなわち外側の人こそが奴隷の対象として想起されたのであり、「コロンブスの交換」を経た新大陸では、アフリカ黒人がその最適な対象であったということになる(26)。

この説を受容するならば、消去法においても、アフリカ黒人こそが、ヨーロッパ人にとって、新大陸で強制的に労働を押しつける対象として認識されるようになっていったということになる。

新大陸の発見とアフリカ黒人奴隷正当性の揺らぎ

興味深いのは次の点である。つまり、アフリカ黒人を用いた奴隷制が正当化されていくのと同時並行で、新大陸の発見がヨーロッパのキリスト教徒たちにアフリカ黒人を奴隷として用いるうえで大きな問題を突きつけていた。聖書的な世界観では、新大陸で初めて出くわす人びとが何者であるのかを明確に理解することはできなかった。コロンブスの発見した土地がインドではない別の場所だということがわかったとき(27)、聖書的な世界観の限界が露わになった。

同時に、新大陸の発見によって、ヘレニズム時代の学問に端を発する可住世界（オイクメネー）の概念も揺るがされた。それに基づけば、自らの住む可住世界のまわりには人類にとっての不可住世界が拡がっているはずだった。そして、可住世界の中心から不可住世界に向かって人間が生活するに不自由な環境になっていき、文明の程度も大きく低下していくと考えられていた。新大陸が自分たちの知識の及ばない場所であるのを知ったということは、自らが不可住世界であるはずの場所に足を踏み込んだのを知ったことを意味する。そこで出くわした自分たちと似た生き物は果たして同じ人間なのだろうか。植民者たちの疑問はまずそこからはじまらざるをえなかった。しかし、すぐに彼らを同じ人間であると認知するに至る。しかも、そこにすぐれた文明をも見出す。オイクメネーの概念からは、彼らとその文明とをどう理解すればよいのだろうか。

オイクメネーの概念や聖書的世界観の揺らぎが、それらのなかでこそ成り立つはずのアフリカ黒人の奴隷化を正当化する「ハムの呪い」の正当性も揺るがしただろうことは、容易に想起できる。しかし、それはアフリカ黒人奴隷という存在への異議申し立てにはすぐに結実しなかった。それどころか、新大陸における植民者と現地の人びととの実際的な関係性の進展はラス・カサスの主張に見られるように、アフリカ黒人を奴隷として用いることを後押ししすらしていたし、ハムの呪いは二〇世紀に至るまで繰り返し、様々な形で人びとの心に宿り続けるのである。アフリカ黒人奴隷制の正当性に関する議論には、この段階までで決着が見えない。しかし、新大陸の発見によって、ヨーロッパの人びとのそれまで信じてきた世界観や概念の限界が露呈されたことは、啓蒙思想が萌芽するひとつの大きな要因となった。

4　啓蒙思想

啓蒙思想(28)

啓蒙思想期を代表する著作のひとつ『百科全書』によれば、啓蒙思想家——フランス語でいうフィロゾフ——とは、「偏見と伝統と社会の通念と権威、ひとことでいえば大方の人びとの精神を従属させているすべてのものを踏み越え、自分の頭で考えてみようとする」人びとを意味する。啓蒙思想とは、まさに既存の知的枠組みからの自由を求めようとした動きであったといえよう。聖書的な世界観やオイクメネーの概念に後支えされてきたアフリカ黒人を用いる奴隷制も、彼らの検討課題のひとつであった。

彼らが育んだ奴隷制への批判とはどのようなものだったのだろうか。大きく整理すれば、経済的な観点と人道主義的な観点に大別できる。もちろん、ふたつは対抗しあうものではなく、融和的であった。たとえば、酸素や光合成の性質の発見者として知られるジョセフ・プリーストリー（一七三三—一八〇四年）は、奴隷制批判でもふたつの観点を合成させている。ただし、ここではそれを踏まえたうえで、双方の特徴を明らかにすることを優先させたい。

経済的な観点から批判を展開する論者として欠かすことができないのは、アダム・スミス（一七二三—九〇年）である。彼が『国富論』（一七七六年刊行）のなかで、奴隷労働のほうが自由人労働よりも経済効率が悪いと指摘したことは広く知られている。さらに、彼の講義を受講した学生がつけたノートを基にした『法学講義』Bノートでは、奴隷は暴力に対する恐怖によって労働することを余儀なくされているのであり、そこには改良の手段を自主的に考えるような余地は残されておらず、このような非効率的な労働は自由人の労働よりも結果的に費用が高くつくのだと議論が展開されている。

他方で、人道主義的な立場の基本的な出発点は自然権を確認するところにある。自然権とは具体的には、政府ができる以前の状態においてすでに存在していたとされる生命や自由、財産、健康に関する権利であり、それは人間が生まれながらにしてもつものであり、他者に譲渡できないものとされた。これはトマス・ホッブス（一五八八―一六七九年）やジョン・ロック（一六三二―一七〇四年）に共通する考えである。この立場からすると、同じ人間である黒人を生命の危機にさらすような奴隷船航海を強要したり、奴隷制のもとで過酷な労働を課したりすることは自然権の侵害になるのであり、許されるものではない。たとえば、ロックは『統治二論』のなかで、以下のように述べている。

人間の生来的な自由とは、地上におけるいかなる上位権力からも解放され、人間の意志または立法権の下に立つことなく、ただ自然法だけを自らの規則とすることに他ならない。（中略）絶対的で恣意的な権力からのこの自由は、人間の保全にとって不可欠であり、またそれと密接に結びついているので、人間は、もしこの自由を失えば、自らの保全と生命とを同時に失わざるをえない。というのは、人間は自分自身の生命に対する権力をもっていないのだから、契約によって、あるいは自分自身の同意によって、自分を他人の奴隷にすることはできないし、また、他人が思いのままに彼の生命を奪いうるような絶対的で恣意的な権力に身を委ねることもできないからである。(29)

そのうえで、奴隷状態とは、「合法的な征服者と捕虜とのあいだに続いている戦争状態」であるとし、ひとたび双方のあいだに契約が成立するならば、契約が継続する限り、戦争状態と奴隷制とは消滅すると続ける(30)。

自然権を基にした奴隷制へのより強い批判は、ジャン＝ジャック・ルソーの『社会契約論』（一七六二年）に見出せる。フランス革命に影響を与えた彼の思想は、奴隷制や奴隷交易反対運動に対してもひとつの思想的な支柱を提供した。彼は当時の奴隷制擁護派が依拠していた自然奴隷説（人間のなかには奴隷として生まれるべくして生まれた者がいるとするアリストテレスが唱えたとされる説）に真っ向から反論する。すなわちルソーは、奴隷身分の者たちは祖先のある段階から奴隷になり、そこから抜け出せなくなっているだけだと主張するのである。そして、「自由」は命に匹敵するものであり、それを取り上げて誰かを奴隷にすることは、その人物を殺すのと同義になる。そうなると生命の保障が含まれるはずの自然権に抵触するので、奴隷は存在してはならないと論を展開するのである。

啓蒙思想家たちと奴隷廃止

ただし、彼らのこうした思索と現実の行動とのあいだに整合性を見出し難い場合がしばしばある。有名なのは、ロックがイングランドとアフリカ大陸西部、カリブ海とを結ぶ三角貿易を独占する王立アフリカ会社に投資していたことである。この会社が存在したのは一七世紀末のわずか二十数年であったが、この時期は砂糖の消費量がイギリス社会で激増した時代に当たる。そのようななかで、一〇万人を超えるアフリカ黒人を奴隷としてカリブ海に送り出し、巨万の富を得ていたのがこの特許会社であり、その利益を享受していた投資家のひとりがロックだったのはほぼ確実視されている。また、彼はバハマ諸島開発のためのバハマ・アドヴェンチャラズ会社（一六七二年設立）にも投資をしている。

さらにロックは、北米植民地キャロライナの特許権保有領主の非公式の秘書や三角貿易の促進に関連する交易植民委員会の事務局長と通商植民委員会の委員としての活動も行っていた。また、この植民地の基本憲法起草にもかかわっている。一六六九年に完成したこの憲法の第一一〇条は「キャロライナのすべての自由民は所有する黒人奴隷に対して、奴隷がいかなる意見や宗教をもっていても、絶対的な権力と権威を有する」とある。この条文の原案がロックから出されたのかについては不明であるが、ロックが緻密な編纂作業を手がけたことは知られている。つまり、たとえこの条文を手がけていなくても、彼はそれを容認していたということにはなる。

また、自然権を強調する思想家たちも奴隷廃止に向けた実際の活動を行うことはなかった。啓蒙思想家たちの著作を読んでいくと、奴隷制や奴隷交易への言及は現実のそれそのものへの批判を目的とするというよりも、「自由」との対比であったり、何か別のことを論じたりしようとする際に持ち出される比喩や具体例としての側面が強いことに気がつく。たとえば、先に述べたルソーが自然奴隷説を批判したくだりについて、彼の意図は後世の奴隷廃止運動家たちが奴隷制や奴隷交易を批判しているのと異なっている。その意図とは、支配者とか、被支配者とかといった存在について、自然奴隷説を唱えたアリストテレスの本質論を否定することであったはずである。『社会契約論』で彼が論じたいのは、奴隷ではなく、あくまでも人民主権なのである。もちろん、後世の奴隷廃止運動家たちがルソーの議論を援用して運動を展開していったように、彼の議論を奴隷廃止につなげることは可能である。しかし、それは必ずしも彼自身が自著にもっとも込めたかったメッセージではない。また、百科全書派として知られるヴォルテールは大のコーヒー好きで知られており、一日に何十杯も飲んでいたとされる。それだけ飲んでいれば、一度くらいはコーヒー豆が海のかなたでどのようにして生産されているのかに思いを馳せてもよさそうである。

もちろん、実際に奴隷廃止の運動をしなくてはならないということではないし、奴隷制や奴隷交易そのものに的をより絞った議論も、啓蒙思想家たちによってなされはした。ヴォルテールも何杯目かのコーヒーをすすったときにはプランテーションの奴隷を思い浮かべたかもしれない。しかし、いずれにしても、彼らは現実に行動を起こすことはなかった。この点について、ドリンダ・ウートラムは啓蒙思想家の奴隷制に関する議論を踏まえたうえで、むしろ、彼らは「「普遍的な」人間主体、つまり「人間科学」の基礎として使われうる、合理性をもった経済的に自由な行為者を創出しようとしていた」と指摘する(31)。

ロックにせよ、ルソーにせよ、奴隷制や奴隷交易を自らに引きつけて想起する現実感が薄かったということもできるのではないだろうか。彼らはそうした現実感に拘泥するよりもより「高次」な次元で思考を展開させようとしていた。実際の活動は、後述するように、奴隷制や奴隷交易に対してより現実感をもって接した人びとによって展開されることになる。それに触れる前に、啓蒙思想がもつもうひとつの顔に触れなければならない。

啓蒙思想のもうひとつの顔[32]

啓蒙思想が奴隷廃止運動の基礎を提供したのは間違いない。しかし、それは奴隷制を擁護する立場の理論的な後ろ盾にもなっていった。啓蒙思想は奴隷問題に関して、まさに両刃の剣であった。啓蒙思想の展開は「科学」的な人種概念の発達を促し、神に代わりうる権威をもつようになった「科学」が人種によって人間同士を差異化し、その優劣を確立していく。聖書的な人間分類の限界が明らかになる一方、新たに発見された人類をどのように理解すればよいのかという問題は、神に頼ることなく人間の知性に依拠して物事を理解しようとする啓蒙思想における一大問題であった。そこで編み出されていったのが、皮膚の色や毛髪、体格といった外見上の特徴を基に人類を分類するという、広義の人類学のプロトタイプであった。

その嚆矢となったのが、『ムガル帝国誌』で知られる医師フランソワ・ベルニエ（一六二五―八八年）であったとされる。ムガル宮廷に至るまでの自身の旅を通した直接的な見聞から形作られる世界観を基にして、外見上の特徴を手がかりに人類を分類することを提唱した彼の著作は、大航海時代の知見と啓蒙思想とを接合し、その後に続く科学的人種論の礎を築く。その後、イマヌエル・カントは、一七七五年の「種々の人種について」という短い論文で、白人、黒人、フン（モンゴル）人、インド人の四つの人種を見出し、それぞれの人種の下位分類にも言及している。カントは繰り返し人類の同一起源を強調する。したがって、「ニグロと白人はたしかに人間の異なった種ではない[33]」と主張する。ただし、この引用には続きがあり、「二つの異なった種族である」と続く。その後の議論においても、明確に黒人と白人とを対極においた議論を展開する。ここに奴隷制に対する啓蒙思想のもうひとつのの顔がうっすらと浮かび上がってくる。つまり、奴隷反対につながる論陣を張る啓蒙思想家のひとつの出発点とは、人類の祖先はひとつというところにあった。それゆえに、同じ人間である以上、自然権が守られなくてはならない。この信念が後代の奴隷廃止運動の大きな原動力のひとつとなっていた。他方、カントの主張は人類が共通の祖先にさかのぼることのできるという点では人道主義的な啓蒙思想と共鳴する。しかし、それを認めたうえで、彼は人類のなかに差異があることを明確に指摘する。

確かに、カントの段階では人種間の差異は奴隷制擁護に直結しない。しかし、人種分類論を精緻化させたヨハン・フレデリック・ブルーメンバッハ（一七五二—一八四〇年）の議論には、奴隷制擁護につながる次の段階を明確に見てとることができる。彼は皮膚の色や毛髪の状態など外見上の特徴のみならず、とりわけ骨格に着目し、より「科学」的な人種分類を試みた。それに基づけば、人類は「コーカサス」「モンゴル」「エチオピア」「アメリカ」「マレー」の五つに分類される。彼は分類だけに留まることなく、その分類項を序列化させる。「コーカサス」は「人類の真の色」で、なおかつ「もっとも美しい人間」であり、それを最上位にして、最底辺に「マレー」と「エチオピア」を位置づける。このように、優れた人種として白人が科学的に立証され、同時に黒人が劣った人種として同じく立証された。両者の差異は、前者が後者を文明化するためのひとつの段階として奴隷制を肯定する議論に大きな貢献を果たした。

5　奴隷交易とサハラ以南アフリカとグローバル・ヒストリー

大西洋奴隷交易がアフリカ大陸を低開発化したのか?(34)

ところで、目を転じて、サハラ以南のアフリカ大陸に大西洋奴隷交易はどのような衝撃を与えたのだろうか。これについても大きな論争があり、決着には至っていない。論争を大きくまとめれば、変容仮説とそれへの反論に大別できる。変容仮説とは、ウォルター・ロドネーが『いかにヨーロッパはアフリカを低開発化したか』で表明した見取り図を、ポール・ラヴジョイが発展させたことで広く知られるようになった説である。ラヴジョイの議論は主著『奴隷制のなかの諸変容——アフリカにおける奴隷制の歴史』に詳しい。それによれば、従来、サハラ以南のアフリカ大陸で奴隷制や奴隷交易はそれほど十分に発達していなかった。奴隷制は親族を基盤とするそれぞれの社会のなかで周縁的であったが、時代の進展とともに確立した生産様式に転じていく。ラヴジョイがとりわけその画期と見なすのが、一六〇〇年から一八〇〇年の時期である。大西洋奴隷交易が最盛期を迎えるこの時期に、新たな奴隷獲得手段と商業システムの発達によって、サハラ以南のアフリカ大陸ではより広範な奴隷利用が見られるようになっていく。こうした奴隷制の拡張は、サハラ以南のアフリカ大陸における真の意味での経済発展の遅延をもたらしたばかりでなく、武力的な為政者の伸張と政治的統一性の瓦解を招きいれてしまった。そして、一八〇〇年以降については、アフリカ大陸外への奴隷輸出が減少していく一方、それまで奴隷輸出に貢献してきた各地の奴隷供給地ですでに人口の枯渇が進んでいたために、供給地がそれ以外の地域へと拡大していった。また、同時期には、植民地支配に伴って導入されたプランテーションによって、この大陸でも奴隷に依存する生産様式が確立される。このように、大西洋奴隷交易の開始をきっかけとして、長期の時間軸のなかでアフリカ経済は根本的に変容させられてしまったというのが、その大まかな主張である。

この変容仮説には、初版の刊行当初から賛否両論が寄せられた。異議を唱えるもっとも重要な論者のひとりがジョン・ソーントンである。彼は、サハラ以南のアフリカ大陸には大西洋奴隷交易が開始される以前から十分に発達した奴隷制と奴隷交易とがすでに存在しており、サハラ以南のアフリカ大陸の各社会における奴隷制の位置づけについて、大西洋奴隷交易は大きな影響を及ぼさず、むしろ、すでに発達していた奴隷制と奴隷交易を基礎とすることでこそ、大西洋奴隷交易は未曽有の規模で展開できたと主張する。

どちらの見解に軍配を上げるかについては、いまだもって難しい。確かに奴隷制が大西洋奴隷交易開始以前から一定程度、発達していたことは否定しがたい。しかし、だからといって、大西洋奴隷交易がサハラ以南のアフリカ大陸に残した衝撃は軽視できない。そのことは、すでに触れたコンゴ王国を起点とした奴隷交易が、既存のサハラ砂漠越えの奴隷交易ネットワークとかかわりあわない、新興のものだったことを思い出しても理解できるだろう。また、あのような規模で大西洋奴隷交易が展開しなかった場合、サハラ以南アフリカがどのような歴史を辿ったのかは誰にもわからない。このように、変容仮説とその反論については、現段階では玉虫色の判断を下すことしかできないように思われる。

「アフリカ」とグローバル・ヒストリー

では、なぜこのような議論を紹介したのか。それは、この議論がいずれの立場に立つにせよ、（サハラ以南）アフリカをより広い空間のなかに位置づけるものだからである。ここで読者に喚起したいのは、果たしてサハラ以南アフリカをひとつの歴史単位として見なし、それに一定の役割を固定して、大西洋奴隷交易のような広域を跨ぐ議論のなかに定置してよいのだろうかという問題である。もちろん、このような議論にかかわる歴史家たちは、安易に「（サハラ以南）アフリカ」を大西洋奴隷交易の単なる被害者として、「ヨーロッパ」あるいは「西洋」を単なる加害者として固定化することには一定程度、慎重である場合が多い。

ただし、たとえそうであったにせよ、そうした議論を受け止める読者にとっては、やはり、上述の二項対立図式が容易に頭のなかに浮かび上がってくるのではないだろうか。このように論じていくと、グローバル・ヒストリー研究に明るい読者にはある種、どこかで聞き覚えのある議論になってくるだろう。日本では、とりわけ「西洋」対「東洋」の二項対立を相対化するとか、そこから展開させて、既存の歴史単位を再考するところにグローバル・ヒストリー研究の意義の一端が説明される傾向がある。しかし、往々にして、その議論で欠け落ちるのが、「西洋」と「東洋」とを差し引いた残りの地域である。具体的には、いま、ここで論じているサハラ以南アフリカや、ラテンアメリカ、オセアニアはそのような地域の代表格である。それらについても、西洋を中心軸にした二項対立図式――つまり、西洋対云々という図式――が描かれがちである点はきわめて類似している。固定化した図式によって見落とされてしまう事実は多々あり、その見落としが結果的には柔軟な歴史理解を妨げてしまうこともままある。こうした問題を克服するためには、愚直な方法であるのは承知のうえでも、やはり具体的な事例を積み重ねていくべきだろう。その文脈においては、すでに述べたコンゴ王国の事例は有効である。西中央アフリカが大西洋奴隷交易において中心的な供給地へと変貌していく過程は、ポルトガル勢などの旺盛な需要だけで説明することはできない。この地域における奴隷創出のメカニズムや、コンゴ王たちが体制の確立と維持のためにヨーロッパ製品の分配を独占し、キリスト教も積極的に活用していたことも思い返す必要がある。それらも視座に収めるならば、加害者たる「西洋」対被害者たる「アフリカ」という図式は、それでも妥当性をもちうるのであろうか。

三角貿易の実態(35)

このような問題に関連して、いわゆるヨーロッパ西部、アフリカ大陸西部、新大陸をつなぐ三角貿易の事例をふたつ紹介したい。広く知られるように、通常、この三角貿易の三つの地域は固定した役割を与えられる。

最初の事例はオールド・カラバルである。これはクロス川がギニア湾に注ぎ込む河口に位置した商業租界の総称であり、そこにはデューク・タウンなどのいくつかの町が含まれる。現在の国でいえばナイジェリアに位置する。とりわけ一七世紀後半以降、イギリスのブリストル、次いでリヴァプールの船長たちと地元のエフィクと呼ばれる人びとが深い交易関係を結ぶことで、オールド・カラバルは奴隷積み出しの一大拠点として発展した。この地域からは、一七世紀半ばから一八三八年までのあいだに約二七万五〇〇〇人の奴隷が輸出されたとされ、その規模は先述のルアンダなどに続いて、大西洋奴隷交易における奴隷積み出し数で第五位の位置を占める。イギリス船の持ち込む鉄製品が現地でもっとも所望される商品であった。地元の商人たちは独自に英語を習得し、イギリス船の乗組員と交流していたことが知られているが、デューク・タウン在住の商人アンテラ・デュークに至っては、その英語を駆使して、一七八五年から八八年までの三年間分の日記を遺している。そこからは、デューク・タウンの住民とリヴァプール船の船長たちが、オールド・カラバルの別の町の商人たちとブリストル船の船長たち、あるいはヘンショー・タウンの商人たちとフランス船の船長たちが築いた紐帯に対抗して、より強固な紐帯を築き、交易量を増やしていく有り様を読み取ることができる。個人的な紐帯を基礎にして、双方の町は同時並行的な繁栄を遂げた。アンテラの日記にもっとも登場するリヴァプールの船長はパトリック・フェアウェザーであるが、日記を校訂したステファン・ベアレントは、二人の親密な関係が双方の年齢の近似によって築かれていたことを指摘する。すなわち、アンテラにとって、フェアウェザーは自らの年齢階梯に属する人間だった。フェアウェザーが最初にデューク・タウンを訪れたのは、彼が二〇歳前後の一七五五年でまだ下級船員だったが、一七六八年以降は船長として訪問する。この町の住民は、フェアウェザーと関係するリヴァプールの人びとを彼の親族として想起した。オールド・カラバルが奴隷交易の重要な拠点として発展したことを理解するには、こうした個人的な紐帯を基礎としながら展開するオールド・カラバルと他の町との競争関係を直視する必要があるだろう。また、そのようなプロセスのなかにデューク・タウンとリヴァプールの同時的な発展も視野に収めるならば、ヨーロッパとアフリカにそれぞれ加害者と被害者の立場を単純に分け与えることはできない。

これに加えて、次の事例を考慮に入れるならば、アフリカ大陸西部における奴隷交易の実態を理解するためには、環大西洋世界に限定される従来の三角貿易の枠組みは不十分になってくる。近年、大西洋奴隷交易に関する研究を主として経済史的な立場から精力的に進める小林和夫の研究を参照すれば、アフリカ大陸西部で奴隷購入に用いられていたインド産綿布の重要性が明らかになる。それは主にインド亜大陸東南部のコロマンデル海岸で生産された「ギネ」と呼ばれる藍染め綿布であった。アフリカ大陸西部の購入者たち——そこには奴隷の販売者が含まれる——が「ギネ」についてもっとも重要視していたのは、織りの強さや染色度合いではなく、その匂いであったとされる。アフリカ大陸西部に流通していった「ギネ」は大西洋向け奴隷交易が沈静化して以降、二〇世紀に至るまで継続して輸入され、現地では交換財としての役割を担い続けていった。これを踏まえれば、大西洋奴隷交易は、従来の環大西洋で完結する三角貿易モデルでは十分に理解することはできず、インド亜大陸までを視野に入れなくてはならない。その場合、インド産綿布を所望するアフリカ大陸西部の購入者たちの嗜好や消費のパタン、それを伝達する仲介商人の役割、そしてインド亜大陸における生産のあり方も考慮する必要が出てくるのである。

（１）Paul E. Lovejoy, *Transformations in Slavery: A History of Slavery in Africa*, 3rd ed., Cambridge: Cambridge U. P., 2012, p. 25; http://www.slavevoyages.org（最終確認日 二〇二〇年七月二六日）。

（２）このデータベースの作成の詳細については、布留川正博「大西洋奴隷貿易の新データベースの歴史的意義」『同志社商学』六六、二〇一五年を参照。ただし論文刊行後、データベースは大幅に拡張している。

(3) 近年の研究では、サハラ砂漠を越える奴隷交易の最盛期は一〇世紀に求められ、この時期、多くて年間五〇〇〇人程度が地中海沿岸に到達したと考えられている。その後、停滞期を経て、一三世紀から一五世紀にかけて復調していったとされる（John Wright, *The Trans-Saharan Slave Trade: Essays in Atlantic History*, London: Routledge, 2007, pp. 39–40）。

(4) Ibn Faqīh, *Kitāb al-buldān*, ed. by M. J. de Goeje, Leiden: Brill, 1885, p. 87.; Herbert S. Klein, *The Atlantic Slave Trade*, new ed., Cambridge: Cambridge U. P., 2010, p. 9.; Nehemia Levtzion and J. F. P. Hopkins, *Corpus of Early Arabic Sources for West African History*, Cambridge: Cambridge U. P., 1981.; Lovejoy, *Transformations in Slavery*, pp. 36–38.; William D. Phillips, Jr., "The Old World Background of Slavery in the Americas," in Barbara L. Solow（ed.）, *Slavery and the Rise of the Atlantic System*, Cambridge: Cambridge U. P., 1991, p. 50.; Gerhard Seibert, "São Tomé and Príncipe: The First Plantation Economy in the Tropics," in Robin Law, Suzanne Schwarz and Silke Strickrodt（eds.）, *Commercial Agriculture, the Slave Trade and Slavery in Atlantic Africa*, Woodbridge: James Currey, 2013, p. 69.; John Thornton, *Africa and Africans in the Making of the Atlantic World, 1400–1800*, 2nd ed., Cambridge: Cambridge U. P., 1998（1st. 1992）, p. 34, Alberto Vieira, "Sugar Islands: The Sugar Economy of Madeira and the Canaries, 1450–1650," in Stuart B. Schwartz（ed.）, *Tropical Babylons: Sugar and the Making of the Atlantic World, 1450–1680*, Chapel Hill: the University of North Carolina Press, 2004, pp. 69–73.; John Vogt, *Portuguese Rule on the Gold Coast, 1469–1682*, Athens: University of Georgia Press, 1979, pp. 57–59.; William H. Worger, Nancy L. Clark and Edward A. Alpers, *Africa and the West: A Documentary History*, 2nd ed. Oxford: Oxford U. P., Vol. 1, 2010, pp. 5-7.; 家島彦一『イブン・バットゥータと境域への旅――『大旅行記』をめぐる新研究』名古屋大学出版会、二〇一七年、三六六頁。

(5) 一六世紀初頭までの大西洋奴隷交易の規模は、ＶＤが十分に網羅しきれていない分野のひとつである。

これについては、ポルトガル語史料を精査した次の文献が最も参考になる（Ivana Elbl, "The Volume of the Early Atlantic Slave Trade, 1450-1521," *The Journal of African History* 38: 1, 1997.）。それによれば、この時期、もっとも奴隷を供給していたのは、上ギニア、すなわちセネガル川からパルマス岬のあいだの地域であり、現在の国でいえば、セネガル、ガンビア、ギニアビザウ、ギニア、シエラレオネ、リベリアに相当する。

（6）Curtin, *The Rise and Fall of the Plantation Complex*, p. 24.; Pablo B. Eyzaguirre, "Small farmers and Estates in São Tomé, West Africa," Ph. D. thesis to Yale University, 1986, p. 34.; Celestin Goma Foutou, *Histoire des civilisations du Congo*, Paris: Editions Anthropos, 1981, pp. 247-248.; Robert Garfield, *A History of São Tomé Island 1470-1655*, San Francisco: Mellen Research U. P., 1992, p. 80.; Anne Hilton, *The Kingdom of Kongo*, Oxford: Clarendon Press, 1985, pp. 50-55.; Herbert Klein, "The Atlantic Slave Trade to 1650," in Stuart B. Schwartz (ed.), *Tropical Babylons*, 209, Seibert, "São Tomé and Príncipe," pp. 56-73.

（7）初期の定住者には囚人、そして親から無理やり引き離されたユダヤ人の子供たちも含まれていた（Garfield, *A History of São Tomé Island 1470-1655*, pp. 13-16.; Seibert, "São Tomé and Príncipe," p. 58）。

（8）サントメ島産砂糖の低品質は、湿潤すぎる気候や豊富な水資源によって乾燥作業が不十分だったことと起因する。ヨーロッパ市場への流通の拠点だったアントワープでは、この島の砂糖は「世界最低」品質として知られ、しばしば、島から運んできたと見られる無数の小さなクロアリがたかっていたとされる（Garfield, *A History of São Tomé Island 1470-1655*, pp. 71-73）。

（9）Foutou, *Histoire des civilisations du Congo*, pp. 161-162.; Hilton, *The Kingdom of Kongo*, pp. 55-59, 74-75.; Joseph C. Miller, "The Slave Trade in Congo and Angola," in Martin L. Kilson and Robert I. Rotberg (eds.), *The African Diaspora: Interpretive Essays*, Cambridge: Harvard U. P., 1976.; W. G. L. Randles, *L'ancien royaume du Congo des origins à la fin du XIX siècle*, Paris: Mouton, 1968, pp. 71-72.; John Thornton, "Early Kongo-Portuguese Relations: A New Interpretation," *History in Africa* 8, 1981, p. 191.; Jan Vansina, *The Tio Kingdom of the Middle Congo 1880–1892*, London: Oxford U. P., 1973, p. 283, p. 445.

（10）しかし、ポルトガル勢、とりわけサントメの商人たちは、その後、ベナンやカーボ・ヴェルデ、ブラジルなどから類似の貝の獲得に成功する（Randles, *L'ancien royaume du Congo*, p. 137）。

（11）ルアンダを拠点とする奴隷交易の展開については、Joseph C. Miller, "The Slave Trade in Congo and Angola," in Martin L. Kilson and Robert I. Rotberg (eds.), *The African Diaspora: Interpretive Essays*, Cambridge: Harvard University Press, 1976, 84–111 を参照。

（12）Luiz Felipe de Alencastro, "The Apprenticeship of Colonization," in Solow (ed.), *Slavery and the Rise of the Atlantic System*, pp. 169–170.; Eyzaguirre, "Small farmers and Estates in São Tomé, West Africa," p. 46.; Stuart B. Schwartz, *Sugar Plantations in the Formation of Brazilian Society: Bahia, 1550–1835*, Cambridge: Cambridge U. P., 1985, p. 16.; ibid., "Introduction," in Schwartz (ed.), *Tropical Babylon*, p. 18.; James Walvin, *Questioning Slavery*, London and New York: Routledge, 1996, pp. 3–9.; 青野和彦「ラス・カサスの平和的布教観の発展史的研究——三通の書簡（一五三一、一五三四、一五三五年）の検討を中心に」『神学研究』六一、二〇一四年、一二六頁、同「ラス・カサスの『インディアス新法』評価——『賠償論』からの考察」『沖縄キリスト教短期大学紀要』四七、二〇一八年、一八—二〇頁、染田秀藤『ラス・カサス伝——新世界征服の審問者』岩波書店、一九九〇年、六〇—六一頁、松森奈津子『野蛮から秩序へ——インディアス問題とサマランカ学派』名古屋大学出版会、二〇〇九年、一一〇頁、R・メジャフェ著、清水透訳『ラテンアメリカと奴隷制』岩波書店、一九七九年、二二—二九頁。

（13）ラス・カサスのアフリカ黒人奴隷に対する見解の変化は Lawrence Clayton, "Bartolomé de las Casas and the African Slave Trade," *History Compass* 7: 6, 2009. に詳しい。

（14）ラス・カサス著、長岡南訳『インディアス史』五、岩波書店、一九九二年、四五〇頁。ただし、少なくとも一五四四年の段階では、彼自身もアフリカ黒人奴隷を所有していたことが明らかになっている（ツヴェタン・トドロフ著、及川馥・大谷尚文・菊地良夫訳『他者の記号学——アメリカ大陸の征服』法政大学出版局、一九八六年、二三七頁)。

(15) サントメ島のジェノヴァ商人が三〇〇人のアフリカ黒人奴隷を新大陸に向けて送ったとされる (António de Almeida Mendes, "The Foundations of the System: A Reassessment of the Slave Trade to the Spanish Americas in the Sixteenth and Seventeenth Centuries," in David Eltis and David Richardson (eds.), *Extending the Frontiers: Essays on the New Transatlantic Slave Trade Database*, New Haven: Yale U. P., 2008, p. 72)。

(16) 一五八〇年以前に限れば、サントメ島はブラジルのきわめて重要な交易相手であり、後者の輸入総額の七五パーセントをこの島が占めており、そのなかで奴隷は主要な交易品であった (Eyzaguirre, "Small Farmers and Estates in São Tomé, West Africa," p. 57)。

(17) James, A. Delle, *The Colonial Caribbean: Landscapes of Power in the Plantation System*, New York: Cambridge University, 2014, pp. 57-59.; David W. Galenson, *Traders, Planters and Slaves: Market Behavior in Early English America*, Cambridge: Cambridge U. P., 2002, p. 7.; J. H. Galloway, *The Sugar Cane Industry: an Historical Geography from its Origins to 1914*, Cambridge: Cambridge U. P., 1989, pp. 77-83.; B. W. Higman, *Jamaica Surveyed: Plantation Maps and Plans of the Eighteenth and Nineteenth Centuries*, Barbados: University of the West Indies Press, 2001, p. 8.; F. A. Hoyos, *Barbados: A History from the Amerindians to Independence*, London: Macmillan, 1978, pp. 35-38.; Russell R. Menard, *Sweet Negotiations: Sugar, Slavery, and Plantation Agriculture in Early Barbados*, Charlottesville: University of Virginia Press, 2006, pp. 16-17.; Richard B. Sheridan, *Sugar and Slavery: an Economic History of the British West Indies 1623-1775*, Baltimore: the Johns Hopkins U. P., 1973, pp. 128-130.; ミンツ『甘さと権力』、九〇—一〇五頁。

(18) この点については、新大陸の初期の被征服民にとって、白人とともにやってきたアフリカ黒人もまた征服者としての側面をもっていたとするメジャフェの指摘も考慮に入れるべきであろう (メジャフェ『ラテンアメリカ』、三四—三六頁)。

(19) David M. Goldberg, *The Curse of Ham: Race and Slavery in Early Judaism, Christianity, and Islam*, Princeton: Princeton U. P., 2003.; ibid, *Black and Slave: The Origins and History of the Curse of Ham*, Berlin: De Gruyter, 2017.; Colin Kidd, *The Forging of Races: Race and Scripture in the Protestant Atlantic World, 1600–2000*, Cambridge: Cambridge U. P., 2006.; Herbert S. Klein and Ben Vinson III, *African Slavery in Latin America and the Caribbean*, 2nd ed., Oxford: Oxford U. P., 2007, p. 14.; Walvin, *Questioning Slavery*, 5, David M. Whitford, *The Curse of Ham in the Early Modern Era: The Bible and the Justification for Slavery*, Farnham: Ashgate, 2009.; 樺山紘一『異境の発見』東京大学出版会、一九九五年、二二頁も参照。

(20) この「ハムの呪い」には見逃せない飛躍が潜んでいる。つまり、①『創世記』では、ハムはアフリカとも、黒人とも結びつけられていない。さらに、②ノアの逆鱗に触れた行動を起こしたのはハムであったはずなのに、呪いを受けたのはその息子のカナンである。これらの点について、大変興味深い説を展開しているのが、デイヴィッド・ゴールデンバーグである。①について、彼はまず「ハム」の語源に迫るところから始める（以下、本段落は Goldenberg, *The Curse of Ham*, pp. 141–156に基づく）。これまで、「ハム」の語源としては、ヘブライ語で西セム族の太陽神を意味する「Ḥammu」、ヘブライ語で「熱 ḥom」や「暑さ ḥam」の語根（ḥmm）、同様に、「黒」や「闇」を意味する（ḥūm）の語根（ḥwm）、エジプト語で「エジプト」を意味する（kmt）などが提唱されてきた。たしかに、「ハム」はヘブライ語で「Ḥām」と綴られる。最初の「Ḥ」（ヘット）は無声咽頭摩擦音であるが、セム祖語から派生した古代ヘブライ語にはこれとは別に無声軟口蓋摩擦音（「Ḫ」）が存在したとされる。しかし、フェニキア文字の影響を受けたヘブライ文字では双方を区別することができず、どちらもヘットによって表記された。他方、ギリシア文字では双方を区別することができ、ハムは「Χαμ」と綴られ、最初の音が無声軟口蓋摩擦音であることは明らかである。すなわち、古代ヘブライ語ではハムは「Ḫām」と発音されていたはずになる。これを根拠に、上に挙げたヘブライ語に起源を求める説はすべて除外される。なぜならば、無声咽頭摩擦音と無声軟口蓋摩擦音の双方を表記できる古代南アラビア語やアラビア語、ウガリット語でも、やはり最初の音に無声咽頭摩擦音が用いられているからである。同様に、エジプト語「kmt」を語源とする説も「Ḥām」の「Ḥ」と異なり、「kmt」の「k」は有気音であるために斥けられる。このように、「ハム」は元来、アフリカや黒人とは関係のない言葉だったのである。しかし、時代が進むと、ヘブライ文字で同じ文字を語頭に有する「ハム」と「熱」や「暑さ」、「黒」といった語が結びつけられ、ハムがアフリカや黒人と結びつけられるようになっていったと彼は解釈する。

また、②については次のように議論を展開する（ibid., 157-167)。『ユダヤ戦記』を著した一世紀のフラウィウス・ヨセウスをはじめとして、ユダヤ教、キリスト教、イスラーム教にかかわる様々な論者が、その説得的な説明を試みてきた。とりわけよく見られるのが、ハムはすでに神の祝福を受けていたので、ノアはハムに呪いをかけることができず、そのかわりにカナンを呪ったのだとする説明である。しかし、ゴールデンバーグによれば、それでも同時代の論者たちは罪業を犯したハムが呪いから逃れえないと考え、様々な解釈を施していた。たとえば、「カナンは呪われよ。彼はしもべのしもべとなって、その兄弟たちに仕える」の「しもべのしもべ」という表現について、ふたつ目の「しもべ」がカナンを指すことは明らかであるが、ふたつの「しもべ」が血縁的な関係を想起させる属格でつながれていることから最初の「しもべ」にはほかならぬハムが該当するという解釈も登場した。面と向かって呪いを直接かけられなかったからといって、呪いから免れたのではないのである。加えて、ゴールデンバーグは、ハムが呪いをかけられたとするテキストが多々あることを指摘したうえで、それらでも罪業を犯したハムが呪いを受けなかったことに対する整合性のつきにくさから、同時代の著者や書写生が誤った理解のもとに記した可能性を指摘する。以上のような整合性をもった説明の追求とヘブライ文字表記における混同や『創世記』の内容に関する誤解が、奴隷身分の黒人を目にする機会が多かった環境的要因と相まって、ハムの呪いを一般化させたというのが彼の主要な議論となる。

(21)　Drescher, *Abolition*, pp. 48-57.; David Eltis, *The Rise of African Slavery in the Americas*, Cambridge:

Cambridge U. P., 2000, pp. 16, 57–84.; Alan Gallay, "Introduction," in Alan Gallay (ed.), *Indian Slavery in Colonial America*, Lincoln: University of Nebraska Press, 2009, p. 15.; ibid., "South Carolina's Entrance into the Indian Slave Trade," in Gallay (ed.), *Indian Slavery in Colonial America*, pp. 134–135.; Ramón A. Gutiérrez, *When Jesus Came, the Corn Mothers Went Away: Marriage, Sexuality, and Power in New Mexico, 1500–1846*, Stanford: Stanford U. P., 2006, pp. 104–105.; Klein, *The Atlantic Slave Trade*, pp. 18–19.; Klein and Vinson, *African Slavery in Latin America and the Caribbean*, pp. 19–21.; A. J. R. Russell-Wood, *The Portuguese Empire, 1415–1808: A World on the Move*, Baltimore: the Johns Hopkins U. P., 1992, p. 106.; Russell Menard and Stuart B. Schwartz, "Why African Slavery? Labor Force Transitions in Brazil, Mexico, and the Carolina Lowcountry," in Wolfgang Binder (ed.), *Slavery in the Americas*, Würzburg: Königshausen und Neumann, 1993, pp. 93–94.; Alida C. Metcalf, *Go-Betweens and Colonization of Brazil: 1500–1600*, Austin: the University of Texas Press, 2005, p. 182.; Stuart B. Schwartz, "Indian Labor and New World Plantations: European Demands and Indian Responses in Northeastern Brazil," *The American Historical Review* 83: 1, 1978, pp. 45–47.; John Thornton, *A Cultural History of the Atlantic World, 1250–1820*, Cambridge: Cambridge U. P., 2012, p. 205.; ラス・カサス『インディアス史』五、二〇九頁、川北稔『民衆の大英帝国——近世イギリス社会とアメリカ移民』岩波書店、一九九〇年、九五—一二八頁、木村正俊「正戦と全体戦争」『立教法学』五四、二〇〇〇年、二二七—二四一頁、松森『野蛮から秩序へ』、九七、二七九—二八五頁、山内進『略奪の法観念史——中・近世ヨーロッパの人・戦争・法』東京大学出版会、一九九三年、一四七頁。

(22) この「処女地流行」に関する古典的研究として、Henry F. Dobyns, "Estimating Aboriginal American Population 1: An Appraisal of Techniques with a New Hemispheric Estimate," *Current Anthropology* 7, 1966.; H. Paul Thompson, "Estimating Aboriginal American Population 2: A Technique Using Anthropological and Biological Data," *Current Anthropology* 7, 1966.; Alfred W. Crosby, "Virgin Soil Epidemics as a

Factor in the Aboriginal Depopulation in America,” *The William and Mary Quarterly* 33-2, 1976.; また、最近の研究動向を論じたものとして、James D. Rice, “Beyond ‘the Ecological Indian’ and ‘Virgin Soil Epidemics’: New Perspectives on Native Americans and the Environment,” *History Compass* 12: 9, 2014. を参照。それと併せて、過度に処女地流行を強調することで、暴力などの他の人口減少要因をないがしろにしがちであるというマッシモ・リヴィ＝バッチ著、速水融・斎藤修訳『人口の世界史』東洋経済新報社、二〇一四年、五六―五七頁の指摘も参照。

（23）コロンブスの到達を境に、南北アメリカ大陸とカリブ海の島々について、全体的な人口の急激な減少が見られることは研究者間での共通理解となっている。ただし、その現象の程度はどこでも一様でなく、地域間で大きな差のあったことも明らかにされている（Linda A. Newson, “The Demographic Collapse of Native Peoples of the Americas, 1492-1650,” *Proceedings of the British Academy* 81, 1993.; Linda Newson, “Pathogens, Places and Peoples: Geographical Variations in the Impact of Disease in Early Spanish America and the Philippines,” in George Raudzens (ed.), *Technology, Disease, and Colonial Conquests, Sixteenth to Eighteenth Centuries: Essays Reappraising the Guns and Germs Theories*, Boston: Brill, 2003）。また、コロンブス到達以前の先住民人口に関する研究史の整理としては、William M. Denevan (ed.), *The Native Population of the Americas in 1492*, 2nd ed., Madison: The University of Wisconsin Press, 1992. また、コロンブスの到達前後の人口変動に関する議論の整理としては、David Henige, *Numbers from Nowhere: The American Indian Contact Population Debate*, Norman: University of Oklahoma Press, 1998.

（24）ただし、捕虜の奪回は正戦の理由になりえた。これはアウグスティヌス以来、ヨーロッパでは広く認められた観念となっていた（山内『略奪の法観念史』、一四六―一六〇頁）。

（25）ラス・カサス『インディアス史』五、二〇九頁。

（26）同じ論法からエルティスは、アフリカ大陸や新大陸では、人びとが広域にまたがって共有する「内側の人」という意識が醸成されなかったことが奴隷交易の横行を招いたと議論する（Eltis, *The Rise of African*

Slavery in Americas, pp. 57-84)。

(27) コロンブスらによって到達された場所が、旧世界とはまったく別の、自分たちの知識にない場所であるとヨーロッパ人に理解されるまでには一定の時間を要した。その契機として重要なのがアメリゴ・ヴェスプッチの航海であり、一五〇七年にサン・ディエ・アカデミーから刊行された『宇宙誌入門』、とりわけその解説として収録されたヴェルトゼーミュラーの世界地図であった(E・オゴルマン著、青木芳夫訳『アメリカは発明された——イメージとしての一四九二年』日本経済評論社、一九九九年、八九—一八二頁)。

(28) デイヴィッド・アーミテイジ著、平田雅博・山田園子・細川道久・岡本慎平訳『思想のグローバル・ヒストリー——ホッブズから独立宣言まで』法政大学出版局、二〇一五年、一三七—一四〇頁、アリストテレス著、山本光雄訳『政治学』岩波書店、一九六一年、四〇—四三頁、ドリンダ・ウートラム著、田中秀夫監訳、逸見修二・吉岡亮訳『啓蒙』法政大学出版局、二〇一七年、一一七—一一九頁、髙田紘二「ジョン・ロックと奴隷制にかんする諸問題」『研究季報』(奈良県立商科大学)四—四、一九九四年、二四—二六頁、アダム・スミス著、水田洋訳『法学講義』岩波書店、二〇〇五年、一七二—一七三頁、ジャン゠ジャック・ルソー著、中村元訳『社会契約論/ジュネーヴ草稿』光文社、二〇〇八年、二一—二四頁、松本哲人「J・プリーストリーの奴隷制批判——ダーウィン、スミスとの比較」『経済学史研究』五三—一、二〇一一年。

(29) ジョン・ロック著、加藤節訳『完訳統治二論』岩波書店、二〇一〇年、三二〇—三二一頁。

(30) ロック『完訳統治二論』、三三二頁。

(31) ウートラム『啓蒙』一一七—一一八頁。

(32) 竹沢泰子「人種概念の包括的理解に向けて」、竹沢泰子編『人種概念の普遍性を問う——西洋的パラダイムを超えて』人文書院、二〇〇五年、五三頁、弓削尚子『啓蒙の世紀と文明観』山川出版社、二〇〇四年。

(33) 福田喜一郎訳「さまざまな人種について」福谷茂・田山令史・植村恒一郎・山本道雄・福田喜一郎訳『カント全集』第三巻、岩波書店、二〇〇一年、三九八頁。

（34）Lovejoy, *Transformations in Slavery*.; Thornton, *Africa and Africans in the Making of the Atlantic World, 1400–1800*.; Walter Rodney, *How Europe Underdeveloped Africa*, London: Bogle-L'Ouverture, 1973（ウォルター・ドロネー著、北沢正雄訳『世界資本主義とアフリカ——ヨーロッパはいかにアフリカを低開発化したか』柘植書房、一九七八年）。

（35）Stephen D. Behrendt, "Merchants, Mariners and Transatlantic Networks of Trade: Britain and Old Calabar (Nigeria) in the 18th Century"（二〇一〇年一〇月二三日、東京大学東洋文化研究所で開催された科研費プロジェクト『ユーラシアの近代と新しい世界史叙述』（研究代表　羽田正東京大学教授）研究会で回覧されたペーパー）、ibid., A. J. H. Latham and David Northrup, *The Diary of Antera Duke: An Eighteenth-Century African Slave Trader*, Oxford: Oxford U. P., 2010.; Kazuo Kobayashi, *Indian Cotton Textile in West Africa: African Agency, Consumer Demand and the Making of the Global Economy, 1750–1850*, Cham: Palgrave, 2019.; ibid, "Indian Textile and Gum Arabic in the Lower Senegal River: Global Significance of Local Trade and Consumers in the Early Nineteenth Century," *African Economic History* 45, 2017, 小林和夫「イギリスの大西洋奴隷貿易とインド産綿織物——トマス・ラムリー商会の事例を中心に」『社会経済史学』七七—三、二〇一一年、正木響「19世紀にセネガルに運ばれたインド産藍染綿布ギネ——フランスが介在した植民地間交易の実態とその背景」『社会経済史学』八一—二、二〇一五年。

第2章　環大西洋奴隷廃止ネットワーク

本章では奴隷廃止が世界的共通体験として胎動しはじめる時代を取り扱う。国民国家史のハイライトでもある奴隷廃止については、序章で触れたように、それぞれの一国史の枠組みのなかで優れた研究の厚い蓄積がある。(1) 他方、近年では、一国史という単位を超え、大西洋規模で奴隷廃止の問題を捉えようとする立場が注目されてもいる。(2)

以下では、後者の立場を基本的には踏襲し、大西洋規模で異なる国や社会における展開同士がつながる接続の局面に注意を払いながら論を進めていく。そこでは、国よりも小さな集団や個人といった単位の行為主体の姿が見出せるだろう。そのような国よりも小さな行為主体が国を超えて環大西洋という舞台で接続し、その相互作用が各々の行為主体へと立ち戻ることを反復しながら、国家規模で廃止が実現されていくのである。ただし、ここでいう接続の局面は、必ずしも奴隷廃止へと直線的に進むプロセスの通過点だったわけではない。たとえば、アメリカ独立はイギリスにおける廃止の後押しをしたが、当のアメリカ合衆国では廃止に直結しなかった。また、ハイチ革命はフランス帝国に一時の廃止をもたらしたが、ハイチやそれを見守る周辺諸国では様々な反応が見られた。本章ではそのような側面も視野に収めつつ、大西洋規模で一九世紀初頭までの奴隷廃止運動の展開を明らかにする。

1　クエイカーたち(3)

大西洋規模で奴隷廃止運動を考えるうえで、まず触れるべきが戦争参加への拒否や男女平等主義などで知られるクエイカー（キリスト友会やフレンド派とも）である。彼らにとってもっとも重要な概念である「内なる光」とは、「聖霊の内的証示によって信徒自身が直接神からキリストを通して受け取る啓示(4)」であると説明される。共和政期イングランドで清教徒革命さなかの一六四六年、ジョージ・フォックス（一六二四—九一年）がこの「内なる光」を感得し、説教活動を開始したのがクエイカーの興りとされる。その後、彼の信仰上の弟子にあたるロバート・バークレー（一六四八—九〇年）によって、フォックスの思想は神学的な位置づけを得るにいたる。しかし、一六八九年の名誉革命によって寛容法が出されるまで、クエイカーたちは大規模な弾圧を受け続けた。

弾圧は彼らが政治権力と結びついた神学的な権威に抗い、さらなる宗教改革を求めたことに起因するとされる。ここでいう既存の神学的な権威とはオリヴァー・クロムウェル率いる革命政府の支持した正統派カルヴァン主義のことであり、そこではキリストの死が限定された者たちだけを救済に導くとする限定贖罪論が唱えられた。これに対して、クエイカーたちは、キリストの死によって人間の心に灯された「内なる光」の導きにそれぞれが従うことで万人が救済されるとする普遍贖罪論の立場を取った。対立関係にある革命政府や国教会からの弾圧に瀕してブリテン島を飛び出す信徒も現れるようになり、カリブ海や北米大陸などに彼らの拠点が形成されていく。

地図2　第2章に登場する主な地名

一六八八年、ジャーマンタウンにて[5]

北米大陸でクエイカーと奴隷廃止運動とが最初に結びつく。一六八八年、ペンシルヴェニア植民地のジャーマンタウンで四名のクエイカーが奴隷交易に対する申立書を執筆した。このように書くと、あたかもクエイカーの信仰のあり方が奴隷廃止運動に直結していたと考えそうになる。しかし、それには一定の留保が必要で、研究者のあいだでも議論のあるところになっている[6]。少なくとも、このジャーマンタウンの申し立ての時点で明らかなのは、北米の多くのクエイカーたちにとって奴隷の使用や売買はごく普通な日常の光景であった事実である。実は、このジャーマンタウンも、それが位置するペンシルヴェニア植民地も、基本的には彼らの土地であった[7]。申立書は、ヨーロッパから渡って来たばかりのクエイカーが、とりわけジャーマンタウンの外に住むイギリス系古参クエイカーの奴隷使用を目の当たりにしたことを契機に執筆されたものであった。

申立書はアビントンで開かれた月会（月次集会）に提出された。集会はクエイカーたちにとって非常に重要な意味をもつ。「内なる光」とは個々人のなかに見出されるものであるので、それぞれの人に聖霊が語りかけた内容を突き合わせたときに、その内容が相矛盾する事態も発生しうる。しかし、他方でその矛盾の責を神に委ねることはできない。そこで、集い、互いに語り合い、聖霊のメッセージを正しく受け止めようとするとき、集会に意義がもたらされるのである。申立書は、こうした文脈で開かれる月会に提出されたものであった。

その内容を見てみよう。申立書はまず、人身売買への反対表明からはじまる。人間が売り飛ばされ、奴隷として生涯を過ごすということがどうやってありうるのだろうかと強い非難の言葉を浴びせる。そして、「われわれ」は自らに接するように他人に接するべきであり、その態度は、その他人がどんな「世代、出自、あるいは（肌の）色」であっても同じであるべきだと続ける。そのうえで、ヨーロッパでは信仰ゆえに多くの人びとが迫害を受けていることと、「ここ」で黒い肌をした人間が迫害を受けていることとを対置する。そして、話は姦通に及ぶ。「われわれ」は姦通をしてはならないことを知っているが、奴隷売買というのは、夫婦を引き離し、妻に別の男性をあてがい、その子供を別の人間に売り飛ばすゆえに、姦通と変わらないと指摘する。そして、奴隷売買をする人びとに、自分が売買された場合を想像せよと訴え、その行為がキリスト教に基づくものかと問う。次いで、「ここ」に住むクエイカーたちが家畜を扱うかのように人間を扱っているなどとヨーロッパに伝われば、この地に植民してくる者などいなくなるだろうと畳みかける。そのうえで、人を盗み出すことと盗み出された人を購入することはどちらも非合法であると、奴隷交易と奴隷制とを再び非難する。これを踏まえて、ペンシルヴェニアはそのような奴隷たちを解放することでよき評判を得ることができるのだと訴える。次に申立人たちは視点を変えて、奴隷たちがひとまとまりになって反乱を起こしたらどうなってしまうだろうかとも問う。そして、最後にもう一度、奴隷の売買と使用についての再考を促して申立書は結ばれる。

申立書は聖書からの引用をただ一か所のみに留める一方、フォックスや他の著名なクエイカー指導者の著作を頻繁に引用する。前章の『創世記』に基づく世界観と好対照である。これらの点を踏まえれば、申立書は様々な困難を乗り越えて同じ信仰を守り抜き、ペンシルヴェニアにたどり着いた同胞への直接的で、強いメッセージとして受け止められる。

これに関連して、この申立書で何よりも注目したいのは、そのなかに息づく現実感である。ヨーロッパでの信仰に基づく迫害とペンシルヴェニアでの人種的な迫害としての奴隷交易や奴隷制とを対置させているのは、まさに申立人自ら（そして、月会の参加者）と奴隷とをきわめて現実感の強い形で重ね合わせている表れである。この現実感こそは、多くのヨーロッパの啓蒙思想家たちに欠如していたものであった。つまり、彼らが遠く海のかなたの奴隷を思いながら思索にふけっていたのと異なり、この申立書の執筆は、まさに奴隷をいま自らの目の前にしながら、奴隷に対する同志の振る舞いに向けて起こされた行動だった。

ヨーロッパにおける宗教的迫害と奴隷制とを対置させるレトリックは、月会に参加したイングランドに出自をもつクエイカーたちに対してとりわけ強く訴えかけただろう。それだけではない。最後のほうで述べられた奴隷反乱への危機感も、共有が難しかったとは思えない。カリブ海の先行植民地では、一七世紀を通して奴隷反乱がいくつか発生しており、クエイカーと関係の深いバルバドス島でもそうした予兆や未遂に終わった計画の存在を植民者たちは知っていた。また、新興植民地ペンシルヴェニアには、今後もより多くの移住者が必要であったので、ヨーロッパでの評判に関するくだりもその場に居合わせた人びとに強く訴えただろう。

しかし、アビントンの月会ではこの議題が「重い」ため、フィラデルフィアで開かれる四季会に議論が持ち越され、そこでも同様の理由でさらに上位の年会で議論されることになった。最終的にはバーリントンの年会でこの議題は時期尚早として斥けられてしまう。

中立書が受け入れられなかった理由はいくつか考えられる。特に重要なのは、おそらく、ヒロドゥガード・ヒンダー＝ジョンソンが指摘する移民を取り巻く文化的差異の問題だろう。つまり、中立人として名前を連ねた四人はオランダとドイツからやって来たばかりの新参者であった。彼らはそれまでの人生で直接、奴隷制や奴隷交易に関与したことはほとんどなかったと考えられる。他方、ペンシルヴェニア植民地は広大な未耕地が残るからこそ、発展の可能性を秘めていたのであり、開拓のためには労働力——奴隷——が不可欠であった。そうだとすれば、今度は逆に、中立人たちにペンシルヴェニアで生きていくことへの現実感が欠如したという指摘も成り立つだろう。

この指摘は行き過ぎだと思う読者もいるかもしれない。しかし、私はそうは思わない。その後、合衆国で奴隷制が法的に廃止されるのは、独立後、リンカンの奴隷解放宣言を経て、修正第一三条の批準が布告される一八六五年まで待たなくてはならないのである。[8] その間、実に二〇〇年近くのときが流れているのである。また、後述のクエイカーたちのフィラデルフィア年会における奴隷所有者の除名決議にも、ジャーマンタウンの一件から百年弱の年月を要した。一六八八年の段階では、奴隷労働力によってこそ成り立っている社会に身を置く自由身分の人びとの多くにとって、奴隷廃止はまさに想像力の届かないところにあった。

その後のクエイカーたちの奴隷廃止運動[9]

一六八八年申立書の原本は、実は一八四〇年になるまで散逸していた。[10] ここからわかるように、北米大陸におけるクエイカーの奴隷廃止運動はジャーマンタウンの時点から一貫した持続性をもったものではなかった。とはいえ、その後、運動がまったく途絶えてしまったわけではない。ペンシルヴェニアでは次に述べるジョン・ウルマン（一七二〇―七二年）など、一部の人びとが奴隷所有者のもとに直接赴き、解放の説得を試みるなどしていた。しかし、一七五〇年の段階では、クエイカーの奴隷所有者の七割がこうした説得を拒絶し、所有を続けたとされている。[11]

クエイカーだけが北米大陸で奴隷制や奴隷交易に疑問を感じていたわけでもない。ペンシルヴェニアを例にとれば、彼らのみならず、国教会派や長老派、洗礼派による奴隷解放も確認できる。しかし、もっとも活発な奴隷廃止運動はやはりクエイカーによって担われた。そこでは、ジョン・ウルマンとアンソニー・ベネゼット（一七一三―八四年）の貢献を無視することができない。ウルマンは丁稚奉公に出ていた若かりし頃、店の主人が所有していた女性奴隷を売るために売買証書を書くように求められたのだが、その際の心の葛藤が、彼の死後に出版された自伝のなかで次のように表現されている。

あっという間のことでした。わが同胞のひとりのために奴隷制の証書を書くことはたやすいことではないと思ったのですが、しかし、私は年決めで雇われた身なのです。主人が私にそれを命じているのです。彼は年老いた男で、キリスト友会徒で、そして彼女をかつて買ったのでした。ああ弱さゆえ、私は屈し、証書を書きました。しかし、証書の執行のとき、私は心の底から苦しみました。そして、私は主人とその友人の前でこういったのです。奴隷を所有することはキリストの宗教とは相いれないことであると。(12)

ウルマンは他のクエイカーたちと同じく、奴隷制や奴隷交易の不正義に個人的に立ち向かっており、その点では奴隷廃止の運動家というよりも、思想家と呼ぶべき人物であった。これに対して、ベネゼットはむしろ運動家であった。北フランスのサン゠カンタンのユグノの家に生まれた彼は、プロテスタントたちに信仰の自由を認めるナントの勅令がルイ一四世によるフォンテヌブロの勅令（一六八五年）をもって廃止されると、一家とともに国外に脱出した。他の多くのユグノと同じようにまずオランダに逃れ、その後、イギリスを経て、一七三一年にフィラデルフィアにたどり着く。そのような少年時代を過ごしたベネゼットは社会的弱者の立場から社会を見つめ、そのうえで自らに何ができるのかを考える人物であったとされる。その目線はアフリカ黒人にも向けられた。黒人子弟の学校を設立したりする一方で、神の前でのすべての人類の平等であったり、非暴力であったりといったクエイカーの基本的信念に、モンテスキューやスコットランド啓蒙思想の影響を掛け合わせ、奴隷廃止を訴える著作や書簡を次々に出していった。(13)

加えて、彼は同時代の他のクエイカー運動家の多くと異なり、自らの活動をクエイカーの範囲に留めず、その外側も視野に収めており、のちに合衆国建国の父のひとりとなるベンジャミン・フランクリンなどとも文通を行っていた。それでも、当初、彼は自らの活動を北米大陸の外にまで広げて展開する強い意志はなかったとされる。しかし、一七六五年から翌年にかけての印紙法施行をめぐる混乱の頃を契機として、その言葉をイギリスにも投げかけはじめる。一七六六年、彼はイギリス海外福音伝道会（一七〇一年にイギリス国教会によって設立された宣教組織）の年次説教でグロスター主教が奴隷交易を批判したことを知ると、即座にイギリスのクエイカーたちに対して何通もの手紙を送り、その後、自著『ニグロ奴隷の悲惨な状態についてイギリスとアメリカ植民地に警告する』（以下、『ニグロ奴隷』）が刊行されると、それも送付した。この四〇頁足らずの小冊子には、いくつもの刊行物――主に奴隷交易に関与したイングランド人の記録――からの引用によって、アフリカ黒人奴隷の実状が紹介されており、初版には、上述のグロスター主教の年次説教も四頁に亘って収められていたという。そうした引用の合間で彼は自説を展開する。たとえば、奴隷船のうえで繰り広げられる船長らによる残虐な行為に関する引用に続けて、「われらがイングランドの法は正義に対してまったくもって価値のあるものであるにもかかわらず、どうして彼ら（イングランド人）は、この不幸せなアフリカ人たちがそうした罰（奴隷船での航海やそこでの虐待）を受けるに値する罪を犯したことを明らかにする裁きもせずに、つまり、有罪であることの証明もしないままに、彼らの野蛮な死を見逃すことができるのでしょうか」と強く読者に問う(14)。

一七七一年にベネゼットは大著を書き上げると、イギリスのクエイカーたちにより強く行動を迫るようになる。イギリスのほうでもまったく手をあぐねていたわけではない。ロンドンでは、年会の執行部に相当する「受難のための集会」が一七六七年に『ニグロ奴隷』を一五〇〇部も自分たちで刷り、国会議員に配布するなどの活動が見られた。ただし、基本的にはイギリスのクエイカーたちはベネゼットらアメリカのクエイカーたちとイギリス国内とを結ぶ窓口としての役割を担っていたのであり、積極的にも、継続的にもその役割を担うことはなく、また、彼ら自身が何かをイギリス社会に発信することもこの段階ではなかった[15]。

クエイカーのこうした態度について、クリストファ・ブラウンはおおよそ次のように分析する。すなわち、イギリス国内のクエイカー組織は古い世代によって担われており、彼らのなかでは自分たちへの迫害の記憶が当時、まだ生々しく留まっていた。また、北米に拠点を置く者を含めて、富裕な商人層が会の中心におり、彼らは直接奴隷交易とはかかわらなくても、環大西洋交易から大きな利益を得ていた。加えて、イギリス社会におけるクエイカーの立場も特別なものであった。ハノーヴァー朝への忠誠を宣言する――すなわち、通常行われる誓約ではない――代わりに、政府は兵役の免除や一部の税金（十分の一税や教会税）の支払い拒否を認めるなど[16]、いくつもの特権を彼らは有していた。このような特権のはく奪、そして迫害の再来を恐れ、政治的な発言を厳に慎む態度が彼らのなかで時間をかけて形成されていたのである。クエイカーにとって、戦時こそ最大の危機であった。なぜならば、彼らは戦争に人的にも、金銭的にも、何も貢献していなかったからである。ベネゼットがイギリスのクエイカーたちに積極的にかかわりをもとうとした時期は、まさに米独立戦争の風雲が急を告げる時期であった。イギリスのクエイカーたちは自発的な行動について固くその殻を閉ざしたままに時をやり過ごす。

他方、米独立戦争の機運は、英領北米植民地でベネゼットの追い風となった。「独立派がイギリスを批判する際に用いる自由主義のレトリックに奴隷廃止を結わえつけた」ことで、ニュージャージーやニューヨーク、ロードアイランドなどで奴隷廃止運動は少しずつクエイカーの外にも広がりつつあった[17]。たとえば、独立宣言の署名人のひとりとして知られるベンジャミン・ラッシュは長老派に属していたが、一七六九年にフランスの知人に送った書簡で次のように述べている。クエイカーの活動を絶賛しながら、「まさに肌の色が違うという理由でわれわれ自身が奴隷制を保持し続ける限り、英議会がわれわれを消耗させようとして求めてくる隷属を批判したところで無駄なのです[18]」。

フィラデルフィアでは商人層のクエイカーたちが中心になり、奴隷廃止をその目的に掲げるペンシルヴェニア廃止協会が一七七五年に設立される[19]。この翌年、つまりアメリカ独立の年には、フィラデルフィアの年次大会でクエイカーたちは奴隷所有を続ける会員の除名処分を決議する。ジャーマンタウンの申し立てから百年近くの時間が過ぎていた。

2 奴隷交易廃止協会

トマス・クラークソン[20]

ふたたびイギリスに話を戻すと、ベネゼットの呼びかけに意外なところから呼応する人物が現れる。きっかけは、イギリスが北米植民地を喪失してまだ日も浅い一七八五年に、ケンブリッジ大学で開催

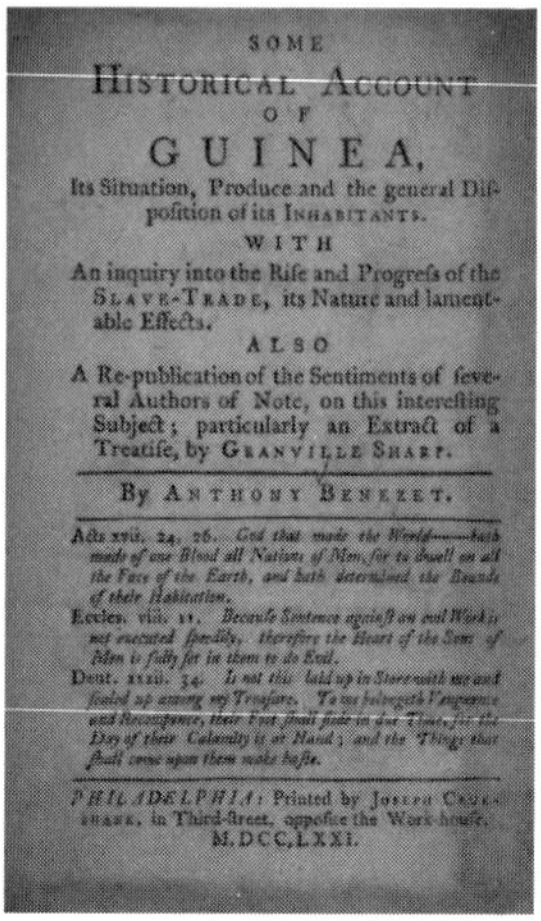
SOME
HISTORICAL ACCOUNT
OF
GUINEA,
Its Situation, Produce and the general Disposition of its INHABITANTS.
WITH
An inquiry into the Rise and Progress of the SLAVE-TRADE, its Nature and lamentable Effects.
ALSO
A Re-publication of the Sentiments of several Authors of Note, on this interesting Subject; particularly an Extract of a Treatise, by GRANVILLE SHARP.
By ANTHONY BENEZET.
Acts xvii. 24, 26. God that made the World——hath made of one Blood all Nations of Men, for to dwell on all the Face of the Earth, and hath determined the Bounds of their Habitation.
Eccles. viii. 11. Because Sentence against an evil Work is not executed speedily, therefore the Heart of the Sons of Men is fully set in them to do Evil.
Deut. xxxii. 34. Is not this laid up in Store with me and sealed up among my Treasure. To me belongeth Vengeance and Recompence, their Foot shall slide in due Time, for the Day of their Calamity is at Hand; and the Things that shall come upon them make haste.
PHILADELPHIA: Printed by JOSEPH CRUKSHANK, in Third-Street, opposite the Work-house. M.DCC.LXXI.

図4　『ギニアに関する若干の歴史的解説』の初版

されたラテン語論文コンクールであった。「同意しないものを奴隷にするのは合法か否か」を論題とするこのコンクールにこの大学の学生トマス・クラークソン（一七六〇―一八四六年）が応募を決意する。

ただし、それは締め切りわずか二週間前のことで、彼はこのテーマに関心をもっていなかったばかりか、自ら曰く、奴隷問題について「まったく何も知らなかった(21)」。前年の同コンクールで最優秀賞を取っていた彼が再び応募したのは、最優秀論文賞として与えられるシニア・バチェラーの称号が目当てで、なおかつ、出題者が奴隷制に否定的な説教をしていたのを耳にしていた彼は、それに沿った構想も練っていた。このように、動機は奴隷交易そのものとまったく関係なく、打算的なところも見え隠れするが、準備には真剣に取り組んだとされる。その準備の過程でロンドンに赴き、書店で手に取ったのが『ギニアに関する若干の歴史的解説』（一七七一年刊行、図4）であった。この書物に助けられ、クラークソンはコンクールで最優秀賞を受賞し、これを契機に奴隷問題に目覚めたとされる。

彼が手に取ったこの書物こそは、先述のベネゼットが書きあげた大著のことである。後年、クラークソンは「この貴重な本のなかに、私が欲しかったほとんどすべてが詰まっていた(22)」と述懐する。彼のこの言葉を個々のデータや情報のレヴェルに留めて理解してはならないだろう。道徳的、宗教的に容認できないという主張を延々と展開するのではなく、一次資料や経験的データを前面に押し出しながらアフリカ黒人と自分たちとの平等を説得的に主張するベネゼットの論理展開に、クラークソンは大いに影響を受けたとされる。

もし特定の道徳や信仰に基づく価値判断が前面に押し出されてしまえば、そこに反感を抱く人びとは、容易にその主張を受け入れないだろう。価値観や信仰の違いと一蹴されてしまいかねない。しかし、客観的事実とされるものが前面に出るならば、その事実自体は容易に一蹴できなくなり、そこに付随する主張にも一考の余地が生まれうる。これについては、当時、啓蒙の時代が成熟し、客観的であることに重きが置かれる科学的な思考が広く浸透し出していたことを思い返したい。クラークソンのエッセイはのちの奴隷廃止運動家たちの言論活動に重要なモデルを提供した。こうして、イギリス国内で、クエイカーたちとクラークソンとが、さらには彼らと福音主義者たちを中心とした社会改革を標榜する人びとのサークル「クラパム派」、あるいはそのほかの人びととが結合する条件は整えられていった。一七八七年に「奴隷交易廃止促進協会（以下、交易廃止協会）」が結成される。

奴隷交易廃止促進協会(23)

この協会の結成当初のメンバーの内訳はクエイカー九人、国教会徒三人であった。彼らは結成に至るまでは個々に奴隷交易廃止を含む社会改革運動を推し進めていた。九人のクエイカーのなかには、印刷業と書籍小売りを行っていたジェームス・フィリプスなど、商人や銀行家、生産業者などが含まれていた。クエイカーたちはすでに一七八三年、議会へ奴隷交易反対の請願を出しており、これが英議会に提出された最初の奴隷交易反対の請願となる。また、他の会徒と奴隷交易に関する勉強会を結成する者もその頃に現れている。こうした積極的な取り組みは先述のベネゼットの呼びかけに対するイギリスのクエイカーたちの対応とは大きく異なるが、一七七〇年代末以降、社会改革を標榜する若手会員が徐々にロンドンのクエイカーたちのなかで優勢になっていたという背景がある。

国教会徒のひとりはクラークソンである。彼は先述のコンクール優勝論文を英訳し、刊行する機会をうかがっていた。その折に、クエイカーの友人を介して紹介されたのが、上述のフィリプスであった。残る二人の国教会徒のうちのひとりは、グランヴィル・シャープ（一七三五—一八一三年）である。彼が奴隷問題に取り組むきっかけは、三〇歳のときにさかのぼる。彼にはロンドンで外科医を開業していた兄がおり、毎朝、貧しい人びとに無料診察をしていた。ある朝の診察を待つ列のなかに、彼は血まみれで瀕死の状態にあったアフリカ黒人を見つける。のちに明らかになったところによれば、ストロングと名乗る彼は、バルバドス島に住むある白人弁護士の奴隷で、ロンドンに随行したが、何らかの諍いごとで弁護士にピストルで頭部を強打される。もんどりうつストロングを見て、もはや使い物にならないとその弁護士は遺棄したのだという。彼は頭部の裂傷のみならず、その影響でほぼ視力を失い、歩くのもおぼつかず、兄の医院にたどり着いたときには、見るも無残な状況だったという。

手厚い介護の甲斐もあり、ストロングは健康を取り戻し、その後、クエイカーの薬屋で働きだすが、二年後に、主人だった弁護士に発見され、書面上で別の人物に売却される。この情報をつかんだシャープは、ストロングの身分をめぐって裁判を起こす。彼は英国法を独学し、そこに奴隷制を擁護する根拠が見られないことを確認し、弁護を続けた結果、ストロングの自由身分を勝ち取った。しかし、ストロングは先の殴打の後遺症が完全に癒えることなく、自由身分を獲得した五年後、二五歳の若さでこの世を去った。

ストロングをめぐる裁判は、一八世紀のイギリスにおいて決して例外的なものではない。主人とともに渡英し、その後、姿をくらます奴隷はあとを絶たず、同時代の新聞には逃亡奴隷を探す懸賞広告をしばしば見つけることができる。イギリスに上陸した黒人奴隷の法的地位は、黒人人口が本国で増加していくとされる一七世紀末以来、英法曹界における懸案のひとつであった。シャープはストロングの一件以降、奴隷の処遇をめぐる類似したいくつかの裁判に積極的にかかわるようになる。

シャープに関するもっとも古典的な伝記の作家として知られているプリンス・ホーアは、一七七二年一月一三日のシャープの日記から次のような引用をしている。「ジェームス・サマセット——ヴァジニア出身の黒人——が（私がビッグ氏のところで雇っている植字工とともに）、今朝私のもとを訪ねてきて、チャールズ・ステュワート氏に関する不平を述べた。私は彼に私にできうる最高の助言を与えた」[24]。これがイギリス本国における奴隷問題に大きな転機をもたらしたサマセット裁判への助走となった。ヴァジニアからロンドンに連れてこられた奴隷サマセットは隙を見て逃亡したが、所有者のステュワートに見つかって船に幽閉されてしまう。しかし、サマセットは逃亡中に洗礼を受けており、その際の代父母が状況を知ると、人身保護令状を求め、裁判に突入した。担当判事初代マンスフィールド伯爵ウィリアム・ミュレイは、イギリスの実定法には奴隷制に関する規定はないので、サマセットは自由の身となるべきであると言い渡す。この判決は、イギリス本国では奴隷が存在しえないことを司法が明確に認めたという意味で画期的だった。シャープはその後も、一七八一年に一三〇人超の

図5　交易廃止協会のグッズ類

奴隷を海上に投棄し、彼らの代償として保険金を受け取ろうとした船長とそれを拒んだ保険会社とのあいだの裁判（ゾング号事件）にもかかわっている。

会の結成翌年には、ウィリアム・ウィルバーフォースが加わる。庶民院で奴隷廃止運動の展開を模索していた彼の加入によって、協会は国政へのパイプを獲得することになる。

プロパガンダ(25)

英議会で奴隷交易廃止が決定される過程では、大衆の圧倒的な支持が重要な役割を果たす。大衆の心をつかむうえで、商人や銀行家、製造業者を主要なメンバーとして構成される交易廃止協会の戦略はきわめて実効性が高かった。北米などの動向を定期的に新聞へ寄稿することで関心を逃がさず、「私は人ではなく、あなたの兄弟でもないのでしょうか」というロゴが入り、鎖につながれた両手を合掌しひざまずく黒人像を中央に配置したカメオやメダル、皿、ペンダントやブレスレッド、ヘアピンは、協会の活動資金のために販売され、多くの人に受け入れられていったし（図5）、コピー品も出回った。ロゴの発案者は不明であるが、黒人像については、こんにちでもよく知られるイギリスの陶磁器メーカーの創始者で、奴隷廃止運動にも深い理解を寄せていたジョサイア・ウェッジウッドの工房で考案されたとされ[26]、カメオなどは彼の商品カタログに掲載されたり、ショウルームにも置かれた。

ただし、協会の中心的な活動はパンフレットや書籍の出版だった（図6）。たとえば、結成年から翌年にかけての予算では、その半分超が出版経費に充てられている。また、最初期には薄い小冊子が大量に印刷された。それならば印刷経費も安く済み、手に取った人にも読みやすく、結果として効率的に協会のメッセー

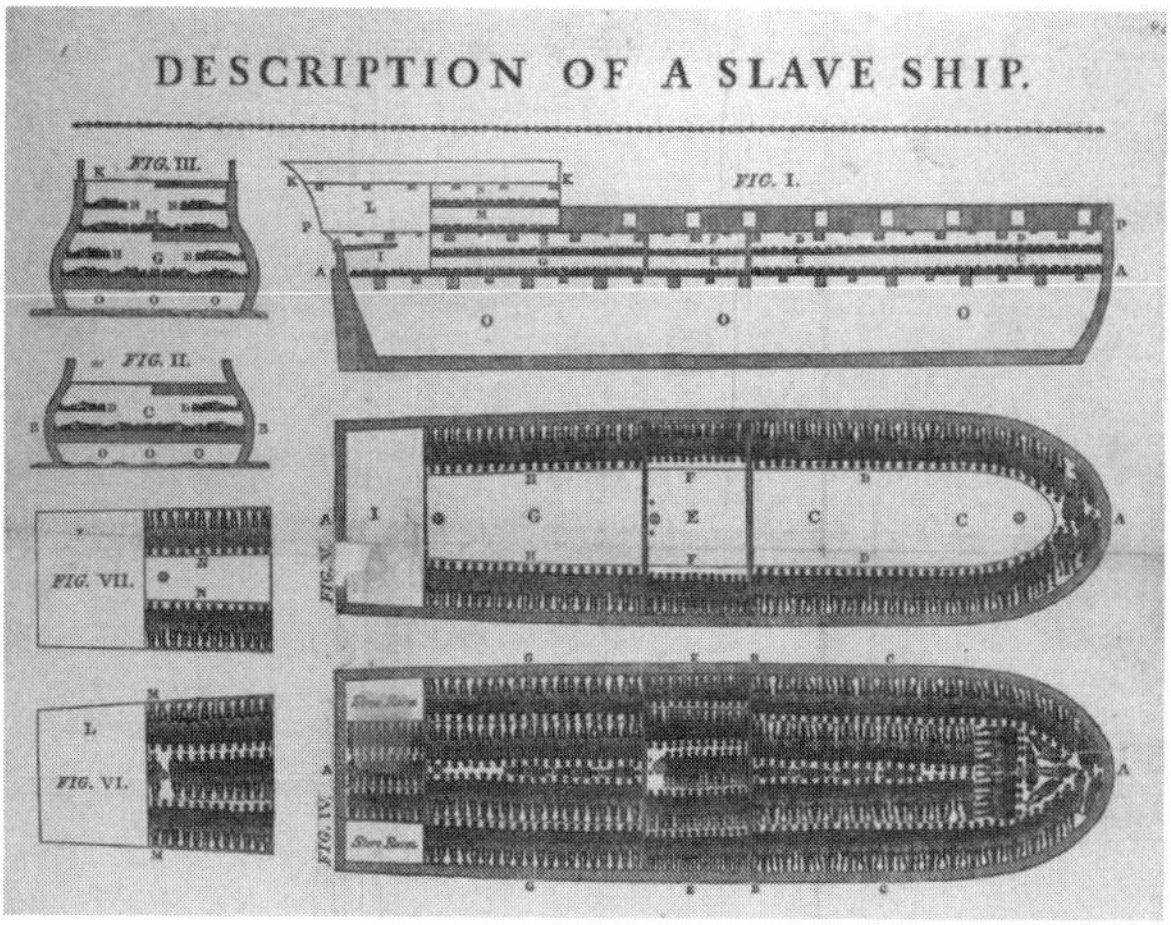

図6　「ブルックス号」

注）　歴史資料集などでよく目にするこの図は，「ブルックス号」と呼ばれる実在する奴隷船の図面である．図の初出の1788年には，一隻当たりの輸送可能奴隷数を船のトン数に応じて定めたドルベン法が成立している．この法に従えば「ブルックス号」は最大454名輸送ができる．その場合，船内がどのようになるかをこの図は示している．

ジを拡散することができる。印刷は先述のジェームス・フィリプスの工房で行われた[27]。

交易廃止協会の出版活動とは別に、在英黒人による出版物もこの時期には刊行されていく。もっとも広く知られるのは、一七八九年に出版されたオラウダ・イクイアーノ（一七四五?—九七年）の自叙伝『アフリカ人、オラウダ・イクイアーノことグスタヴス・ヴァッサの生涯の興味深い物語』だろう。それによれば、アフリカ大陸西部の民族集団イボ出身の彼は一一歳のときに誘拐され、一〇年間、何人かの主人のもとで奴隷として生活したのち、自らで解放身分を買い取る。その後、ロンドンに定着し、四四歳で自叙伝を刊行する。

彼の自叙伝は短い文章を重ねながら展開され、素朴だが躍動感にあふれる印象を与える。それが並々ならぬ臨場感を読者に与えるようでもあり、キリスト教徒としての彼の純粋な信仰心を混じり気なく伝えるようでもある。たとえば、彼が神からの啓示を受けるという、おそらく彼の読者にとって非常に印象的だったと思われる場面は次のように綴られる。

　私は信じる者の目ではっきりと見た。カルヴァリの丘で十字架に磔り付けられ血を流している救世主の姿を。そのとき聖書の封印が解かれた。私には自分が法の前で判決を下された罪人だと思われた。法は強烈な勢いで私の良心の前に現れ、そして「掟が登場したとき、罪が生き返って、私は死にました」。主イエス・キリストが屈辱にさらされながら、私への侮蔑と私の罪と恥辱を背負って耐えている姿が見えた[28]。

神への畏怖と尊敬を前面に出す物語り中のイクイアーノの姿を、交易廃止協会のロゴ・マークのなかでひざまずき合掌する黒人に重ね合わせることができるかもしれない。奴隷の実態について、自らの言葉で自らの体験を綴る彼の著作は大きな反響を呼び、講演旅行にも頻繁に出かけた。自叙伝は彼の死までに彼自身が改訂を加えた九つの版（加えて、複数の海賊版）がイギリス国内で出版される大ヒットとなり、一七九一年にはニューヨークでも出版され、しばらくのちにはオランダ語、ドイツ語、ロシア語にも翻訳された。

3　現実感を伴った想像力

社会の変化[29]

交易廃止協会の活発な活動やイクイアーノのようなスターの誕生は、奴隷廃止運動を大衆という不特定多数に開放した。ところが、不思議なことに、クラークソンが後年、奴隷廃止までの道のりを叙述した年代記風の著作には、廃止に果たした大衆の役割がほとんど言及されていない。しかし、現在の研究者たちのあいだで、大衆の果たした貢献を否定、ないしは、この著作のように無視する者はほとんど皆無である。大衆のときに過剰に見えるほどの奴隷廃止運動への参画は無視できない。

それでは、なぜ、イギリスで人びとは奴隷廃止運動へとそれほどまでに傾倒していったのだろうか。おそらく、その大きなカギはこれまでたびたび触れてきた「想像力」——とりわけ現実感を伴った想像力——にある。

一八世紀になると、イギリスにおける「黒人」の数は増加していく。ここで、これまでのように「アフリカ黒人」と記さないのは、当時のイギリス社会における「黒人」とは、アフリカ黒人だけをさすのではなく、「東インド」出身者もそこに含まれていたからである。「東インド」、つまり喜望峰より東側出身の「黒人」の多くはインド亜大陸出身者であった。彼らは海軍で従軍したのち、ロンドンやその他の港町に定着した人びとであった。彼らの姿は一七八〇年代に顕著になったとされるが、その実数はよくわからない。とはいえ、アフリカ黒人よりも多かったとは考えにくい。彼らも含めて、一八世紀のイギリスには、おおよそ一万五〇〇〇人程度の「黒人」がいたというのが、研究者のあいだで納得される数字であろう。これに対して、同時期のフランスでは、高く見積もっても黒人人口は四〇〇〇—五〇〇〇人程度だとされ、人口構成比で比べれば、フランスでは高くても〇・〇二五パーセント程度であるのに対して、イギリスではその五倍弱に達していたことになる。

イギリスでとりわけ黒人人口の集中していたのが、ロンドンであった。前章で取り上げた啓蒙思想家たちが机上で、あるいはカフェで遠い南の奴隷制に思いをはせるのとは異なり、一八世紀半ば以降、少なくともロンドン市民にとって、黒人はそれまでよりもより身近な存在になっていた。このことを如実に伝えるのが、ウィリアム・ホガースの遺した一連の作品である。ロンドンの貧しい家庭に生まれた彼は、銀細工師や版画家としての下積みを送ったのち、連作絵画を発表する。大都市ロンドンの人びとの生き様をつぶさにスケッチし、それを銅版画で表現した彼の作品は当時、大流行したが、そこにはしばしば黒人が描かれている（図7）。

黒人がより身近になっていく背景としては、とりわけ、米独立戦争の終結に伴い、ロイヤリストと呼ばれたイギリス側に与したアフリカ黒人が大挙してロンドンに退避してきたことが挙げられる。彼らは多くの場合、その功績が様々な理由で認められず、イギリスにたどり着いてからまともな生活を送ることがかなわなかった。その結果、多くが物乞いに分類され、そのなかには、歌や踊りを披露することで生活費を稼ぐ芸人も少なからずいた。また、一七八八年に刊行されたロンドンのコヴェン

図7　ウィリアム・ホガースの作品

注）彼の作品に描かれる黒人は，上流家庭の召使として食卓のかたわらでかしこまって給仕していたり，町の乱痴気騒ぎのどさくさに紛れて若い女性の乳房をもんでいたり，どれも自然に風景の中に溶け込んでいる．

図８　ジョセフ・ジョンソンの肖像画

注）何よりも目立つのは頭に載せた船の模型だが，それはあの国民的な英雄ネルソン提督に由来すると思しき「ネルソン号」という名前であった．

ト・ガーデン近辺の売春婦に関する案内書のなかに収められたある売春婦の説明のなかで、白人の彼女が黒人たちの奏でる音楽に乗って踊る「ブラック・ホップス」と呼ばれるダンス・ホールに出入りしていることが記されている。「ブラック・ホップス」が黒人同様に白人にも開かれていたかについては諸説あるが、少なくとも、こうした案内書にあらわれる以上、その存在が黒人たちにだけ知られていたのではないのは確かである。

　当時、イギリス船などの甲板で歌われていた「シー・シャンティー」の多くは、カリブ海の奴隷が歌う歌に似ていたという指摘もある。船上には様々な出自をもつ人びとがいる一方、彼らは船舶の航行のために共同作業を行う必要があった。そうした事情で、船上では混交した文化が発生し、その一環として、このシー・シャンティーがある。やがてそれは甲板から飛び出て、市井の人びとのあいだにも広まっていった。一九世紀初頭のロンドンでおそらく多くの人の耳目を集めたシー・シャンティーの歌い手は、「ブラック・ジョー」ことジョセフ・ジョンソンだろう。もともと船乗りだったとされる彼は、その経緯は不明だが足が不自由で、残された肖像画では杖をついている（図8）。彼は大都市のみならず、地方の村々にも巡業し、当時、愛国歌として知られていた「イギリス水兵の称賛（The British Seaman's Praise）」などを歌って、道行く人から日銭を稼いでいたとされる。

イクイアーノのように一定の社会的地位を広く認められた人びとのみならず、当時、様々な境遇の黒人がロンドンにはいた。彼らを通して、（元）奴隷であるとか、（アフリカ）黒人であるとかといった存在は、この街に生きる人びとにとって、もはや遠い存在ではなくなり、むしろ、ときに親しみを覚える存在にもなっていったのである(30)。

とはいえ、ロンドンの状況をイギリス全土に普遍化することはできない。ロンドンはイギリス全土の黒人人口の半分以上を吸収していたと考えられ、地方では、リヴァプールやブリストルといった大西洋奴隷交易にゆかりのあるごく一部の港町を除けば、黒人や奴隷を見かける機会はずっと少なかったはずである。しかし、そうであっても、彼らに対する現実感を伴った想像力がロンドンだけに留まっていたわけではない。この街から発信された情報を受け止める素地は地方でも整いだしていた。

識字と想像力(31)

より具体的にいえば、書物が大きな貢献をした。この時期になると、少なくともイングランドでは識字率の大幅な上昇が見られ、加えて、流通の面からも、価格の面からも、書籍へのアクセスはより容易になった。一五〇〇年頃のイングランドの識字率は六パーセント程度とされるが、一八〇〇年頃には五三パーセントに上昇していた。情報の流通はこの時代、印刷技術の向上や交通網の整備によって量と速度とを増していた。一八〇〇年に入るまでに、イングランドとウェールズでは成人男性で六〇から七〇パーセント、成人の女性では四〇パーセント程度の識字率を推定する研究者もいる。とりわけ一八世紀は、農村部でも、より多くの人びとが読む能力をもつようになっていく時代であった。書籍の実質価格も、ヨーロッパ規模では、グーテンベルクによる活版印刷の発明などを経た一八〇〇年までに一五世紀半ばの価格の一〇パーセントまで低下していたことが指摘されている。事実、一八世紀のイギリスでは、「チャップ・ブック」と呼ばれる大衆向けの廉価な書籍が広く読まれるようになっていた。キリスト教的な道徳を説くものから、料理指南、旅行案内とチャップ・ブックの範囲は広く、小説や旅行記もそこに含まれる。また、一冊の書籍を分割して販売するという手法も一八世紀には見られるようになる。文字を通して見知らぬ世界にアクセスする方法は多くの人びとにひらかれていった。

ここで取り上げた識字率と書籍の問題を奴隷廃止における大衆の役割につなぎ合わせるのが、「想像力」である。リン・ハントは小説について次のように述べている。「小説は、あらゆる人間はその内面の感情のゆえに根本的に似ているのだということを強調した。そして多くの小説は、とりわけ自立への欲求をひろく人びとに知らせた。このようにして、小説を読むことは、物語に感情的に引きこまれることをつうじて平等と共感の感覚をうみだしたのである」[32]。彼女が別の箇所で述べるように、共感という感情はもちろん一八世紀に誕生したものではないし、小説だけがそれを獲得する方法だったわけでもない。感情的に物語——読者から遠く離れた場所で行われている奴隷制や奴隷交易——に引きこむ点で、たとえば、多くの読者と同じ国教会徒に改宗したひとりのアフリカ黒人が圧倒的な臨場感をもって自らの奴隷経験を語るイクイアーノの自伝をはじめとして、奴隷に関する書籍やパンフレット類は大きな役割を果たしていった。また、アフリカ黒人奴隷を主人公とする小説や戯曲も現れるようになる。加えて、交易廃止協会が新聞を通して北米大陸の動向を日常的に伝えていくことで、人びとは恒常的に海の向こうの奴隷の姿を、まさにいま起こっている現実として受け止めることもできた。

それらに描かれる奴隷の姿は、多くの読者にとって決して他人ごとではなかった。産業革命の進展によって労働者となった人びとは、自らの境遇を奴隷のそれに重ね合わせながら奴隷廃止運動を支持していく。大衆としての彼らが、ウィルバーフォースら聖者たち《セインツ》の華々しく動き回る舞台を下から支えていたのである。もちろん、労働者たちの心には、奴隷廃止が自らの待遇改善につながっていくことを願う気持ちもあっただろう。港町リヴァプールよりも工業都市マンチェスターでのほうが、運動はより大きな盛り上がりを見せていた。

このようにして、イギリスではアフリカ黒人や奴隷に対して現実感を伴った想像力の育まれる土壌が造られていったのであり、そのうえでこそ、奴隷廃止運動は大きく躍動する。

請願運動と議会(33)

現実感を伴った想像力は、議会あての請願書への署名として具現化された。イギリスの場合、請願は奴隷廃止運動のもっとも重要な武器となる。ドレッシャーによれば、奴隷廃止の問題が出る以前には、請願はもっぱら特定の利益を享受する集団や名誉市民などがその権利を政府に訴える手段として用いられており、請願の署名人も限定された層が多数を占めていた。これに対して、奴隷交易廃止に関する請願の署名人は広い社会層から構成された。一七八七年から翌年にかけての最初の大規模請願運動では、特権集団以外の人びとによる署名の割合が七割に達するなど、特権集団以外の割合は毎回、非常に高かった。

このときの請願運動でとりわけ注目すべきが、マンチェスターである。新興工業都市として台頭してきたこの町では一七八七年一二月の時点で、全人口の約二〇パーセントに匹敵する一万一〇〇〇筆近くの署名が集まったとされる。控えめに見積もっても、この町の成人男性の三分の二が最終的に署名したという推定もある。この請願運動を取り仕切ったのが綿商人の国教会徒トマス・ウォーカー（一七四九―一八一七年）であった。彼はマンチェスターの運動をまとめるだけでなく、署名が集まり、運動の成功を確信すると、イギリス各地の主要紙上に広告を掲載し、奴隷交易廃止運動を国の大義にしようと呼びかけた。その内容を大略すると、奴隷交易は正しい宗教の教えに対する直接的な暴力であり、自由（ここでの原語はliberty）と正義、そして人類愛の原則に反するものであると糾弾し、そのような交易を議会への請願によって止めるべきだと主張する。そして、その旨を記した回覧状をイギリスの主要な町の長に送付したという。また、最終的な解決のためにはヨーロッパ全土に今回の自分たちの活動を公布しなくてはならないと述べ、そのためにも一刻も早くイギリス全土に自分たちの請願を報告しようとしたと結ぶ。実際、一七八八年一月半ばごろまでに、この広告はイギリス各地の少なくとも一七紙に掲載された。これに対する反応も各地の新聞からうかがうことができる。たとえば、一月二六日の『ノーザンプトン・マーキュリー』紙には、奴隷交易が自然権の侵害であり、正義と人類愛の原則の蹂躙であり、国民性において有害であると述べ、偉大で自由な人民の尊厳に価値なきものだとして、交易廃止を議会に求めるノーザンプトン住民有志による請願が掲載されている。また、その四日後の『バリー・アンド・ノーウィッチ・ポスト』紙では、国家にとって不名誉な奴隷交易が廃止されるべきというのは一般的な合意事項であるとする広告も打たれた。これらの事例では、共に「国民」であるとか「国家」といった言葉が目を引く。これについては次章で立ち戻ることにする。

こうした請願が議会に集まり出していった一七八八年二月、「奴隷交易に関する枢密院委員会」が組織される。同時に、首相ウィリアム・ピットはウィルバーフォースに決議案を提出するようにけしかける。しかし、ウィルバーフォースは枢密院委員会がより詳細な情報を提供できるようになってから動くことが得策と考え、また、リヴァプール選出議員などによる強い反対もあり、討議は翌年の本会議に持ち越された（ただし、この年の議会では、奴隷輸送船の規模を規制するドルベン法が成立している）。翌八九年の本会議で、ウィルバーフォースは奴隷交易廃止に関して庶民院で最初の演説を行う。当時の英議会の議事録は発言の逐一を正確に記録しておらず、その真偽は不明であるものの、演説内容を報じた『モーニング・スター』紙によれば、彼は「同情は人間愛の偉大な源である」という言葉で演説を締めたとされる。しかし、議会での進捗は捗々しくなく、目立った成果を挙げられずにいた。他方、議会の外ではイクイアーノの自伝が刊行されるなど、廃止運動が一層の盛り上がりを見せていた。奴隷交易の存廃をめぐるじりじりした戦いが議会の内外で続く。

4　革命の時代へ

フランスの黒人友の会[34]

イギリスにおける奴隷廃止運動の盛り上がりはフランスに飛び火する。一七八八年、パリで「黒人友の会」（以下、「友の会」）が結成される。ジロンド派の指導者としても知られるジャック・ピエル・ブリッソ（一七五四—九三年）が中心となり、数学者、哲学者あるいは社会科学者として知られ、やはりフランス革命期の政治家でもあったニコラ・ドゥ・コンドルセ（一七四三—九四年）が会長を務めたこの会は、一〇〇名前後の会員を擁した。この会の会則を分析した浜忠雄によれば、植民地の崩壊を招かず、諸利害の調和をはかりながら奴隷廃止を達成するという会が標榜する道程には、一八世紀中葉以降の啓蒙思想家たちの反奴隷制論が色濃く反映されているという。

大西洋規模で奴隷廃止を考えるうえでこの会が重要になるのは、ブリッソが英米の奴隷廃止推進派の人びとと積極的に関係をもとうとした点にある。会の発足自体も、彼がその前年に渡英し、クラークソンらイギリスの協会の主要メンバーと会合したことに求められる。ブリッソは協会の名誉会員となり、友の会の結成後には、今度はクラークソンが渡仏して活動を補助した。この会の活動は基本的にはイギリスの協会が刊行したパンフレット類の翻訳であったり、ロゴ・マークもほとんど同じであったりするなど、イギリスの協会の強い影響が見受けられる。これに加えて、結成の年にブリッソは渡米し、ペンシルヴェニア廃止協会創設者のひとりで合衆国建国の父のひとりでもあるジョン・ジェイによって一七八五年に設立されたニューヨーク解放協会に出向いている。その際に、彼は英仏双方の協会からの紹介状を携えていた。北米の協会は彼の滞在中に助言をするなど、協力を惜しまなかったことが明らかになっている。実は、ブリッソは奴隷問題に携わる以前から、このような国際的な協力関係を構想しており、また、アメリカ独立によって合衆国で実現された自由な制度は、まさに彼自身が思い描く理想の共和政体を体現したものであった。

ブリッソの活発な活動は、大西洋を挟んでつかず離れずに進展していた英米仏の奴隷廃止運動をがっちりと結びつける役割を果たした。友の会の結成式典では、合衆国のクエイカーとイギリスの奴隷廃止運動が会の結成に与えた影響を高く評価する演説がされたし、ブリッソの合衆国滞在中にクラークソンの著作が北米で出版されることになったが、そこには自身の著作の翻訳も合冊された。また、ブリッソは一七八八年の一二月に北米での滞在を終え、パリに戻る途中でロンドンに立ち寄り、交易廃止協会の集会に参加している。彼はそこで、国際的な奴隷廃止ネットワークの象徴として手厚い歓迎を受けている。

奴隷廃止のネットワークがかくして大西洋を股にかけて本格的に機能し出した頃、革命の時代がやってくる。一七八九年七月一四日、バスティユ監獄が襲撃された。

「自由・平等・友愛」と奴隷との距離(35)

フランス革命と聞けば、「自由・平等・友愛」という標語が思い浮かぶだろう。そこから発想を展開すれば、フランス革命と奴隷廃止とをたやすく直線で結べそうに思える。たとえば、クラークソンが個人的にこの革命に心酔していたことはしばしば指摘される。しかし、忘れてはならないのが、人権宣言の当初の対象が税を収めるに十分な財力をもつ白人成人男性に限られていた事実である。その対象は徐々に広げられていったとはいえ、奴隷はユダヤ人や白人女性などと同じく、その対象になかなか入れずにいた。フランス革命と奴隷廃止とは——後者に「世界的共通体験としての」と修飾語をつけても、「フランスの」としても——直結しない。友の会の活動についても、高額な会費で入会者は限られていたし、会の活動を補助しようとしたクラークソンは渡仏時、フランスのプランター関係者を中心とするマシャック・クラブの激しい敵対行為にも遭遇している。

革命と廃止は植民地という第三項を介して結びつく。フランス革命が帝国としてのフランスに何をもたらしたのかについては、様々な指摘ができるだろう。それはポジティブな面もあれば、ネガティブな面もある。ネガティブな貢献のなかで最大級のものとして、サン・ドマングの喪失を挙げることに異論は多くないはずである。のちに独立を果たして「ハイチ」として知られるようになるこの植民地は「アンティルの真珠」と称賛された当時、世界最大の砂糖生産地であった。このかけがえのない植民地をフランス帝国が喪失するプロセスにこそ、革命と廃止が直接結びつく契機があった。

ハイチ革命と週休三日(36)

ハイチ革命の詳細な経緯については浜忠雄による優れた研究が存在するので繰り返さないが、ここで確認しておきたいのは次の点である。つまり、この革命には異なる目的をもった三つの主体が見出せる。ひとつは自由有色人である。この植民地で白人と奴隷のあいだに位置し、経済的にも、人口規模でも無視できない存在であったものの、[37]白人と同等の権利を与えられてこなかった彼らは、フランス革命に乗じてそれを獲得しようとしていた。残りのふたつは、どちらも奴隷として大局的には位置づけられ、片方は肉体労働に従事する奴隷であり、もう片方はその監督をするような奴隷である。通常、プランテーションに連れてこられたばかりの奴隷は前者であり、ハイチで生まれるなど、プランテーションでの生活が長ければ後者になり得た。もちろん、前者のほうが圧倒的に多い。後者は奴隷制そのものに反対していたというよりも、プランテーションの経営を掌中に収めることにより関心があったとされる。ただし、革命の展開のなかでは必ずしも双方を峻別することができない場合も多々ある。それらが峻別できる場合には注意を促し、それ以外では双方を奴隷と括りたい。

奴隷層の蜂起の背景はフランス革命と関係はしても、自由有色人のそれとは大きく異なっていた。奴隷の多くはフランス革命について誤解をしていた。たとえば、ハイチ革命勃発直前、あるプランテーションで週末に開かれた彼らの大規模な集会では、フランス王が週に三日の労休日を自分たちに与えてくれたにもかかわらず、サン・ドマングの白人たちがそれに反対していること、王と国民議会は自分たちの権利を守るために軍隊をハイチに送ったこと、こうした情報が共有されたという。それをもとに、彼らはフランスからの軍隊の到着を待ってこれに加勢するか、それとも先に軍事作戦を展開するかを議論していたとされる。労休日に関する噂の出所を研究者たちは突き止め切れていないが、少なくともハイチ革命勃発前の一七九一年の一月にはささやかれていたことが明らかになっているし、その後に開かれた植民地当局と奴隷たちのあいだの交渉でも話題にされているように、それは繰り返し言及された。こうした噂をまったく根拠のないものと見なすことはできないだろう。なぜならば、一七八四年には黒人法典の修正勅令が出されており、そこには法典第六条で定められた奴隷の休日の規定――日曜日とカトリックの定める休日――を厳守するようにという文言が含まれているからである。加えて、サン・ドマングの植民者会議とプランターたちは、フランス革命の情報が奴隷たちに伝わることを大変恐れていた。ハイチ革命勃発直後の一七九一年九月には、植民者会議はフランス革命やフランス情勢に関するあらゆる情報の印刷や販売、配布を禁じる暫定法案を可決している。

情報統制は、別の角度から見るならば、サン・ドマングの奴隷たちがフランス革命に関する情報をその時点ですでに一定程度、蓄積していたことの、また、植民者会議がそれを関知していたことの証左にもなる。では、ほとんどが文盲だったとされるサン・ドマングの奴隷たちが、しかも情報統制の敷かれたフランス情報をどうやって得ていたのか。その鍵は自由有色人が握っていた。彼らは少なくとも半数が識字層、つまり少なくとも署名が可能だったとされる。加えて、彼らのなかには港湾で労働する者もおり、彼らは来港する船員たちと交流することで、世界情勢に関する最新の情報を獲得することもできた。こうして得た情報は奴隷たちと共有され、今度は奴隷たちのなかで、口伝で広まっていった。その結果、たとえば、フランス革命政府の赤白青の三色をあしらった花形帽章について、白人奴隷たちがその主人を殺し、解放された証だと理解する者も現れた。このように、フランス革命の実態を熟知してというよりも、曖昧な伝聞を自らに引きつけながら、奴隷たちのあいだで、フランスで起きた何がしかの大きな出来事が自分たちに週休三日をもたらしてくれると考えられるようになったとしても、そう不思議ではない。また、とりわけ革命の初期の段階では、鞭打ちの禁止が決まったとする噂が流布するなど情報は錯綜していた。

しかし、噂がどのようなものであっても、それはフランス革命の理念と直結してはいない。多くの奴隷たちにとって、少なくとも蜂起に立ち上がった時点では、フランス革命とは彼らに崇高だけれども直に手にすることのできない「自由」をもたらすものというよりも、労休日を増やしてくれたり、鞭打ちから解放してくれたりする、より具体的なものであった。

三人の王の臣下——ディアスポラとしてのハイチ革命(38)

一七九三年六月、サン・ドマング北部のル・カップ・フランソワで奴隷たちが白人たちを虐殺したとされる事件の直後、フランスから政府代表委員として派遣されたエティエン・ポルヴレルは、その首領のひとりであるマカヤという人物に懐柔工作を図っていた。ハイチ革命の進展のなか、紆余曲折を経ながらようやく自由有色人の法的平等を定めた法令がその前年の三月に可決し、ポルヴレルらはそれを実施に移す任務のもと、サン・ドマングに派遣されていた。この時期、ヨーロッパではフランス革命戦争が展開し、彼のサン・ドマング滞在中に、フランスはスペイン・ブルボン朝との戦争に突入している。サン・ドマングのあるイスパニョーラ島の東三分の二はそのスペイン・ブルボン朝が有するサント・ドミンゴであった。しかも、この年の三月には、ハイチ革命の雄トゥサン・ルベルチュルがサント・ドミンゴに渡り、「スペイン国王の将軍」に登用されている。懐柔工作は急を要していた。そのような状況下、マカヤはポルヴレルに対して次のような書簡を送ったとされている。「私は三人の王の臣下である。コンゴ王——すべての黒人の主である、フランス王——それは私の父を表す、そしてスペイン王——私の母を表す。これら三人の王は星によって導かれた末裔であり、キリストを崇拝してきたのである」[39]。

この発言をどのように理解すればよいのだろう。類似の内容は他の革命の首領たちの口からも繰返されていた。この発言は、ハイチ革命に参加した奴隷たちが週休三日であれ、鞭打ちからの解放であれ、アンシアン・レジームによって維持されてきた黒人法典からの解放を思い描いて戦いを挑んでいたのであれば非常に興味深い。なぜならば、フランス革命、とりわけ人権宣言はアンシアン・レジームに死を宣告するものだったはずであり、その頂点に立ってきたのは、ほかならぬ「フランス王」だったからである。ルイ一六世はマカヤの発言の約五か月前にパリの断頭台でその最期を迎えていた。つまり、マカヤの発言の時点で「フランス王」はもうこの世にいなかったのである。もちろん、のちに王政復古はあるが、それを彼が予知していたと考えるのは馬鹿げているにもほどがあろう。また、友の会を率いてきたブリッソも、ジャコバン独裁のもと、約二〇〇〇の告発項目を突きつけられ、一七九三年一〇月三一日に「フランス王」と同じような最期を迎えた。ここにフランス革命とハイチ革命との隔たりを如実に認めることができる。

スペイン王の臣下でもあるというのは、この時期、すでにフランス革命政府とスペイン・ブルボン朝がヨーロッパで交戦状態にあったこと、そして、トゥサンのサント・ドミンゴでの登用を踏まえれば、政治的な駆け引きとしてのいち発言として捉えられよう。では、コンゴ王の臣民であるという発言についてはどう理解できるだろうか。ＶＤの推定値に基づけば、革命勃発までの半世紀のあいだにサン・ドマングに連れてこられた全アフリカ黒人奴隷のなかで、コンゴ王国を含む「西中央アフリカとセント・ヘレナ」出身者の占める割合は四八パーセントに達する。また、ハイチ革命前後のプランテーション台帳を精査したデイヴィッド・ゲッガスは、革命の勃発した北部を筆頭に、サン・ドマング全土で「コンゴ」出身奴隷が多数派になっていたと論じる。ただし、コンゴ王国が同時期、内戦にあったことを踏まえれば、ここでいう「コンゴ王」は現実の誰かひとりのコンゴ王国の王を指しているのではなく、一種のディアスポラ的な感覚の発露として受け止めるべきだろう。

ここでもう少し、ハイチ革命における武力闘争の主体の実態に関して、ソーントンの研究を手がかりに考察したい。そこからハイチ革命の複雑性、そしてこの革命とフランスにおける奴隷廃止の関係性を理解する手がかりが得られると考えるからである。彼によれば、革命勃発時のサン・ドマングの三分の二の奴隷はアフリカ大陸で生まれ育った者たちであり、その多くは、比較的最近にコンゴ内戦で捕虜となり、奴隷として売られてきた者たちであった。様々なプランテーションに散らばっていた彼らは、同時に、同郷、あるいは同一の民族言語学的集団からなる非公式な「くに」を形成していた。「くに」は選挙によって選ばれた「王」と「女王」を戴き、構成員同士の互助も見られた。この「くに」こそが、ハイチ革命における武力闘争を実質的にけん引した集団単位であった。「くに」の構成員の多くはサン・ドマングに連れてこられるまでコンゴ内戦に従事しており、自由有色人やこの島で生まれた奴隷たちにはない実戦経験を有していた。彼らの用いた戦術は同時代のコンゴなどでも見られたもので、太鼓言葉やほら貝などを駆使して遠隔で情報交換を行うこともできた。先のマカヤも、そうしたひとつの「くに」を基礎とする武装集団を率いていたと考えられている。このような無数の武装集団は、必要に応じてトゥサンらのより大規模な軍勢と連携したが、必ずしも常時、彼らの支配下に入っていたわけではなかった。

サン・ドマングあるいはハイチにおけるいくつかの奴隷廃止(40)

こうした錯綜した状況にポルヴレルらは直面していたのである。しかも、この時点でイギリス軍は撤退すらしていたものの、仏領マルティニク島に侵攻しており、サン・ドマングへも照準を定めつつあった。代表団の打開策は奴隷たちを自軍に編入させ、植民地を死守することであったが、それには交換条件が必要であった。代表団は奴隷解放宣言を独断で行う。これはその後、一七九四年二月、国民公会で了承され、奴隷制廃止が決議された。

この廃止は、少なくともある側面では、植民地でいつのまにか形成されていた奴隷たちの社会の複雑性が、武力を携えて自分たちの前にその姿を如実に現わしたときの、植民地体制側による鎮圧の放棄と植民地護持の選択が生み出した結果であったといえまいか。そうだとすれば、環大西洋規模で形成されていたはずの奴隷廃止を促す倫理的、宗教的理念はどこに行ったのだろうか。これは、本書のこの後の議論の展開とも大きくかかわるので、いまの段階では議論を深めないでおこう。ここでは、反乱の主体が多様だったことに注目したい。それが奴隷制廃止を導いたともいえるが、同時に、彼らの抵抗は総体として奴隷制廃止そのものに向けられてはいなかったことを確認する必要がある。トゥサンこそ、その好例たる人物だったのかもしれない。一八〇〇年の七月の終わり頃にはサン・ドマング全域を平定していた彼は、翌年二月にナポレオンによって将軍に任命され、それと同時期に「フランス植民地サン・ドマング憲法」の起草をはじめる。そこでは総督に多大な権力を集中させ、かつ、自らを終身で総督に据える一方、奴隷制廃止が明文化された。しかし、憲法は次のことも規定している。つまり、耕作者と労働者にプランテーションの収益を一定の割合で分配することを定める一方、土地を六〇ヘクタール以下に分割することを禁じ、耕作者の住居変更も禁じる。そして、耕作者や労働者の監督、取り締まりのために憲兵隊を設置する。ここでいう耕作者と労働者は元奴隷によって占められているのであるから、これでは元奴隷たちの生活はほとんど何も変わらない。彼らはそれまでと同じように、労働を監督され、移動も制限されるのである。そのうえ、奴隷制廃止は今後、奴隷たちが所有者に頼ることなく、自分たちで生計を立てていかなくてはならないことを意味していた。

この憲法をトゥサンはナポレオンのもとに送付するが、ナポレオンはそれを独立宣言と捉え、再征服の軍を派遣する。この間、一八〇二年にナポレオンは奴隷制を復活させている。ナポレオン軍の来島でサン・ドマングは再び混乱に陥った。トゥサンは捕縛され、獄死する。しかし、ナポレオン軍も黄熱病の流行によって瓦解し、最終的に撤退する。そうして、一八〇四年一月一日に独立国ハイチが誕生した。その翌年五月に制定された憲法には黒人奴隷制の永久放棄が謳われる。

革命の時代の複雑な帰結(41)

フランス革命からハイチ革命へと連続する以上の流れが世界史的共通体験としての奴隷廃止に何をもたらしたかと問われれば、その答えは単純にはなりえない。一連の流れは、確かに一部では奴隷廃止に寄与した。ハイチやフランス帝国はもちろんのこと、ハイチ革命に後押しされて中南米の多くのスペイン領が独立を果たし、それと並行して多くの新興国家で奴隷制は廃止されていく。ただし、ハイチ革命とそれらを単純に結びつけることはできないし、廃止へ向かう速度も速くない。

たとえば、シモン・ボリーバルが独立運動遂行のために、ハイチ政府からの支援を取り付けたことはよく知られている。この支援は彼が奴隷制廃止を確約したうえでのことだったとされるが、その履行に彼がそれほど積極的だったと見なすことは難しい。ボリーバルは一連の独立戦争のなかで奴隷解放を進めていくが、それは自らの軍勢に加わった者に限定されていたし、クレオールや自由黒人などが結託し、白人である彼のリーダーシップに刃を抜くことも怖れていた。また、たとえば、一八一九年に彼を中心人物のひとりとして成立した大コロンビアで制定された憲法（一八二一年）で奴隷身分からの解放が認められたのは、奴隷身分の母親から生まれた新生児のみであった。ある時点以降に奴隷から生まれた子弟に自由身分を与えるというこの「子宮の自由」と呼ばれる方法は、一八世紀末には北米で実践されていたものである。ただし、大コロンビアの場合もその他の場合と同じく、解放と同時に徒弟制が導入され、彼らは母親の所有者のもとで一八年間、労働することが求められた。それ以外は、特別な税金を納めることで奴隷からの解放が可能になった。ところが、大コロンビアはほどなく解体してしまう。すると、各地で徒弟制が延長される。多くの場合、その期間は二〇年、長い場合だと二六年に延長された。

中南米ではこの「子宮の自由」と自由身分の購入のふたつを柱として、奴隷制が廃止されていく。しかし、多くの場合、徒弟制の併用によって、廃止の歩みはきわめて緩慢だったし、奴隷の解放に際して所有者に補償金が払われたりもしている。唯一の例外は一八二三年に無条件の一斉解放を実施したチリだが、当時、国内の奴隷は四〇〇〇名を数える程度だったとされる(42)。中南米諸国では一八五〇年代にようやく廃止の足並みが揃っていった。

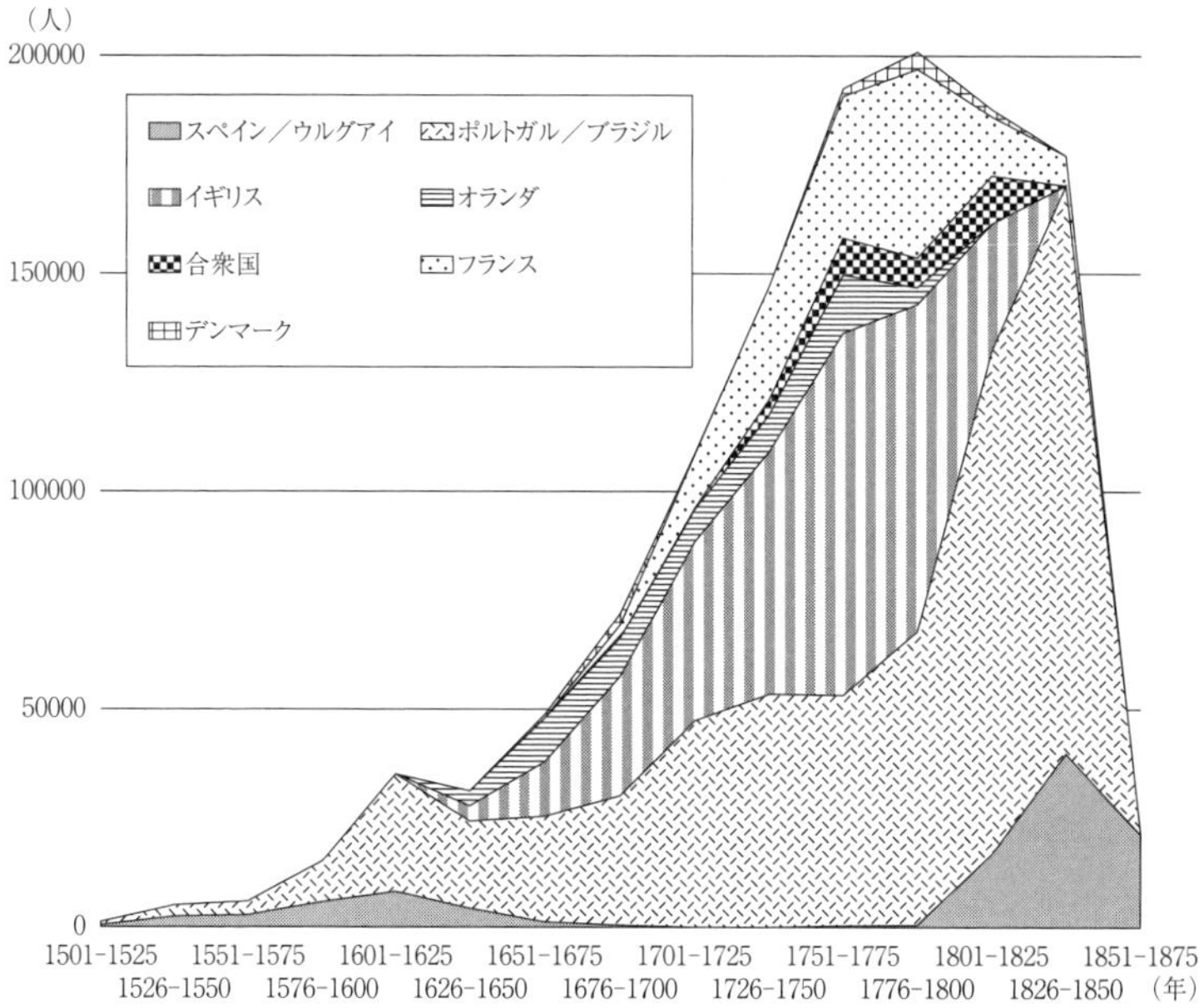

図９　大西洋奴隷交易の国別輸送規模（1500-1875年）

このように、本章で扱った一連の革命は世界的な共通体験どころか、中南米規模での廃止とも直結させることができない。世界的な視野で見るならば、一連の革命はむしろ、短期的には少なからぬ社会を廃止とは真逆の方向に向かわせていたとすらいえる。ハイチ革命によってサン・ドマングから流出した技術や資本が行きついたキューバ島やブラジルでは新たな奴隷需要が生まれ、それに対応するように、一九世紀前半にかけて大西洋奴隷交易は最盛期を迎えている（図９—図13）。また、ハイチ革命後にカリブ海域で発生したいくつもの奴隷反乱の原因を、ハイチ革命やフランス革命に単純に求めることもできなさそうである。実は、ハイチ革命に関連して触れた週休三日の噂は、

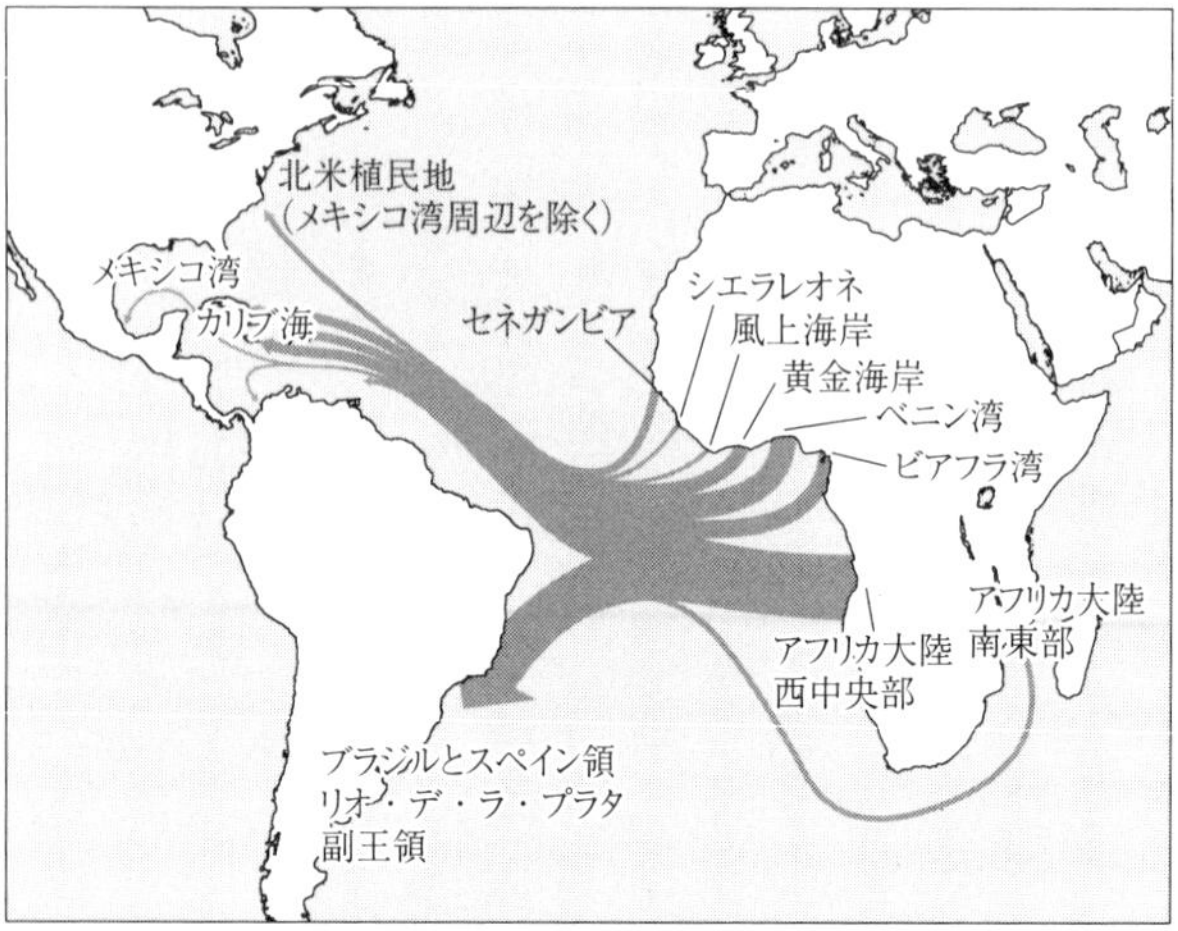

図10　アフリカ大陸発大西洋各地向け奴隷交易の規模（1500-1900年）

図11　黄金海岸の主要奴隷積み出し地のひとつであったケープ・コースト要塞から大西洋を臨む

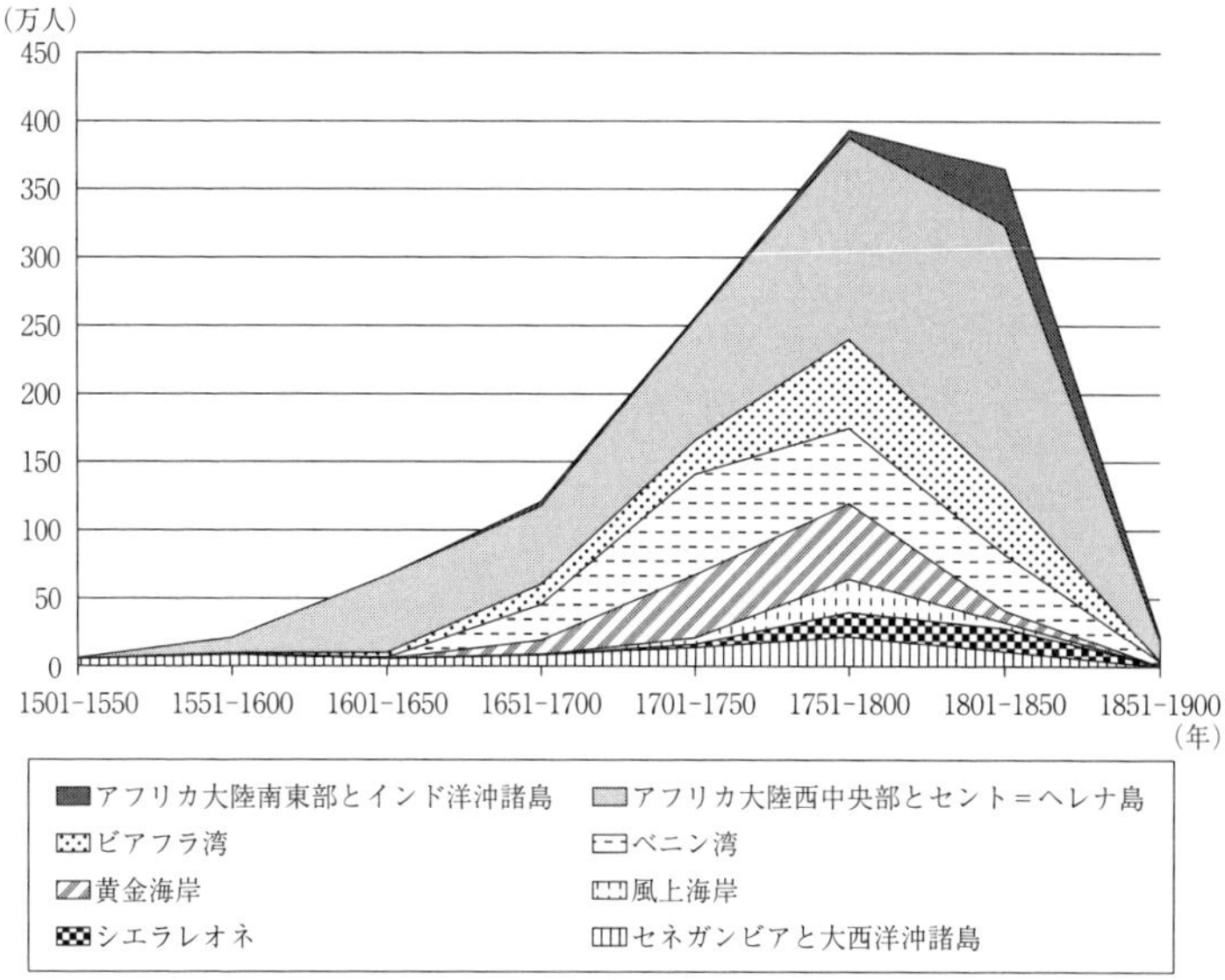

図 12 奴隷積み出し数の推計（1500-1900 年）

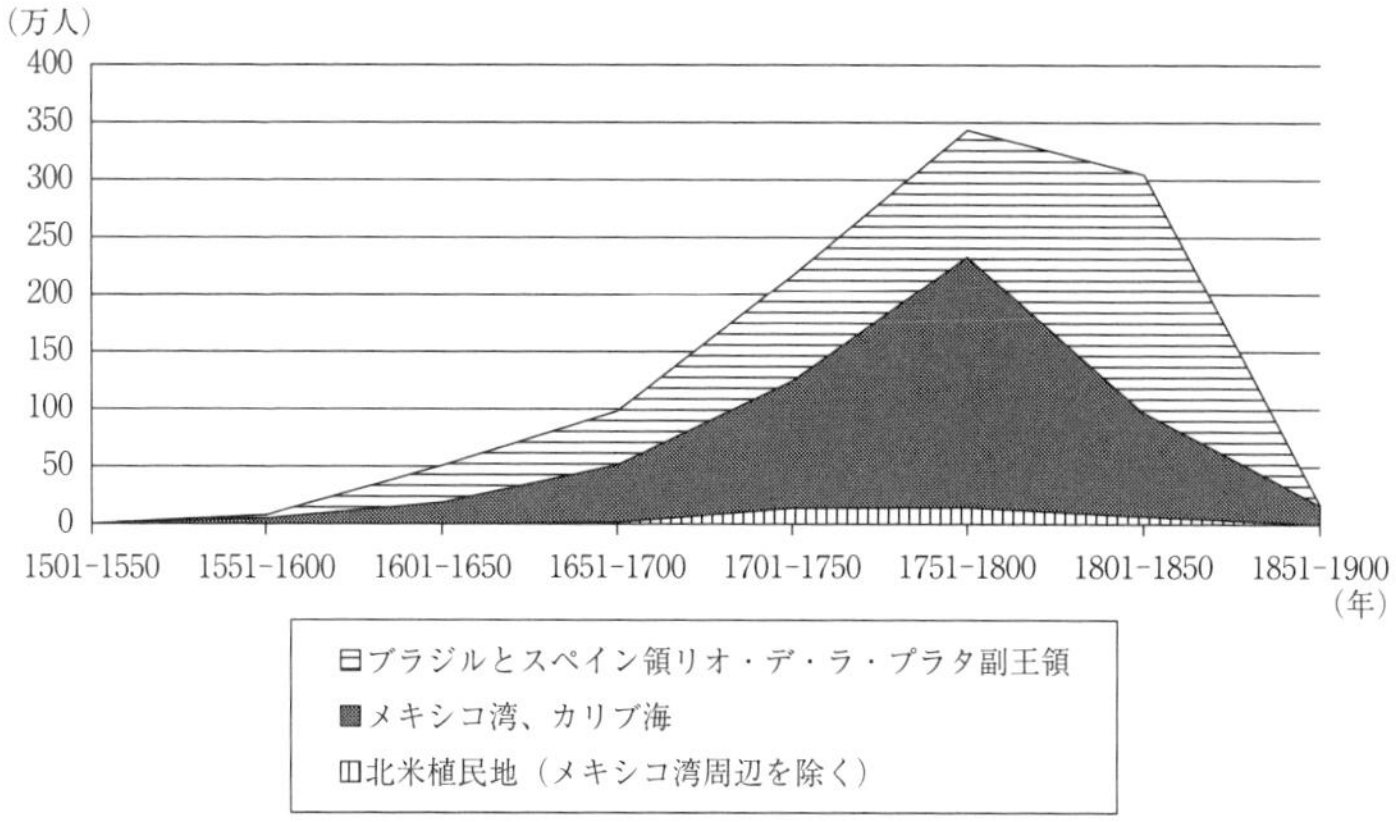

図 13 奴隷積み下ろし数の推計（1500-1900 年）

サン・ドマングに限って見られたわけではなかった。ゲッガスは一七八九年から一八一五年までのカリブ海諸島と北米大陸南岸、南米大陸北岸で発生した奴隷反乱や奴隷制転覆のための陰謀事件を六二件数え上げ、少なくともその三分の一の事例では公式な解放に関する噂がひとつの強い動機になっていると分析する。ただし、噂は必ずしも反乱などをすぐさま呼び起こしたわけではなく、また、ハイチ革命がこうした一連の反乱の発端でもない。たとえば、サン・ドマングには一七八九年の末にはそのような解放の噂が到達したが、反乱の開始はその一年半後であったし、ハイチ革命以前にも、すでにベネズエラやキューバ島、グアダループ島などで奴隷解放が妨害されたという噂に影響されたと考えられる反乱が発生している(43)。そして、ここに挙げた地名から理解できるように、解放の噂は仏植民地に限られたものでもない。フランス革命との関連がうかがえる事例も、全体の四割から五割に留まるとされる。これらのどの反乱や陰謀も成功には至らずに潰えた。

他方、こうした一連の反乱や陰謀、あるいはラテンアメリカ諸国の独立を目の当たりにした英米本国では、少なくとも短期的には廃止にきついブレーキがかけられる。奴隷問題は植民地の喪失にも結び付く緊張感を携えた問題となっていく。ハイチ近辺のイギリスやスペイン植民地でも、ハイチ革命の余波が及ぶことを警戒し、ハイチから逃げ延びた白人プランターの受け入れには好意的でも、彼らに随行してやって来る奴隷には最終的に退去を命じている。合衆国では南部諸州を中心に、サン・ドマングからの黒人移民が禁じられ、同時に自由黒人の移動にも制限がかけられ、自由黒人と奴隷の接触も禁じられた。

（1） とりわけイギリス（帝国）史における研究史の整理が進んでいる。奴隷廃止運動の研究史については、田村理「イギリス奴隷貿易廃止運動の歴史的意義——リヴァプールのウィリアム・ロスコーを中心に」北海道大学大学院文学研究科に提出された博士学位請求論文、二〇一五年、五—一〇頁が手際よく要点を押さえたまとめをしている。

（2） 代表的な研究として、David Brion Davis, *Inhuman Bondage: the Rise and Fall of Slavery in the New World*, Oxford: Oxford U. P., 2006; Christopher Leslie Brown, *Moral Capital: Foundation of British Abolitionism*, Chapel Hill: University of North Carolina Press, 2006; John R. Oldfield, *Transatlantic Abolitionism in the Age of Revolution: An International History of Anti-slavery, c. 1787–1820*, Cambridge: Cambridge U. P., 2013。また、グローバル・ヒストリーの立場から大西洋奴隷交易とその廃止をめぐる研究史を概観した小林和夫「ウィリアムズ・テーゼと奴隷貿易研究」『パブリック・ヒストリー』六、二〇〇九年も参照。

（3） 青木道彦「イギリス革命前夜のアルミニウス主義をめぐる論争——ロード体制の性格について」『駒澤史学』四五、一九九三年、一〇一—一〇六頁、小嶋潤『イギリス教会史』刀水書房、一九八八年、一四七—一五一頁、中野泰治「クエーカーの普遍贖罪論における自由意志の問題——R・バークレーのApology（『弁明』）を中心に」『基督教研究』六七—一、二〇〇五年、一二—一三頁、山本通『近代英国実業家たちの世界——資本主義とクエイカー派』同文館、一九九四年、四二—七七頁。

（4） 小嶋『イギリス教会史』一四七頁。

（5） Hildegard Binder-Johnson, "The Germantown Protest of 1688 against Negro Slavery," *The Pennsylvania Magazine of History and Biography* 65: 2, 1941, pp. 152–155; Brycchan Carey, *From Peace to Freedom: Quaker Rhetoric and the Birth of American Antislavery, 1657–1761*, New Haven: Yale U. P., 2012, pp. 72–86; J. William Frost, "Why Quakers and Slavery? Why Not More Quakers," in Brycchan Carey and Geoffrey Plank (eds.), *Quakers and Abolition*, Urbana, Chicago: University of Illinois Press, 2014, p. 30; Katharine Gerbner, "'We are against the Traffik of Men-Body': the Germantown Quaker Protest of 1688 and the Origins of American Abolitionism," *Pennsylvania History* 72: 2, 2007, pp. 149, 156–157, 168–169（中請書の翻刻）.; Jerome Handler, "Slave Revolts and Conspiracies in Seventeenth-Century Barbados," *New West Indian Guide* 56, 1982.; Jean R. Soderlund, *Quakers and Slavery: A Divided Spirit*, Princeton: Princeton U. P., 1985, p. 24（map 1）, pp. 189–199.; 小嶋『イギリス教会史』一五〇―一五一頁。

（6）ジョージ・フォックスは一六七一年にバルバドス島に渡り、奴隷制を目の当たりにしている。その際、奴隷所有者であるクエイカーたちと集会を行っているが、そこでは奴隷制そのものに対する直接的な批判を行っていないことが、この集会での彼の発言をまとめた冊子から読み取ることができる（George Fox, *Gospel Family-Order: Being a Short Discourse Concerning the Ordering of Families, both of Whites, Blacks and Indians*, London, 1676）。ただし、たとえば、購入した奴隷が誠意をもって仕えたならば、一定期間ののちに解放すること、また、その場合、手ぶらで送りださないようにと助言し（ibid, p. 15）、彼らが結婚を望むのであれば、その望みを叶えてやるようにとも諭す（ibid, pp. 16–17）。こうした推奨に続けて、次のように述べる。

> あなたのもとにまったくのよそ者としてやってきた、また、奴隷としてあなたのもとに売られてきたこれらの黒人と同じ状況下に、もしあなたがあるのならばと（中略）、あなた自身に照らし合わせて考えてみなさい。いま私は言います。もし、それがあなたやあなた方の立場であるならば、あなたはそれを辛いことだと思うはずです。そう、きわめて大きな屈従であり悲惨さであると。（ibid. p. 18）

（7）イングランド王チャールズ二世からウィリアム・ペンへ一六八一年に譲渡された土地は、のちにペンシルヴェニア（「ペンの森」の意味）と呼ばれる。この譲渡は、王室が海軍総督であったペンの父親に負った負債の返済に替えられた。青年期にクエイカーになっていたペンは、この領主植民地で信教の自由を含む民主的な制度を実施しようとする「聖なる実験」を試みる。ペンが自身の植民地に人を集めるために記した布告文とその解説については、平井康大「ただ信仰のためではなく――ペンの聖なる実験と「アメリカ・ペンシルヴェニア植民地に関する説明」」遠藤泰生編『史料で読むアメリカ文化史1』東京大学出版会、二〇〇五年を参照。

（8） ただし、このときにはすべての州が批准したわけではない。最後に批准したミッシシッピ州では、一九九五年に批准された。

（9） Anthony Benezet, *A Caution and Warning to Great-Britain and Her colonies, in A Short Representation of the Calamitous State of the Enslaved Negroes in the British Dominions : Collected from Various Authors, and submitted to the Serious Consideration of All, More Especially of Those in Power*, Philadelphia: Henry Miller, 1766.; Brown, *Moral Capital*, pp. 396–409.; Brycchan Carey, "Inventing A Culture of Anti-Slavery: Pennsylvanian Quakers and the Germantown Protest of 1688," in Cora Kaplan and John Oldfield（eds.）, *Imagining Transatlantic Slavery*, Basingstoke: Palgrave, 2010.; David Brion Davis, *The Problem of Slavery in Western Culture*, Ithaca: Cornell U. P., 1966, p. 309.; Travis Glasson, *Mastering Christianity: Missionary Anglicanism and Slavery in the Atlantic World*, Oxford: Oxford U. P., 2012, p. 201.; Ameria Mott Gummere, *The Journal and Essays of John Woolman: Edited from the Original Manuscripts with A Biographical Introduction*, New York: The Macmillan Company, 1922, p. 161.; Lery T. Hopkins, "The Germantown Protest: Origins of Abolitionism among the German Residents of Southeastern Pennsylvania," *Yearbook of German-American Studies* 23, 1988, p. 22.; Maurice Jackson, "Anthony Benezet: Working the Antislavery Cause Inside and Outside of 'The Society'," in Carey and Plank（eds.）, *Quakers and Abolition*, p. 112.; Gary B. Nash and Jean R. Soderlund, *Freedom by Degrees: Emancipation in Pennsylvania and Its Aftermath*, New York: Oxford U. P., 1991, p. 64（Table 2–4）, p. 65.; Geoffrey Plank, "Anthony Benezet, John Woolman, and Praise," in Marie-Jeanne Rossignol and Bertrand Van Ruymbeke（eds.）, *The Atlantic World of Anthony Benezet（1713-1784）: from French Reformation to North American Quaker Antislavery Activism*, Leiden: Koninklijke Brill, 2017, pp. 91–105.; Soderlund, *Quakers and Slavery*, p. 4.

（10） この申立書は一八四〇年の発見後、クエイカーたちの奴隷廃止運動の象徴ともなる。しかし、それは再び散逸し、二〇〇六年に再発見される。一連の経緯については、Gerbner, "'We are against the Traffik of Men-Body'," pp. 150–152を参照。

（11）ジョン・ウルマンの日記からも所有者に折衝し、奴隷を解放しようとする活動を読み取ることができる（野村文子「奴隷制を拒む――ジョン・ウルマンの『日記』」遠藤編『史料で読むアメリカ文化史1』）。

（12）Ameria Mott Gummere, *The Journal and Essays of John Woolman: Edited from the Original Manuscripts with A Biographical Introduction*, New York: The Macmillan Company, 1922, p. 161.

（13）ベネゼットの生涯、その著作とそこに見られる論理構成については、多くの研究がある。代表的なものとして、Irv A. Brendlinger, "Anthony Benezet, the True Champion of the Slave," in Paul N. Anderson and Howard R. Macy (eds.), *Truth's Bright Embrace: Essays and Poems in Honor of Arthur O. Roberts*, Newberg: George Fox University, 1996.; Maurice Jackson, "The Social and Intellectual Origins of Anthony Benezet's Antislavery Radicalism," *Pennsylvania History* 66, sup, 1999, Jackson, "Anthony Benezet," pp. 109–110. また、Brown, *Moral Capital*, pp. 397–398も参照。

（14）Benezet, *A Caution and Warning to Great-Britain and Her colonies*, p. 27.

（15）ただし、組織の内部では、たとえば、一七五七年にロンドンの「受難のための集会」が会徒の奴隷交易へのかかわりについて調査する専門委員会を組織している（David Brion Davis, *The Problem of Slavery in the Age of Revolution, 1770–1823*, New York: Oxford U. P., 1999, p. 215, n. 3）。

（16）クエイカーが順守すべき規則のなかには、国家との関係にかかわるものがあり、教会税や十分の一税の支払い拒否や、あらゆる戦争に反対する平和主義も含まれていた（Elizabeth Isichei, *Victorian Quakers*, Oxford: Oxford U. P., 1970, pp. 147–152）。

（17）Brown, *Moral Capital*, pp. 408–409.

（18）Rush to Barbeu du Bourg, Philadelphia, 30 August 1769 in *Ephemerides du citoyen, ou bibliotheque raisonnée des sciences morales et politiques* 9, 1769, pp. 173–174.

(19) 現在では、この協会をイシュー・オリエンテドNGOのはしりと評価する研究もある（Steve Charnovitz, "Two Centuries of Participation: NGOs and International Governance," *Michigan Journal of International Law* 18: 2, 1997, pp. 191–192）。

(20) Irv A. Brendlinger, *To Be Silent… Would be Criminal: The Antislavery Influence and Writings of Anthony Benezet*, Lanham: the Scarecrow Press, 2007, p. 28.; Thomas Clarkson, *The History of the Rise, Progress, and Accomplishment of the Abolition of the African Slave-Trade by the British Parliament*, London: Longman, Hurst, Rees, and Orme, 1808, Vol. 1, pp. 205–207.; Maurice Jackson, *Let This Voice Be Heard: Anthony Benezet, Father of Atlantic Abolitionism*, Philadelphia: University of Philadelphia Press, 2010, pp. 72–107.; Stephen Tomkins, *The Clapham Sect: How Wilberforce's Circle transformed Britain*, Oxford: Lion Books, 2010.; James Walvin, "Slave Trade, Quakers, and the Early Days of British Abolition," in Carey and Plank (eds.), *Quakers and Abolition*, pp. 166–167.

(21) Clarkson, *The History of the Rise, Progress, and Accomplishment of the Abolition of the African Slave-Trade by the British Parliament*, Vol. 1, p. 207.

(22) Clarkson, *The History of the Rise, Progress, and Accomplishment of the Abolition of the African Slave-Trade by the British Parliament*, Vol. 1, p. 207.

(23) Brown, *Moral Capital*, pp. 416–423.; Peter Fryer, *Staying Power: the History of Black People in Britain*, London: Pluto Press, 1984, pp. 113–120.; Prince Hoare, *Memoirs of Granville Sharp, Esq.*, London: Henry Colburn and Co., 1820, pp. 32–94.; Andrew Lyall, *Granville Sharp's Cases on Slavery*, Oxford: Hart, 2017, pp. 42–99.; John R. Oldfield, *Popular Politics and British Anti-Slavery: the Mobilisation of Public Opinion against the Slave Trade, 1787–1807*, London: Frank Cass, 1998, pp. 41–42.; James Walvin, "The Propaganda of Anti-Slavery," in James Walvin (ed.), *Slavery and British Society, 1776–1846*, London: Macmillan 1982, pp. 52, 169.; ibid, *The Zong: A Massacre, the Law and the End of Slavery*, New Haven: Yale U. P.,

2011.; 川北稔「福音主義者の理想と奴隷制の廃止」松村昌家・川本静子・長島伸一・村岡健次編『英国文化の世紀１　新帝国の開花』研究社、一九九六年、七九頁、平田雅博『内なる帝国・内なる他者——在英黒人の歴史』晃洋書房、二〇〇四年、二六—五三頁。

（24）Hoare, *Memoirs of Granville Sharp*, p. 70.

（25）Olaudah Equiano, *The Interesting Narrative and Other Writings: Revised Edition*, ed. by Vincent Carretta, New York: Penguin, 2003, p. xxxi.; Oldfield, *Popular Politics and British Anti-Slavery*, pp. 43-45, 156-159.; Sharon F. Patton, *African-American Art*, Oxford: Oxford U. P., 1998, p. 76.; Mimi Sheller, "Bleeding Humanity and Gendered Embodiments: from Antislavery Sugar Boycotts to Ethical Consumers," *Humanity: an International Journal of Human Rights, Humanitarianism, and Development* 2: 2, 2011, p. 176.; Helen Thomas, *Romanticism and Slave Narratives: Transatlantic Testimonies*, Cambridge: Cambridge U. P., 2000, pp. 157-271, オラウダ・イクイアーノ著、久野陽一訳『アフリカ人、イクイアーノの生涯の興味深い物語』研究社、二〇一二年、二二九頁。

（26）彼に関する伝記のなかで最初期に書かれたEliza Meteyard, *The Life of Josiah Wedgwood from His Private Correspondence and Family Papers*, London: Hurst and Blackett, Vol. 2, 1866, p. 565によれば、ウェッジウッドの指揮のもと、彼が大いに信頼を置いた塑像制作者ウィリアム・ハックウッドによって考案された。

（27）協会はメンバー以外によって書かれた奴隷廃止関連書籍の版権を買い取り、出版もしたが、その際にも書籍小売業を営むフィリプスのコネクションと知識が大いに貢献していた（Oldfield, *Popular Politics and British Anti-Slavery*, p. 44）。

（28）イクイアーノ『アフリカ人、イクイアーノの生涯の興味深い物語』、二二九頁。なお、引用文中の括弧は『マタイによる福音書』７：９—10からの引用。

（29）Anonymous, *Harris's List of Covent Garden Ladies: or Man of Pleasure's Kalendar for the Year 1788*,

London: H. Ranger, 1788, p. 84.; Kathleen Chater, *Untold Histories: Black People in England and Wales during the Period of the British Slave Trade, c. 1660–1807*, Manchester: Manchester U. P., 2011, p. 32.; Ray Costello, *Black Salt: Seafarers of African Descent on British Ships*, Liverpool: Liverpool U. P., 2012, pp. 41–50.; Seymour Drescher, "Whose Abolition? Popular Pressure and the Ending of the British Slave Trade," *Past and Present* 143, 1994, pp. 137–138.; Fryer, *Staying Power*, pp. 68–72, 81.; Gretchen Gerzina, *Black London: Life before Emancipation*, New Brunswick: Rutgers U. P., 1995, p. 5.; James Oliver Horton and Lois E. Horton, *In Hope of Liberty: Culture, Community, and Protest among Northern Free Blacks, 1700–1860*, New York: Oxford U. P., 1997, pp. 158–159.; Oskar Cox Jensen, *Napoleon and British Song, 1797–1822*, Basingstoke: Palgrave, 2015, p. 33.; Rodreguez King-Dorset, *Black Dance in London, 1730–1859: Innovation, Tradition and Resistance*, Jefferson: McFarland and Co., 2008, pp. 142–148.; Philip D. Morgan, "British Encounters with Africans and African-Americans, circa 1600–1780," in Bernard Bailyn and Philip D. Morgan (eds.), *Strangers within the Realm: Cultural Margins of the First British Empire*, Chapel Hill: The University of North Carolina Press, 1991, p. 208.; Norma Myers, *Reconstructing the Black Past: Blacks in Britain 1780–1830*, London: Frank Cass, 1996, pp. 107–108.; Sue Peabody, *"There are No Slaves in France:" the Political Culture of Race and Slavery in the Ancien Régime*, New York: Oxford U. P., 1996, p. 4.; Alan Rice, *Radical Narratives of the Black Atlantic*, London: Continuum, 2003, pp. 15–24.; Folarin Shyllon, *Black People in Britain 1555–1833*, London: Oxford U. P., 1977, pp. 100–102.; John Thomas Smith, *Vagabondiana or, Anecdotes of Mendicant Wanderers through the Street of London; with Portraits of the Most Remarkable*, New ed., London: Chatto and Windus, 1874, p. 14.; 鈴木英明「インド洋西海域と大西洋における奴隷制・交易廃絶の展開」島田竜登編『一七八九年――自由を求める時代』岩波書店、二〇一八年、二四四―二四八頁、デイヴィッド・ダビディーン著、松村高夫・市橋秀夫訳『大英帝国の階級・人種・性――W・ホガースにみる黒人の図像学』同文館、一九九二年、平田『内なる帝国・内なる他者』五六、六二―

六六、一二八—一二九頁。

（30）その一方、増大するロンドン在住黒人の貧困問題は、大きな社会問題となっていった。一七八六年には「黒人貧民救済委員会」が結成され、食糧配給などが行われるようになる。その後、この委員会を中心に、アフリカ大陸西部のシエラレオネにロンドンの黒人が一七八七年より移送されるようになり、一七九二年からはイギリス領カナダのノヴァスコシアからロイヤリストのアフリカ黒人も移送される（平田『内なる帝国・内なる他者』八六—九二頁）。

（31）Seymour Drescher, "Cart Whip and Billy Roller: Antislavery and Reform Symbolism in Industrializing Britain," *Journal of Social History* 15: 1, 1981, pp. 6–18.; Foyer, *Staying Power*, pp. 209–213.; Oldfield, *Popular Politics and British Anti-Slavery*, p. 10.; R. M. Wiles, *Serial Publication in England before 1750*, Cambridge: Cambridge U. P., 1957, pp. 5–6.; John Storey, *Culture and Politics in Cultural Studies: the Politics of Signification*, Edinburgh: Edinburgh U. P., 2010, pp. 37–39.; Hugh Thomas, *The Slave Trade: the History of the Atlantic Slave Trade, 1440–1870*, London: Papermac, 1998, pp. 465–469.; R・C・アレン著、眞嶋史叙・中野忠・安元稔・湯沢威訳『世界史のなかの産業革命——資源・人的資本・グローバル経済』名古屋大学出版会、二〇一七年、五八（表2—6）、五九頁、小林章夫『チャップ・ブック——近代イギリスの大衆文化』駸々堂出版、一九八八年、同『チャップ・ブックの世界』講談社、二〇〇七年、リン・ハント著、松浦義弘訳『人権を創造する』岩波書店、二〇一一年、二九—三一頁。

（32）ハント『人権を創造する』二九頁。

（33）Brown, *Moral Capital*, pp. 447–448.; Brycchan Carey, "William Wilberforce's Sentimental Rhetoric: Parliamentary Reportage and the Abolition Speech of 1789," in Paul J. Korshin and Jack Lynch（eds.）, *the Age of Johnson: A Scholarly Annual*, Vol. 14, New York: AMS Press, 2003, pp. 297, 303.; Seymour Drescher, *Capitalism and Antislavery: British Mobilization in Comparative Perspective*, New York: Oxford U. P., 1986, pp. 70–74.; James W. LoGerfo, "Sir William Dolben and 'The Cause of Humanity': The Passage of the

Slave Trade Regulation Act of 1788," *Eighteenth-Century Studies* 6: 4, 1973, pp. 432-433.; F. E. Sanderson, "The Liverpool Delegates and Sir William Dolben's Bill," *Transactions of the Historic Society of Lancashire and Cheshire* 124, 1972, p. 124.; また、新聞記事については、次のデータベースを参照した（https://www.britishnewspaperarchive.co.uk/ 最終確認日二〇二〇年七月二六日）。

（34） Oldfield, *Transatlantic Abolitionism in the Age of Revolution*, pp. 32-50.; Sue Peabody, "France's Two Emancipations in Comparative Context," in Suzuki（ed.）, *Abolitions as A Global Experience*, pp. 26-27, 浜『ハイチ革命とフランス革命』六九—七〇頁。

（35） Robert Foster, "The French Revolution, People of Color, and Slavery," in Joseph Klaits and Michael H. Haltzel（eds.）, *The Global Ramifications of the French Revolution*, Cambridge: The Press Syndicate of the University of Cambridge, 1994, p. 90.; Oldfield, *Transatlantic Abolitionism in the Age of Revolution*, p. 21.; 小林亜子「フランス革命・女性・基本的人権——「公教育」と統合／排除のメカニズム」『岩波講座世界歴史　環大西洋革命』一七、一九九七年、一五〇、一五三—一五四頁、浜『ハイチ革命とフランス革命』七〇—七一頁。

（36） Robin Blackburn, "Epilogue," in David Patrick Geggus and Norman Fiering（eds.）, *The World of the Haitian Revolution*, Bloomington: Indiana U. P., 2009, p. 395.; Jack R. Censer and Lynn Hunt, *Liberty, Equality, Fraternity: Exploring the French Revolution*, Philadelphia: The Pennsylvania U. P., 2001, p. 122.; Laurent Dubois, *Avengers of the New World: The Story of the Haitian Revolution*, Cambridge: Harvard U. P., 2004, pp. 103-107.; Carolyn Elaine Fick, "Black Masses in the San Domingo Revolution: 1791-1803," Ph. D thesis to Concordia University, 1979, pp. 155-157.; ibid., *The Making of Haiti: The Saint Domingue Revolution from Below*, Knoxville: The University of Tennessee Press, 1990, pp. 91-92, 267-268.; David Patrick Geggus, "Slavery, War, and Revolution in the Greater Caribbean, 1789-1815," in David Barry Gaspar and David Patrick Geggus（eds.）, *A Turbulent Time: The French Revolution and the Greater Carib-*

bean, Bloomington: Indiana U. P., 1997, pp. 8-12.; ibid., "Print Culture and the Haitian Revolution: The Written and the Spoken World," *Proceedings of the American Antiquarian Society* 116: 2, 2006, p. 302, 304.; ibid., *The Haitian Revolution: A Documentary History*, Indianapolis: Hackett Publishing, 2014, p. 78.; Malick W. Ghachem, *The Old Regime and the Haitian Revolution*, New York: Cambridge U. P., 2012, pp. 73, 277-278.; Wim Klooster, "Le décret d'émancipation imaginaire: monarchisme et esclavage en Amérique du Nord et dans la Caraïbe au temps des révolutions," *Annales historiques de la Révolution française* 363, 2011, p. 121.; 小川『奴隷商人ソニエ』七三—七四頁。

(37) たとえば、フランス革命の直前では、白人五・八パーセント、奴隷八八・八パーセント、自由有色人五・三パーセントとなっている（Ghachem, *The Old Regime and the Haitian Revolution*, p. 36）。

(38) "Conch Shell," in Stephen Farrell, Melanie Unwin and James Walvin (eds.), *The British Slave Trade: Abolition, Parliament and People*, Edinburgh: Edinburgh U. P., 2007, pp. 284-285.; David Geggus, "The Demographic Composition of The French Caribbean Slave Trade," *Proceedings of the Meeting of the French Colonial Historical Society* 13/14, 1990, p. 27, table 7.; ibid, "Sugar and Coffee Cultivation in Saint Domingue and the Shaping of the Slave Labor Force," in Ira Berlin and Philip Morgan (eds.), *Cultivation and Culture: Labor and the Shaping of Slave Life in the Americas*, Charlottesville: U. P. of Virginia, 1993, p. 81.; Jack Salzman, David Lionel Smith and Cornel West (eds.), *Encyclopedia of African-American Culture and History: the Black Experience in the Americas*, New York: Macmillan, Vol. 5, 1996, p. 2244, s.v. "Voodoo".; John K. Thornton, "'I am the Subject of the King of Congo': African Political Ideology and the Haitian Revolution," *Journal of World History* 4: 2, 1993, pp. 181-182, 186-187.; 浜『カリブからの問い』三一—三五頁。

(39) François-Joseph-Pamphile de Lacroix, *Mémoires pour servir à l'histoire de la révolution de Saint Domingue*, Vol. 1, Paris: Chez Pillet Ainé, 1819, p. 253.

（40）浜『カリブからの問い』一〇八—一一二、一三七—一七七頁。

（41）Frédérique Beauvois, *Between Blood and Gold: The Debates over Compensation for Slavery in the Americas*, New York and Oxford: Berghahn, 2016.; Robin Blackburn, *The Overthrow of Colonial Slavery 1776-1848*, London: Verso, 1988, pp. 331-380.; Allen Carden, *Freedom's Delay: America's Struggle for Emancipation 1776-1865*, Knoxville: The University of Tennessee Press, 2014, pp. 76-77.; Hebe Clementi, *La Abolición de la Esclavitud en América Latina*, Buenos Aires, Editorial la Pleyade: 1974.; Seymour Drescher and Pieter C. Emmer (eds.), *Who Abolished Slavery? Slave Revolts and Abolitionism: A Debate with João Pedro Marques*, New York: Berghahn Books, 2010.; Geggus, "Slavery, War, and Revolution," pp. 8-11.; ibid, *Haitian Revolutionary Studies*, Bloomington: Indiana U. P., 2002, p. 62.; Aline Helg, *Liberty and Equality in Caribbean Colombia, 1770-1835*, Chapel Hill and London: The University of North Carolina Press, 2004, pp. 244-253.; Christopher Schmidt-Nowara, *Slavery, Freedom, and Abolition in Latin America and the Atlantic World*, Albuquerque: the University of New Mexico Press, 2011.; Klein and Vinson, *African Slavery*, pp. 232-233, Oldfield, *Transatlantic Abolitionism in the Age of Revolution*, p. 114, 浜忠雄「ハイチ革命とラテンアメリカ諸国の独立」『岩波講座世界歴史　環大西洋革命』一七、岩波書店、一九九七年、一一六頁、同『カリブからの問い』、一八九—一九二頁。

（42）中南米諸国では、ブラジルを除けば、奴隷人口が総人口の一割を超える国家は存在しなかった（Clementi, *La Abolición de la Esclavitud en América Latina*, p. 201）。

（43）すでに一七八八年の段階で、英議会で奴隷交易廃止の議論がはじめられるという噂を耳にしたグレナダの奴隷たちが「黒人のためのウィルバーフォース！　黒人のためのフォックス、黒人のための全能の神！」とシュプレヒ・コールをあげていると英庶民院議会でも話題になっていた（*The Parliamentary History of England form the Earliest Period to the Year 1803*, Vol. 28, 1816, p. 505）。

第3章　大いなる矛盾——一九世紀前半の大西洋とインド洋西海域

一九世紀前半、奴隷廃止は大西洋規模の動向から地球規模の運動へと離陸する。この移行を考えるうえで、イギリスの動向は無視できない。本章の前半ではイギリスにおける奴隷廃止の過程を追い、その後に国際社会における奴隷廃止の旗手となっていく姿を追おう。他方、この時期は史上もっとも奴隷交易が隆盛した時代でもあった。本章の後半では、インド洋西海域における奴隷需要の高まりと奴隷交易鎮圧活動に焦点を絞る。この一連の流れのなかで、前章のフランスにおける廃止で垣間見たような奴隷廃止の新たな流れが顕著となる。すなわち、奴隷廃止の動力が宗教的、哲学的、道徳的、倫理的なところからどんどんと乖離していくのである。これは、奴隷廃止を突き動かす想像力のベクトルの変化とも連動している。

1　奴隷交易廃止から奴隷制廃止までの長い道のり

アンチ奴隷交易廃止論の盛り上がりから奴隷交易廃止決議へ(1)

イギリス本国における奴隷廃止運動は一七八〇年代末から九〇年代初頭の突然の盛り上がりののち、ひと度、その熱が冷める。この間、たとえば一七八〇年代後半になると女性の積極的な運動参加がは

図 14　砂糖ボイコット運動普及のために作られた砂糖入れ
注）「自由労働による生産物」と記されている．

じまり、彼女たちが大きく貢献した砂糖ボイコット運動など印象的な運動が展開されたものの、長続きはしなかった（図14）。他方、奴隷廃止に反対する議論がにわかに湧き上がる。もちろん、一七八〇年代に奴隷交易廃止の議論が巻き起こるのと同時にそれへの反論も立ち上がっており、両陣営は経済、軍事、歴史的な正当性、法律、科学（人種）、道徳や宗教、多様なテーマとかかわらせて論争を繰り広げてきた。たとえば、フランス革命戦争時には、アンチ奴隷廃止論者は奴隷交易が英王立海軍の水兵たちに絶好の訓練機会を与えていると主張した。実際に、護衛のために奴隷船に随航することもあれば、敵船を拿捕する作戦も展開された。加えて、奴隷制が廃止されることで英領植民地の仏領植民地に対する経済的な優位が喪失されるだろうこともアンチ奴隷廃止論者の主張の一翼を占めた。さらには、マグナカルタに謳われる権利の保護を持ち出し、奴隷廃止に伴う奴隷を所有する権利の侵害が指摘されもした。

　このような一進一退の議論の風向きを変えたのが、ナポレオン戦争であった。ナポレオンが奴隷制を復活させたことで、ナポレオンと戦うイギリスにとって奴隷廃止が愛国的な象徴としての意味を帯びるようになる。そのような背景のもと、一八〇六年、新たに獲得した植民地や、フランスをはじめとする諸外国およびその植民地へ奴隷を運ぶことを禁じた対外奴隷交易法（46 Geo. III c 52）が成立する。すなわち、敵国に利するおそれのある奴隷交易を制限しようとしたのである。この法案が庶民院

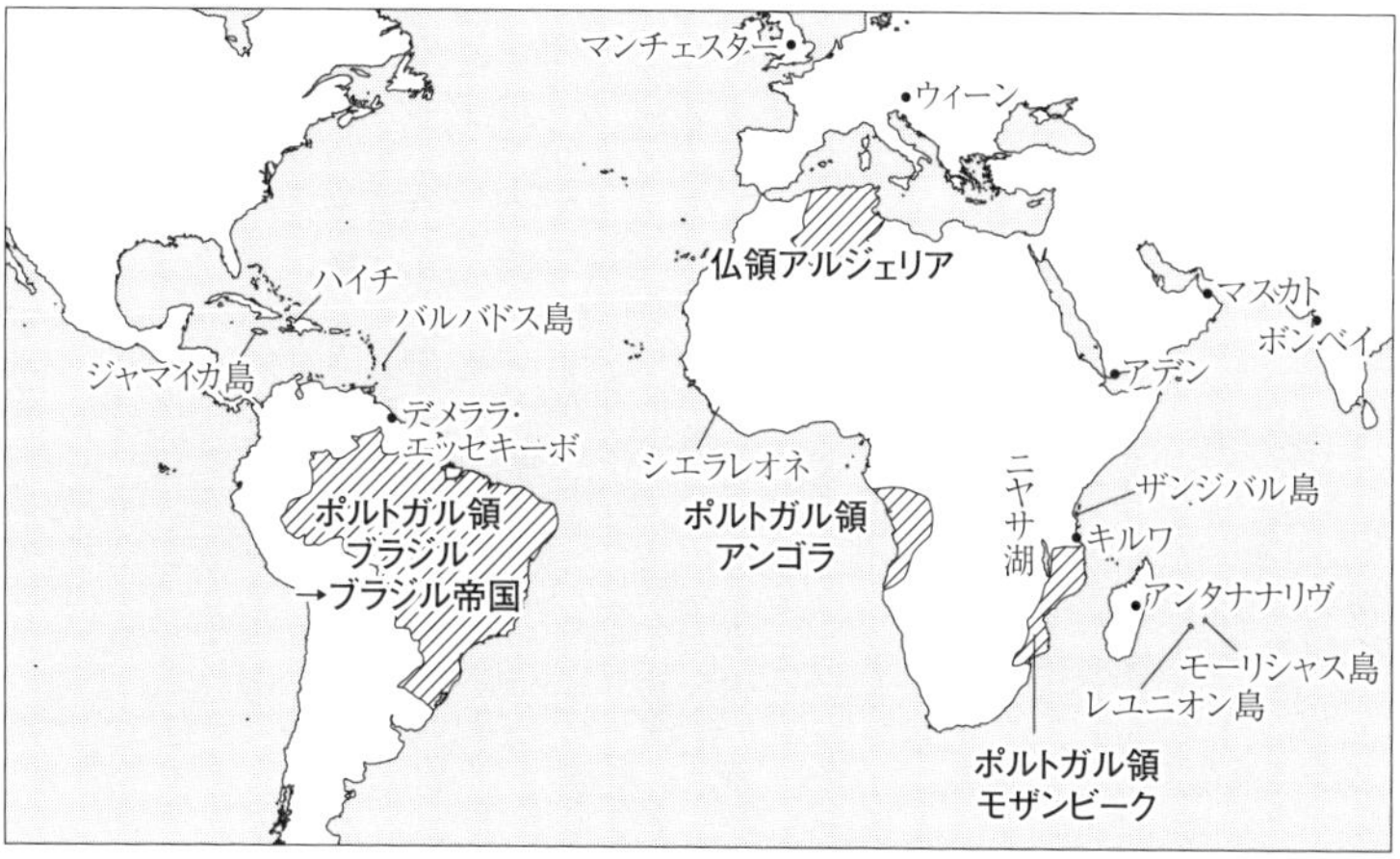

地図3　第3章に登場する主な地名

を通過すると、アンチ奴隷廃止派はマンチェスターの商人四三九名による反対請願を出し、審議を差し止めようとしたが、即座にその五倍強の署名を集めた法案支持の請願が同じマンチェスターから議会に持ち込まれ、貴族院でも法案が通過した。

この年にはウィルバーフォースの友人として彼の活動に好意的だった首相ピットが死去している。しかし、これを受けてトーリー、ホイッグの党派を超えて組閣された通称「総人材内閣」では、首相を務めた初代グレンヴィル男爵ウィリアム・W・グレンヴィルや外務大臣として入閣したチャールズ・J・フォックスらが演説や強硬な議会運営などを通して奴隷廃止に積極的な後押しをする。そして、同年の総選挙では、アンチ奴隷廃止の主体であった西インド諸島のプランターたちに支援されたいわゆる西インド派が大きく議席を減らしもした。一八〇七年の英議会における奴隷交易廃止決議に至るまでの過程を精査したステファン・ファッレルは、決議を取り巻くこうした状況を重視する。

そのうえで、最終的には議会を占める多くの浮動票が廃止側にたなびいたことで奴隷交易廃止法（47 Geo. III Sess. 1 c 36）の成立が決議されたと論じる。

この法の一八〇七年三月二五日の成立を受け、交易廃止協会は解散する。しかし、その後、すぐに「アフリカ協会」がほぼ同じメンバーによって設立された。この協会は後述するシエラレオネ会社の業務を引き継ぐことが設立の目的だったが、すぐに諸外国による奴隷交易にも注意を傾けるようになる。イギリス帝国内で奴隷交易が禁止されても、大西洋の奴隷交易はなくならなかった。それどころか、ハイチ革命の余波を受けたキューバ島やブラジルではさらなる奴隷需要が創出され、奴隷交易はかつてないほどに活性化していた。彼らはかつてと同じように、国際的な連帯による奴隷交易の包囲を目的にフィラデルフィア廃止協会に連絡を取るが、その試みは失敗する。これには、一八〇七年以来、英艦隊によるアメリカ人水夫の強制徴募問題を中心とする英米関係の悪化が大きく作用していた。しかし、一八一四年開催のウィーン会議で、奴隷廃止が世界的な展開を遂げるきっかけはつかまれた。

史上最大のキャンペーンとウィーン会議の失敗(2)

「会議は踊る、されど進まず」で広く知られるウィーン会議は、ナポレオン戦争後のヨーロッパの秩序回復と領土分割を目的としたものであると一般的には説明される。しかし、この会議を地球規模で考えるならば、意義をそこに留めることはできない。参加こそヨーロッパ諸国に限られていたが、国際会議において奴隷廃止が議題にのぼった嚆矢がこの会議であったからである。ちなみに、それはこの会議でヨーロッパ外を対象にした唯一の議題であった。

この議題を提出したのはイギリスであった。実は、ウィーン会議に先立って行われた英仏間での戦後処理をめぐるパリ条約で、イギリスはフランスに対して五年以内の奴隷交易廃止を追加条約に盛り込んだ。これは一見、外交的な成功に見える。しかし、満足しなかったのがウィルバーフォースであった。なぜならば、彼の目にはイギリスがこの追加条約で——期限つきながらであれ——フランスの奴隷交易継続を公式に認めたと映ったからである。英庶民院議事録によれば、条約を締結してきた外務大臣カスルレイ子爵ロバート・ステュワートは議場に大喝采で受け入れられたという。だが、その直後、ムードをぶち壊すかのようにウィルバーフォースは、追加条約が破滅から救出してもらえると信じていた無数の無垢な老若男女の犠牲者たちに死刑執行令状を突きつけたのだと強く批判した。

これを受けてアフリカ協会は即座に新たな請願キャンペーンを実施する。それは奴隷廃止運動史上最大の規模となった。集められた署名は一四〇万筆に迫るほどだったと近年の研究では推計されている。当時のイギリス本国の人口の一割前後が署名した計算になる。国内でもう一度、大衆に奴隷廃止運動を呼びかけると同時に、協会は会議の開催までにイギリス政府とは別に、ロシアのアレクサンドル一世やプロイセンのヴィルヘルム三世など参加予定各国の首脳と面会し、根回しを試みる。

ウィーン会議が開幕すると、イギリス代表は予定通り奴隷交易廃止を議題として提案し、これを受けて専門委員会が組織された。その提案は以下の五点にまとめられる。①奴隷交易の即時廃止、②それができない場合は、フランスであれば三年、スペイン、ポルトガルについては五年から八年以内での奴隷交易廃止、③ただし、北半球についてはその猶予を認めず、奴隷交易の即時廃止、④奴隷交易廃止のための恒久的な委員会の設置、⑤奴隷交易に従事していると思しき船舶に対する相互臨検（洋上で異国の船舶同士が出会った場合、必要に応じて、相互に乗船し、奴隷の輸送をしていないかを確認すること）の実施。各国の反応は奴隷交易とのかかわり方の深さに比例していた。つまり、大西洋奴隷交易に直接関与しないロシアやプロイセンは賛成に回ったが、肝心のフランス、スペイン、ポルトガルは強く異議を唱える。プランテーションを多く抱えるこれらの国ぐにには、奴隷を植民地に十分に確保するまでの猶予が与えられない限り、奴隷交易廃止の条約には署名できないと主張した。

イギリスの首席全権を務めたのは先述のステュワートだったが、彼はこうした主張に内心、理解を示していたとされる。実は、一八〇七年に議会で奴隷交易廃止法案が通過した際、内閣で最後まで法案通過に徹底抗戦を試みたのが彼であった。しかし、イギリス国内の趨勢は彼に当時の再演を許さなかった。一四〇万近くの署名が彼に重くのしかかっていた。たとえば、ステュワートはウィーン会議前の一八一四年八月、駐スペイン大使宛てに奴隷交易廃止についてスペイン政府を懐柔するよう頼んだ書簡のなかで、「奴隷交易に対して関心をもたなかったり、請願をしたことのない村など（イギリス本国には）まずありません」と記している(3)。また、彼の遺したウィーン会議前後の書簡を読むと、クラークソンやウィルバーフォースに関する言及をしばしば見つけることができ、ステュワートが彼らとその支持者を無視できなかったことがわかる。イギリス代表は他国のみならず、協会とそれを支持する多くの自国民も十分に頭において、慎重に事を進める必要があった。彼らは改めて、三年以内の交易の廃止と洋上での相互臨検を提案する。しかし、これもフランスをはじめ、賛同を得ることができなかった。

少し立ち止まって考えれば、イギリスの提案に対する反対には理解がいくだろう。いきなり富の源泉である世界商品生産のための労働力供給を止めろといわれれば、誰だって困る。問題はそれだけではなかった。実は、ナポレオン戦争中、アフリカ大陸西岸沖に展開していた英王立海軍の艦隊が、非イギリス船の交易を阻害していた。しかも、奴隷を積載した船舶を拿捕した場合、報奨金が用意されており、私掠船も参加していた。しかし、拿捕しても実際には船上に奴隷がいなかった場合が少なくなく、そもそもが、そのような活動の合法性も不透明で、外交ルートでの抗議はあとを絶たなかった。そのときに苦い思いをした各国には、イギリスがそうしたことを素知らぬ顔で提案していると映ったことだろう。結局、ウィーン会議では、奴隷交易が人道と普遍的な道徳とに関する諸原則に矛盾することの確認に終始した宣言が出されるに留まった。

反奴隷制ゲームと大西洋の支配(4)

ウィーン会議での失敗を受け、イギリスは関係諸国と二国間交渉によって個別に奴隷交易に関する条約の締結を試みる。条約の柱は相互臨検、また、もしも臨検の結果、奴隷輸送が明らかにされた場合、その処遇を議論する場としての混合委員会の設置——奴隷を輸送した側と拿捕した側の双方の代表で構成される——、これらを柱とする。スペインやポルトガル、ラテンアメリカの新興国、さらには現実的に大西洋での奴隷交易に従事していないロシアや両シチリア王国などと一八四〇年代初頭までに次々とイギリスは条約を締結させた。ロシアなどと条約を結ぶのは、それらの旗を隠れ蓑にした交易を阻止するためであった。この間の一八二四年には外務省に奴隷交易部門が発足している。

スーザン・マイヤーズが指摘するように、一連の交渉は「反奴隷制ゲーム」の色彩を帯びていた。

たとえば、スペイン政府は奴隷交易の漸次的な廃止に合意し、臨検を受け入れるかわりに四〇万ポンドの補償金を得ている。他方、その交渉の過程では、イギリス政府は別の条約の締結をちらつかせたり、独立を果たしたラテンアメリカ諸国との外交関係の樹立を持ち出したり、ロンドン金融市場における口利きを申し出るなどの揺さぶりをかけていた。

条約締結と引き換えに高額の補償金を引き出したスペイン政府は、この「反奴隷制ゲーム」の勝者のように見える。しかし、それは勝負の見極めが早すぎるだろう。スペインに限らず二国間条約では相互に同等の権利が謳われていたが、恒常的に奴隷輸送を監視する強い意志とそれが可能な海軍力を有しているのは、常にイギリスの側だった。つまり、条約によって大西洋規模で奴隷交易監視の体制が形成されるのと、大西洋上でイギリス海軍が支配力を強化するのとは、表裏一体であった。その主力となったのが、王立海軍西アフリカ艦隊であった。実際には、最新鋭の艦船が割り振られるのではなく、むしろ、だいぶくたびれた艦船が主力を占めていたが、それでもその戦力は他国を圧倒していた。たとえば、一九世紀前半のアフリカ大陸西岸沖でこれに唯一、対抗できるのはフランス海軍であったが、それにしても、イギリスの艦隊によるフランス商船への通航妨害対策として、大幅な戦力増強を果たした一八四二年より前では、その戦力が英王立海軍西アフリカ艦隊を上回ることは決してなかった。なお、この通航妨害への抗議として、フランスは前年に一度、合意した相互臨検について拒否をしている。このように、奴隷交易廃止をめぐる条約は大西洋上の覇権争いとも密接につながってくるのである。

イギリスにおける奴隷制廃止とカリブ海での反乱(5)

イギリスが奴隷交易廃止の旗手として国際舞台で立ち回っていくのと並行して、奴隷制の廃止が帝国内で議論されていく。英議会における奴隷交易廃止から奴隷制廃止に至るまでには、交易廃止協会の結成から奴隷交易廃止までに要した以上の時間が必要だった。廃止論者たちは、奴隷交易廃止を足がかりにして即座に奴隷制も廃止する計画を当初から思い描いていたわけではない。むしろ、奴隷に自由を与えるには、漸次的に彼らをそれに相応しい存在にしていく必要があると考えていたし、奴隷交易の終結が奴隷制の終結に結びつくだろうという楽観論も浸透していた。そのことは、一八二三年、アフリカ協会のメンバーが新たに設立した「英領における奴隷制の緩和と漸次的廃止のための協会(以下、反奴隷制協会)」の名称にも表れている。とはいえ、漸次的廃止にも高い障壁が存在した。この協会は結成時、廃止派の貴族院議員五名と庶民院議員一四名を擁したが、庶民院では、対抗勢力となる西インド派、すなわち西インド諸島のプランターに与する議員は五六名を数えていた。

奴隷交易廃止法へ王手をかけた対外奴隷交易法の成立の際には、奴隷廃止運動家たちは奴隷交易廃止を国益に結び付けることで支持を勝ち取ったが、逆に国益を優先させるならば奴隷制廃止は回避したほうがよいという論理も成り立つ。すなわち、植民地において圧倒的多数を占める未文明で野卑な黒人たちが解放されれば、圧倒的少数の白人プランターたちを思うがままに殺戮し、挙句の果てには植民地が失われるかもしれないという論理もハイチ革命の記憶が生々しい当時には十分、成立した。そうした恐怖は西インド派が喧伝するところだったし、廃止論者たちも即時の廃止には躊躇し、まずは奴隷制の緩和を試みる。奴隷制の緩和、つまり奴隷の待遇改善は、自由を享受するに相応しい存在に奴隷を変えていく段階としても、植民地の利益にも、望ましいと考えられた。

しかし、これらはあくまでも奴隷を所有する側、植民地を経営する側の論理である。奴隷たちはいつもこうした議論の蚊帳の外だった。一八一六年にバルバドス島で、一八二三年にはデメララ・エッセキーボで、そして一八三一年にはジャマイカ島でも大規模な奴隷反乱が発生した。ここでは一八二三年の事例を取り上げよう。まず、奴隷制の緩和策を本国政府が植民地を指揮監督しながら実施することが英本国議会で決められる。他方、植民地のプランターたちは本国からの強制に抵抗する。こうした動向が不完全な形で奴隷たちに伝わるなか、本国からもたらされようとする解放がプランターたちによって妨害されているという理解が奴隷たちのあいだで醸成され、反乱に至った。現在では、彼らは最初から暴力的な抵抗を試みたのではなく、自らの権利を訴えようとしたところにこの反乱の起こりがあったと考えられている。むしろ暴力的だったのはプランターたちであり、彼らは多くの奴隷を殺害し、ロンドン宣教協会の宣教師には反乱を教唆した罪で死刑を宣告し、彼は獄死した。

多様な主体の参加と道徳資本(6)

漸次的な廃止に立ち向かうカリブ海の奴隷たちの行動と呼応するのが、イギリス本国の女性たちであった。一八二四年に発表された『即刻、漸次的な廃止ではなく』という小冊子で、著者エリザベス・ヘイリックは西インド産砂糖の不買を呼びかけ、奴隷に対して行われる鞭打ち刑などを告発しながら、政府の緩慢な政策とカリブ海の英領植民地の奴隷制に強い批判の言葉を投げつける。奴隷労働力による生産物の市場がなくならない限り、奴隷制はなくならないのだと訴え、西インド産ではなく、奴隷労働力によらない東インド産の砂糖を消費することによって、イギリスの空気を一度、浄化する必要があると畳みかける。彼女は、翌年には「黒人奴隷の救済のための西ブロンウィック女性協会」を他の有志と立ち上げる。彼女だけが特別だったのではない。この頃、いくつもの女性を主体とする廃止運動団体が設立されている。一八二五年から三三年までのあいだに誕生した女性の廃止協会の数は七三にのぼる。彼女たちは自らの生活世界から奴隷制を想起し、その即時廃止を訴える。こうした活動は、ときに男性によって嘲笑の対象にされたり、眉をひそめられたりもしたが、徐々に英議会は無視できなくなっていった。ある男性運動家は女性運動家のひとりに宛てた書簡のなかで、女性たちの活動を「反奴隷という建造物全体のセメントとなっている」[7]と称賛している。事実、一八三三年の即時廃止を求める請願では、全体の約三割に達する四〇万筆の署名を女性たちが集めた。

彼女たちが先導する砂糖ボイコット運動などによって、奴隷廃止運動は家庭にも入り込んでいく。他方で、宗教を母体とした廃止運動団体も結成されていった。このように運動の担い手が多様化する現象を説明しようとする際に、想像力とのかかわりで注目すべきはクリストファ・ブラウンの論じる道徳資本である。彼は奴隷廃止運動が大衆化した要因を次のように説明する。すなわち、この運動が道徳的正当性と結びつけられるようになると、運動への参加は周囲からの称賛の対象となり、それは自らの道徳の高さの証明につながっていく。これがなぜ重要かといえば、それを証明することで自らの他の政治的活動にも善性が認められ、その実現に有利になると考えられたからである。ある政治的意見をもつ人びとの運動への参加は、遅れを取るまいと、意見が対立する人びとの参加も促した。このように、社会変革を目指す人びとが道徳をあたかも資本のように捉え、奴隷廃止運動がその提供源となったことで、多様な立場の人びとを巻き込む一大運動になっていったというのが彼の主張である。

ブラウン自身の考察は対象を奴隷交易廃止へ至る過程に絞っているが、奴隷制廃止に運動の局面が移って以降を考える際にも、この切り口は有効だろう。事実、一八〇七年以降、廃止運動の牽引者は一層多様化している。多様な立場の人びとがそれぞれの立場から、自らの抱える問題を携えながら、奴隷制廃止の声をあげていったのである。そこでは自らの問題と奴隷制の問題とを重ね合わせる想像力、そしてそれを高次に高めるための情報、さらにはその主張が共有されうると想起する想像力とそれを支える情報が必要だったのは、いうまでもない。廃止運動は人びとのあいだに深く、広く根を下ろしていく。

廃止の補償——イギリスにおける奴隷制廃止(8)

一八三〇年代に入ると、こうした状況を目の当たりにした反奴隷制協会は漸次的な廃止から即時廃止へと舵を切り出す。この時期、即時廃止論にさらなる追い風が吹いていた。一八三二年の選挙制度改正はより広い層を有権者にし、即時廃止に賛同する多くの候補者が当選していたし、一八三一年にジャマイカ島で発生した「バプティスト戦争」とも「クリスマス反乱」とも呼ばれる大規模な奴隷反乱は本国でも注目を集めていた。一八三三年の春に行われた請願運動は一三〇万筆を集めるに至る。もはや、議会も政府も即時廃止を基調にした奴隷制廃止を真剣に考えなくてはならなくなっていた。

そこで浮上してきた問題がプランターの被る損失である。プランターたちにとって、奴隷解放とはそのまま自らの財産の喪失を意味した。また、奴隷廃止は彼らだけに留まらず、直接的、間接的に彼らと利害を共有する人びとにとっての問題でもあった。一八三三年の春から夏にかけて、三か月超、法案に関する議論が続けられた。これは、英議会史上、もっとも長い会期のひとつとして知られる。その結果成立した奴隷制廃止法（3&4 Will. c. 73）では、すべての奴隷が等しく自由を得るが、解放後の一定期間、徒弟制に従事すること、そして、総額二〇〇〇万ポンドの所有者への補償が本国政府の財源からなされることが決定された。この額は当時の政府の年間平均収入の約四割にも達する。

長く続く痛み(9)

当時の二〇〇〇万ポンドを現在の貨幣価格に直せば、一六〇から一七〇億ポンド（約二兆二六二〇億円）に相当する。これを受け取った奴隷所有者たちとは、いったい誰だったのだろう。この疑問を考えることは、なぜ奴隷制廃止に関する一八三三年の会期が英議会史上最長だったのかを理解することにも直結する。その手がかりは、イギリス奴隷所有遺産プロジェクトの成果にある。ユニヴァーシティ・カレッジ・ロンドンを拠点に二〇〇九年から一二年にかけて行われたこのプロジェクトは、英領植民地における奴隷制廃止時の奴隷所有の実態を解明し、プランテーション所有の変遷なども明らかにするデータベースを公開している。奴隷制廃止に伴う所有者への補償の業務を担うため一八三三年に組織された奴隷補償委員会の記録などを駆使し、個人レヴェルで誰がそれを申請し、誰がいくら受け取ったのかに関する情報も含んでいる。このプロジェクトを率いたニック・ドレイパーによれば、補償金の約半分はイギリス国内に流れた。良く知られているように、英植民地の多くのプランテーションはそこに実際に居住していない、いわゆる不在地主によって所有されていた。しかし、話は単純ではない。というのも、プランテーションの所有はきわめて複雑なのである。プランテーションが相続された場合、相続人は一人とは限らない。また、抵当に入れられている場合も少なくない。加えて、あるプランテーションが誰かの所有にあっても、何らかの経緯で別の誰かがその収益の一部を毎年、金利として受け取っている場合もあるし、さらにはその金利受領の権利が抵当に入っている場合すら存在する。また、本来的に補償がプランテーションではなく、所有する奴隷の喪失に伴うものであったことを忘れてはならない。もっとも、プランテーションの所有権に奴隷の所有権が付帯する場合が多かったが、他方で奴隷についてのみ所有権をもつ者もおり、その場合、ひとりの奴隷について補償を請求する事例も見られた。このように複雑で錯綜した奴隷所有の実態を背景に、委員会には四万六〇〇〇超の請求が届けられ、約四万件の請求に対して補償金が認められた。請求のほとんどは商人や弁護士であったが、貴族や英国教会関係者も含まれている。請求者はイギリスの社会的、経済的に影響力をもつ集団のなかの五から一〇パーセントを占める。これが多いか少ないか、見解は分かれるだろう。いずれにせよ、そのなかには国会議員も含まれていた。西インド派が大きく勢力を縮小した一八三二年の選挙における当選議員のなかで、本人、ないしは肉親が奴隷補償委員会の記録に登場する議員は五〇名を数える。西インド派は一九名が当選したにすぎない。つまり、西インド派議員だけが奴隷制によって利益を得ていたのでは決してなく、奴隷制廃止に賛成する議員のなかにも奴隷所有が広がっていたのである。彼らは賛成にあたって見返りが必要だったのはいうまでもない。奴隷制から得られる利益の錯綜した関係性こそが、一八三三年の会期を大いに長引かせていたのである。

このように、奴隷廃止に伴う補償金は、社会的、経済的に最上位にいるごく一部の人びとの懐に収まっていく。忘れてはならないのが、本国政府の財源ということは、実質的にそれが人びとから徴収される税金からまかなわれた事実である。これに加えて、イギリス政府は一八一〇年代初頭から毎年、奴隷交易廃止のための予算を組むようになっていた。この目的に要する軍備や外交に関する費目の割合は、予算規模では平均すれば全体の〇・〇五パーセントを占める程度だとされているが、年によっては一パーセントを超える場合もあった。また、王立海軍の動員規模も侮れない。多い年では総兵力の一三パーセント近くをアフリカ大陸西岸沖での奴隷交易監視活動にに投入し、一八一一年から七〇年までのあいだ、王立海軍西アフリカ艦隊だけで五〇〇〇人前後の将官と隊員を失っている。

イギリス本国の社会全般に与える影響についても、まさに奴隷交易が最盛期を迎え、奴隷労働力に依存したプランテーション経済も史上かつてない規模に発達してきていた同時代状況を踏まえれば、無視できない。奴隷交易を非合法化したことによって、そこから得られる関税収入はなくなり、奴隷制の廃止は英領植民地の農作物の国際的競争力を低下させた。アダム・スミスのいう通りにはならなかったのである。それらを総合的に勘案したＥ・フィリップ・レヴィーンは、監視活動によるイギリス帝国の経済的損失が約三三三〇万ポンドに達する一方、経済的利益は約五一〇万ポンドにしかすぎないと推計している。また、チャイム・カウフマンとロバート・ペイプの類似の試算によれば、奴隷交易廃止に伴ってイギリス本国に生じたコストを総合すると、一八〇八年から六八年まで、年平均で国民所得一・八パーセント相当に達した。これを現代の日本に当てはめれば、内閣府の発表する国民経済計算では、二〇一八年度の国民所得が約四〇四兆二六二二億円、その一・八パーセントは約七兆二七六七億円に相当する。この規模のコストが継続的にかかっていたとすれば、それは驚愕に値しまいか。ここまでの「痛み」を約半世紀に亘って耐えながら、他国の奴隷交易に干渉し続けたのはいったいなぜなのだろうか。アフリカ黒人や奴隷に対する現実感を伴った想像力や奴隷廃止を叫ぶことで得られる道徳資本といった、ここまでに述べてきた諸事情を並べてもまだ説明が足りないように思える。

敗北を抱きしめて(10)

そこで耳を傾けたいのがリンダ・コリーの説である。イギリスにおける奴隷廃止について、米独立戦争の敗北がもたらした影響を彼女は重要視する。神の摂理を強く信じていたイギリス人は、この敗北を神からの懲罰だと受け止めた。つまり、自分たちは腐敗し、仲間のプロテスタントと戦ってしまったがために、それまでプロテスタントの国ぐにの指導的立場ゆえに受けていた神の恩寵に浴することができず、戦争には敗れ、広大な植民地も手放す結果になってしまった、このように考えたのだとコリーは論じる。したがって、再び神の恩寵を受けるに値する存在となるためには、自らを律する必要が出てくる。それゆえに社会改善が人びとの関心事となっていくのである。奴隷廃止も、議会改革や宗教上の寛容、あるいは監獄や精神病院の改革といったこの時期に展開した一連の改革運動の一環であった。

しかし、奴隷廃止運動は他の改革運動と一線を画していたと彼女の議論は続く。つまり、合衆国は宗主国であったイギリスの圧政からの自由を独立によって獲得したと主張する。この文脈では、イギリスこそが合衆国の自由を抑圧していた。では、独立を果たした合衆国こそが「自由」の実現された場所なのだろうか。答えは否である。合衆国は奴隷労働力を用い続けているではないか。そこで登場するのが奴隷廃止運動である。これをイギリスが先導することで、奴隷から自由を奪い、彼らを酷使することで富を築き出す合衆国よりもより優れた「自由の国」として自らを対置することができるのである。こうした観念がこの時期に醸成される「イギリス人」という国民意識の一翼を担っていったと、コリーは論じる。井野瀬久美惠やシュリヴィドゥヤ・スワミナサンの議論もこれとほぼ軌を一にする。

これに関連して興味深いのは、一八三〇年代以降に復活する英米の民間レヴェルでの連帯である。そこでは、アメリカの反奴隷団体の資金の足しになるようにとイギリスの女性運動家たちは手芸品を送り[11]、また、一八四五年から翌年に渡英したフレデリック・ダグラスに対して、運動家たちは募金で彼の自由身分を買い取り、そのうえ、彼の反奴隷制言論発信の場となる新聞社設立の資金をもたらした。また、一八五三年に訪英した『アンクル・トムの小屋』の著者ハリエット・ストウのための募金活動も大々的に行われた。こうした運動に子供たちも動員される。たとえば、一八三八年に徒弟制の完了に伴ってバーミンガムで開かれた祝賀集会では、市庁舎前の広場で賛美歌を歌うために三〇〇〇名の子供が動員された。このように、イギリスにおける奴隷廃止は、この頃に形成されはじめていた国民意識の醸成と不可分の関係にあり、北米植民地喪失を受けた道徳観の再構築とも深く結ばれていた。これによって、奴隷廃止はイギリス社会においてその正当性を確立するのである。

ただし、その作業が結実するためには、国の内側だけで運動を完結させてはならない。合衆国まで拡大してもまだ足りない。その外側の世界においてもその正しい行いが実践されなくてはならなかった。一八三九年には、イギリスの奴隷廃止運動家たちは、その活動を世界展開させる目的のもと、

図 15　第一回世界反奴隷制代表者会議で演説をするクラークソン

「イギリスと外国の反奴隷制協会」を結成する。翌年六月にロンドンで開催された世界反奴隷制代表者会議には、イギリスの中心的な奴隷廃止運動家が本国各地のみならず、イギリスの植民地からも駆けつけ、合衆国からの五三名の参加者を筆頭に、フランス、スペイン、スイス、ハイチからも参加者が集った。こうした約五〇〇〇名の聴衆の前で開会宣言を行ったのは、老雄トマス・クラークソンだった（図15）。

文明化のために奴隷廃止をする(12)

こうした動向は、奴隷制廃止に運動の焦点が移る以前より生じていた。前章で扱ったトマス・ウォーカーなどによる新聞広告で「国家」や「国民」という言葉が目立ったのは偶然ではない。また、一七九〇年代に停滞を見せた交易廃止協会の活動が一九世紀に入って息を吹き返したとき、そこに帝国主義的な色彩が加わってもいた。このとき新たに加わったメンバーは、植民地で行政官などとして活動してきており、奴隷廃止をキリスト教振興と植民地支配に結び付けて考えることのできる人びとであった。

イギリスにおける奴隷廃止運動の変質をたどっていけば、「文明化」の問題に行き着く。この問題こそが、英仏の奴隷廃止、そして、その後に続く様々な国での奴隷廃止をつなげる鍵となる。「文明化」という言葉はこのあとの本書でキーワードとなり、様々な現れ方をする。ここでは英仏の事例を通してこの「文明化」の問題を考察したい。

ラテン語の市民（civis）や都市（civitas）に由来する一五六八年初出の「文明化する（civiliser）」というフランス語の動詞は、古代ギリシアの都市国家やローマ帝国の世界観を受け継ぐ言葉であった。野蛮な地域に文明をもたらすという思考のもと、キリスト教の伝播を指していたこの言葉は奴隷制の正当化にも用いられてきた。しかし、啓蒙主義の時代、「文明＝進歩」の概念のもとで、絶対主義体制からの解放のイデオロギーを含意していく。植民地主義の時代になると、以下のように、「文明」の名のもとでの「他者の解放」が想起されながら、植民地主義のイデオロギーへと転化していく。

その重要な契機は一八三〇年にはじまるアルジェリア侵攻にあったと、平野千果子は論じる。アルジェリア侵攻は、マグリブのアラブ人をトルコ人の軛から解放するという主張を生み出し、また、当時、地中海で頻発した海賊活動に伴う白人の奴隷化からの解放という大義も侵攻の正当性を増幅させた。すなわち、これらの「解放」、つまり「文明化」を促進するという善行のもとに、アルジェリア侵攻は正当化されるのである。この文脈で「文明化の使命」という表現が広く用いられもした。事実、この時期に盛り上がりを見せつつあったフランス本国の奴隷廃止論の賛同者たちの多くが、アルジェリア侵攻を支持していた。彼らの支持は侵攻に留まらず、支配へと連続していく。ロマン派詩人として知られ、政治家としても活躍したアルフォンス・ドゥ・ラマルティヌは奴隷廃止論者でもあったが、彼は征服したアルジェリアで奴隷制を廃止し、つまり「文明化」させてフランスが範を示すことで、地中海はフランスの湖になり、「文明化と人間の進歩」という崇高な目的に近づけるのだと考えた。このように、「文明化」と「奴隷廃止」、そして「植民地化」が一本の糸で結ばれていく。ただし、そこには明らかな弱点もあった。アルジェリア侵攻の時点では、ナポレオン体制下で復活した奴隷制が帝国内に残存していたのである。これについては、一八四八年、七月王政下でフランスにとって二度目の奴隷廃止が実現する。これで「文明化」・「奴隷廃止」・「植民地化」を結ぶ糸はより強く撚られるようになった。

これに類似した「文明化」・「奴隷廃止」・「植民地化」の関係は、英シエラレオネ植民地の建設に関連しても見出すことができる。一七七一年からシエラレオネ周辺での博物学調査に従事していたヘンリー・スミースマンによって提案された、イギリス政府の監督下でシエラレオネを黒人や有色人種の自由労働者のための定住地にする計画は、交易廃止協会のメンバー、さらには彼らの多くを含むクラパム派に好意的に受け止められた。また、北米植民地を失った企業家や政治家たちのなかからは、その埋め合わせの可能性をアフリカ大陸での植民地開発に見出そうとする動きが一七八〇年代を通して顕著になっていた。クラークソンやシャープ、ウィルバーフォースらは一七九一年にシエラレオネ会社を設立し、定住をより潤滑に進める支援を試みる。クラークソンに至っては、この会社の設立が「奴隷交易の廃止、アフリカの文明化、そしてそこへのゴスペルの導入」を促進するものとして期待を表明していた(13)。実は、この会社は当初、定住者支援を前面に打ち出して議会に提案されたが、却下され、商業的な側面に力点を置いて再提出することでその設立が認められるという経緯をたどった。

こうした経緯から、その取締役会が一七九五年に株主総会へ提出した報告書に付けられた要旨文の末尾には、次の文章を見ることができる。

取締役たちは大英帝国の名誉において、そして人類愛において、そしてまたシエラレオネ会社の利益において、次のことを報告書で繰り返すのを押し留めることができない。すなわち、奴隷の交易が終焉を迎える時代はまさに近づきつつあるのである。また、正当な商業の前進を直視するに、アフリカでもっとも好条件の場所にすでに形成された拠点の維持が、文明の自然な発達を補助しながら、今後、シエラレオネ会社の株主たちにとってばかりでなく、国家政策に関しても同様に実を結ぶだろうことに、彼ら（取締役たち）は満足を示すのである。(14)

一九世紀に入り、英王立海軍がアフリカ大陸西岸沖で奴隷交易監視活動をするようになると、それと同時並行で、沿岸部の首長たちとのあいだで奴隷交易鎮圧を名目に彼らの領地内での活動を認めさせる条約が次々と締結されていく。このように、奴隷廃止は文明化を媒介にして植民地主義とにわかに接近していく。留意したいのは、ここでの植民地化の主たる対象が、長らく奴隷を新大陸の植民地に供出してきたアフリカ大陸であったことである。

2　インド洋西海域

世界商品生産欲求とアフリカ大陸東部の人口動態(15)

大西洋規模で見れば、奴隷交易の一九世紀における拡大は、それまで奴隷需要がそれほど旺盛ではなかった地域に急激な奴隷需要が生まれたことを大きな要因とする。ハイチ革命の混乱でサン・ドマングから資本や技術が流出して行った先のキューバ島、そして、後述する一八世紀末以降、コットン・ブームに沸く合衆国の深南部はその最たる事例である。それらで生産される砂糖や綿花はいずれも世界商品であり、それらの生産欲求こそが急激な奴隷需要増加の原動力であった。近代世界システムの経済的な拡張に深くかかわる奴隷需要の急増とそれに関連する一連の現象は、いわゆる「長い一九世紀」論にも連関し、二〇世紀後半から少しずつ議論されるようになっていき、この時期の奴隷交易や奴隷制の展開を指す「二次奴隷制」という呼称も定着しつつある。近年では、議論はより精緻化され、経済的な側面ばかりでなく、廃止を含めた政治的な動向も踏まえつつ、また労働管理の問題など、社会史的な側面も取り入れながら、議論が展開している。

二次奴隷制の議論の最前線は現状では大西洋に留まっているように見えるが、世界商品の生産欲求に伴う奴隷需要の増加現象自体はそこに限定されない。ザンジバル島のクローヴやモーリシャス島の砂糖など、インド洋西海域の事例はその好例である。世界商品の生産欲求の高まりと奴隷需要増加の並行現象は、もはや地球規模の現象となりつつあった。

また、時を同じくして、インド洋西海域から大西洋に向けた奴隷交易も活発になる。当時、供給源として重要だったポルトガルのアフリカ植民地についていえば、それまで、大西洋向けの奴隷はポルトガル王室の公認のもと、ルアンダなどアンゴラ植民地の港から運び出されていたが、一八世紀の最末期以降、王室はモザンビーク植民地からブラジルへ向けた奴隷輸出も認めるようになる。その背景としては、ブラジル植民地における奴隷需要の高まりに加えて、英王立海軍による監視活動も考慮するべきである。大西洋奴隷交易はリスクの高いビジネスになっていった。最新の研究によれば、英海軍は一八〇〇年から六七年までのあいだ、大西洋を横切ろうとした奴隷船から一八万六三九三人の奴隷を救出している。他国による救出を併せれば、総計は二〇万五〇〇〇人強となる。その結果、大西洋航路のリスクが交易者に認識されていき、彼らはより安全な供給地としてアフリカ大陸東部沿岸に注目するようになった。監視活動はアフリカ大陸西岸沖に注力するあまり、喜望峰を回ってくるルートには無防備だったのである。その結果、モザンビークは一九世紀のアフリカ大陸のなかで、新大陸への輸出奴隷数において第三位の地位を占めるに至る。

奴隷交易の活性化は、アフリカ大陸東部の人口動態にどのような影響を及ぼしたのだろうか。一八〇四年の観察によれば、モザンビーク植民地の核であるモザンビーク島では、沿岸部により近い所に住むマクアと呼ばれる人びとよりも、沿岸部から一〇〇〇キロメートルも離れた地域に住まうヤオの人びとのほうがより多く見出せた。これは、いわゆる奴隷狩りによって沿岸部後背地の人口が希薄になったことで、供給地がより内陸に転移していく現象と、一八世紀最末期から一八三〇年代にかけてのアフリカ大陸東南部における干ばつや、ムファカネと呼ばれるズールー王国の遠征活動、それに伴う戦乱とによって、奴隷として売買可能な人びとが量産される現象がかけ合わさった結果として理解すべきだろう。

モザンビーク島に加えて、新たな奴隷の集積港として一八世紀後半から頭角を現すのが、現在のモザンビークとタンザニアの国境近くにあるキルワである。かつてイブン・バットゥータも訪れるなど栄華を極めたこの地域は、奴隷交易によって息を吹き返す。主としてここを開拓したのはフランス商人だった。キルワへと運ばれる奴隷の多くはニヤサ湖近辺から連れてこられたと考えられる。アフリカ大陸東部の歴史のなかでは珍しく大規模な王国であったモノモタパ王国の瓦解に伴って多くの集団がこの湖周辺に移住してきたことで、一八世紀以降、この一帯は人口の稠密な地域になっていった。湖の西南岸では一九世紀の段階ですら家畜に眠り病を媒介するツェツェバエの脅威から逃れることができたのも移住者をひきつける要因になった。

プランテーションへと運ばれる奴隷は農業に用いられるのであるから、狩猟採集民や牧畜民は奴隷として好まれず、ニヤサ湖近辺に多くいるような農耕民が好まれた。これには、一八六〇年のザンジバル島の英領事の報告中に、「マーサイやガッラ（オロモ）やソマリは好戦的で、獰猛すぎるので奴隷の対象にされない[16]」という記述があるように、狩猟採取民や牧畜民が敬遠される別の事情もあった。新たな奴隷供給地はいずれも農耕民を多く擁する地域であった。集団間で争いが起きれば、その際に捕えられた捕虜が沿岸部に運ばれていった。

南部交易[17]

大西洋だけではなく、インド洋西海域の内部でも奴隷需要が大きく増加していた。この海域の奴隷交易は、南北に分けて説明されることが多い。南部交易とは、マダガスカル島やマスカレーニュ諸島、モザンビークを中心とする交易であり、大西洋への奴隷供給はこの交易の派生と考えてよい。南部交易の起源は明らかではないが、やはり、一八世紀後半から一九世紀前半にピークを迎えた。特にマダガスカル島では、中央高地のアンタナナリヴ周辺に版図を有していたイメリナ王国が全島の統一を図り出すのが一七八〇年代末であり、一八二〇年代末にはそれがほぼ完了する。この征服戦争のなかで生み出された捕虜は奴隷として、とりわけマスカレーニュ諸島へ売られていった。

マスカレーニュ諸島に人類の足跡が確実に刻まれたのは、諸東インド会社の時代以後のことである。インド行き航路における寄港地として重要な役割を担ってはいたものの、諸島の開発はなかなか進まず、当初、モーリシャス島を確保していたオランダ東インド会社は開発を頓挫し、この島から引き揚げてしまう。その横のレユニオン島（当時の呼称では、ブルボン島）を領有していたフランス東インド会社は一七一五年にモーリシャス島についても領有を宣言し、これをフランス島と改名した。ただし、フランス東インド会社はそれからほどなく破産の憂き目にあい、会社は解散し、その領地はブルボン朝に引き継がれる。皮肉にも、ここから少しずつ開発は軌道に乗り出していく。開発のための労働力は南部交易でかき集められた奴隷であった。やはりここでも、ハイチ革命によるサン・ドマングの製糖業壊滅を受け、一八世紀最末期から奴隷需要が加速する。

ナポレオン戦争が勃発し、その戦線が拡大すると、戦火はマスカレーニュ諸島にも及び、イギリス軍がモーリシャス島とレユニオン島を占領する。一八一四年のパリ条約を経て、前者をイギリスがそのまま統治することとなり、後者はフランスに返還された。火山がそのまま島になったかのようなレユニオン島と平野の拡がるモーリシャス島とを較べれば、どちらが可耕地を多く有するかは一目瞭然である。イギリス支配が確定したことで、モーリシャス島は砂糖生産地としての道をたどることになる。実は仏領時代のモーリシャス島は自由貿易港として開かれており、この時期のサトウキビ栽培は世界商品の生産を目指すというよりも、寄港者に提供するためのアラク酒（現在でいうラム酒）の生産により重きをおいていた。当初、それはとてもそのままで飲めるものではなく、香辛料やドライフルーツを漬けて、味をつけたうえで消費されていたとされる。現在でも、そのような飲み方はこの島やその近辺で広く見られ、アランジェと呼ばれている。いずれにしても、英領になることで、この島にも航海法が適用される。イギリス船以外の来港を制限する航海法によって、モーリシャス島はそれまでのような自由貿易港としての繁栄を享受することができなくなった。自由貿易にこの島の経済的安定を賭けていたモーリシャス総督ロバート・ファーカーはその再開のために本国に戻って根回しをし、再開を手土産に一八二〇年に島に戻るが、ときすでに遅し、交易は往時の活気を取り戻せなかった。ただし、同時に彼は英領になって以降、この島の砂糖生産高が一〇倍超に激増している事実に気付く。砂糖の増産は新規奴隷の流入に支えられていた。英領になったことで奴隷交易廃止法が適用されるはずだが、総督は島の発展のためにそれを無視する。その後、一八二五年にはこの島の砂糖の英本国への輸入関税が西インド諸島産砂糖と同率になった。島は農業生産地へと大きく舵を切っていく。

北部交易(18)

北部交易はその歴史を紀元前にさかのぼることができる。この交易では、歴史上、アフリカ大陸だけが奴隷の供給地ではなく、東ヨーロッパや中央アジア、インド亜大陸など、様々な地域が奴隷を供給し、同時に受容してもいた。ただし、一九世紀には売買される奴隷の大多数がアフリカ大陸東部の出身者に偏っていく。その背景としては、ジョージア（グルジア）などを重要な奴隷供給源としてきたガージャール朝領内を例にとれば、一八二八年にロマノフ朝とのあいだで結ばれたトルコマンチャーイ条約によって、東欧出身奴隷の獲得ができなくなってしまったことが挙げられる。これにより、王朝の領内では、海路を通じて獲得可能なアフリカ大陸出身奴隷への依存が高まった。また、聖地メッカは奴隷売買でもその重要性を保持してきた。エチオピアやアフリカの角地域といった北部交易における奴隷の重要な供給地からほど近いメッカでは、少なからぬ巡礼者たちが巡礼土産として奴隷を求めていた。メッカを起点とする奴隷交易の重要性は、一九世紀を通して巡礼者数が増加している事実も併せて受け止めるべきだろう。

北部交易で取引されるアフリカ黒人は、「ハブシー」と「シッディー」とに大別される。前者はアラビア語などでエチオピア一帯を指し示す「ハバシュ」の出身者という意味で、アフリカの角地域も含まれる。他方、後者はアフリカ大陸東部のバントゥー系の人びとを指す。市場では双方に顕著な価格差があり、通常は性別や年齢など同条件ならば、前者により高値がつけられ、より高い地位が与えられる場合が多かった。いずれの場合も、肉体労働ではなく、主人やその家族の世話をする家内奴隷として用いられるのが一般的であり、言語や慣習を体得しやすい子供が大人よりも好まれた(19)。

アフリカ大陸からそれ以外へと向けられる北部交易の規模に関する現代の研究者の推計は同時代の欧語記録に挙げられている数からすれば、かなり控え目である。一八世紀後半から一九世紀前半にかけての最盛期でも、年間約六〇〇〇人から一万人程度だったと考えられている。また、南北アメリカ大陸やカリブ海域とは異なる奴隷の用途に鑑みれば、一八世紀後半以前のある時期に需要が著しく増減したのは想定しにくい。ただし、交易量に関する議論は、信頼できる同時代記録を欠いているため、あくまでも推測の域を出ない。

図16　ザンジバル島のクローヴ

注）20世紀前半の英植民地官僚によれば，クローヴ樹100本あたり10人の労働力を要する．

また、こうした推計には通常、アフリカ大陸内部での、また大陸から近隣島嶼への移送が含まれていない。そこで注意を喚起したいのが、一八二〇年代ごろから本格化するザンジバル島でのクローヴ（丁字、図16）栽培である。島の中部から北部にかけて適した土壌があったことから栽培は成功する。その後、一八三〇年代から六〇年代にかけてクローヴ生産が激増する「クローヴ熱狂」がこの島に渦巻く。これに伴って奴隷需要も増加するが、従来、奴隷の供給地であった大陸部の沿岸からその近隣後背地では、すでに人口減少が深刻になっていた。それでも奴隷人口が増えていったのは、島内での自発的増加よりも、奴隷供給地がより内陸に拡大していったことの影響が大きい。一九世紀半ばでは、おおよそ一万人前後がこの島での労働のために毎年運ばれてきたとされる。その結果、一八六〇年の段階で、この島の奴隷人口には少なくとも八四の民族集団を見出すことができた。

クローヴ熱狂からしばらく経つと、今度はオマーンを中心としたアラビア半島のペルシア湾側でナツメヤシの生産が激増する。ナツメヤシは歴史的にこの地域の人びとの常食であり、インド洋各地に輸出もされてきた。加えて、一八五〇年代頃から、北米がペルシア湾産ナツメヤシの新たな一大消費地になる。農業用水が確保しにくいペルシア湾岸では、用水路の整備や虫害対策に労働力が恒常的に必要とされ、奴隷需要が高まった。また、ナツメヤシから少し遅れて、北米と北西ヨーロッパを中心に真珠の需要が拡大する。天然真珠の代表的な産地として広く知られていたペルシア湾はここでもその恩恵にあずかった。そして、やはり真珠を採集していたのも主として奴隷たちであった。

このように、北部交易圏では、旧来型の奴隷需要が巡礼者の増加などによって高まる一方、世界経済との接続によって新たな奴隷需要も拡大していった。しかし、世界商品の行方は必ずしも順調ではなかった。たとえば、クローヴは一八五〇年代以降、生産過剰で値崩れをたびたび起こすし、カリフォルニアでナツメヤシ栽培が成功すると、ペルシア湾産は輸出量を激減させていく。もちろん、こうした事実は後世に生きる私たちだからこそ知っているのであり、その時々を生きる人びとが知る由はない。奴隷所有者たちは獲得した富の再生産を夢想し、農地や船、労働用奴隷の購入に投資をし、同時に、自らの成功を誇示するためにも富を費やした。どちらの場合も、奴隷は有効なアイテムだった。クローヴ熱狂に沸くザンジバル島では人びとは享楽的になり、大盤振る舞いをし、そして、新規に購入された女性奴隷と所有者男性との混血も進み、「ある人物の富と尊敬は、その人物が口にする自らの所有するアフリカ人奴隷の数で常に推し量られ」るようになった[20]。奴隷が奴隷を所有するのもありふれた日常だった。その頃に撮影された銀板写真のなかには、現地のスワヒリ語でスーリアと呼ばれるいわゆる妾奴隷が、所有者の寵愛と財力を体現するかのようにきらびやかな装飾品をまとっている姿を見つけ出すこともできる（図17）。

図 17　ザンジバル島のスーリア

注）1840年代の仏海軍の商業調査に際して撮影された．銀板写真を基に描かれたリトグラフ．

図18　インド・グジャラート州北西部のカッチ藩王国の王のパレードに見える奴隷兵士

3　想像と現実との距離

温和な奴隷制(21)

インド洋西海域の諸社会では、奴隷は単純労働力であるばかりでなく、所有者の富や権力、地位を体現するいわば威信財としても用いられた。たとえば、為政者のパレードに屈強な奴隷が隊列を組むのは珍しいことではなかったし（図18）、ハレムも各地に存在した。ひとりの奴隷が双方の役割を兼ねる場合もある。威信財としての奴隷利用はこの海域に限られたことではない。たとえば、イギリスの富裕層のあいだでは一六世紀末に差しかかる頃には、召使いのなかに黒人がいるのが一種の流行となっていた。また、一八世紀後半のパリの生活誌として評価の高い『タブロ・ドゥ・パリ』収録の一七八三年に書かれた記事には、この頃、サルや小鳥、犬や猫といった歴代の流行愛玩動物に替わって、黒人の子供を女性たちが愛でるようになったと記されている。ただし、奴隷は欧米の社会全体を見渡せば必ずしもありふれた存在ではなかった。一九世紀のこの海域で活動する欧米出身者のほとんどは、出身社会でアフリカ黒人に接したことはあっても、奴隷に接した経験の乏しい者たちであった。したがって、彼らの奴隷像構築に奴隷廃止運動家たちが与えた影響を過小評価することはできない。奴隷とは酷使に耐え、それゆえに、自分たちが助け、向上させてあげるべき存在であった。

しかし、インド洋西海域で目の当たりにする実際の奴隷は、そうした彼らの先入観のなかの奴隷とは大きく異なっていた。一九世紀初頭にイギリスからマスカトを訪れたジョン・ジョンソンはそこで見聞したイスラーム教徒の家庭内における奴隷の存在が、財産を分与されるなど、養子のようであると述べ、彼らはポルトガル人やオランダ人の家庭（ここでは植民地を念頭にしていると考えられる）で奴隷が殴られたり、侮辱されたりするのと大きく異なっていると続ける(22)。また、オスマン朝領内を旅した合衆国出身の旅行者は次のように述べる。

> 思うに、トルコの奴隷制はアメリカではきちんと理解されていない。（中略）どんなに譲ったところで奴隷制が十分な悪であることは確かである。しかし、トルコ人が所有する奴隷はプランターの所有する奴隷とは、まったくもって同じではない。ここでは、購入された人間は所有者の養子や養女になるということなのである(23)。

もちろん、こうした記事だけでインド洋西海域の諸社会における奴隷制の実態を総体として理解すべきではない。なぜならば、旅行者の体験は各地の奴隷制のある一側面に瞬間的に触れたにすぎないからである。むしろ、ここで興味深いのは、歯切れの悪い観察そのものである。果たして観察対象は奴隷なのか、奴隷ではないのか。彼ら欧米の旅行者に見られるこの混乱はどのように理解したらよいのだろうか。とはいえ、こうした旅行者たちは旅するなかで、インド洋西海域の諸社会に自分たちが想起するような奴隷が存在することを確証する場面にもしばしば出くわす。ザンジバル島を訪れる旅行者がその訪問記に必ず記すのが、奴隷市場の光景である。たとえば、「恥ずべき光景を数度、個人的に観察した」デイヴィッド・リヴィングストンは、購入者たちが「毎日、自分たちの積み荷となる奴隷の歯や四股、歩きぶりをイングランドで馬商人たちがやるように開けっ広げに吟味している」と一八六六年のある書簡に記している[24]。こうした目撃は、彼らの出身社会のなかで当時、浸透していった文明化の論理に潜んでいる未開と文明との二項対立的な世界観、さらにはエドワード・サイードの論じるオリエンタリズム的感覚、すなわち、文明の程度の低いこうした社会にはやはり哀れな奴隷がいるのは当然であるという理解や感覚と調和していく。しかし、旅を続けていくと、奴隷に出会うのは奴隷市場だけではない。奴隷は社会のあちらこちらにいるのである。購入後の奴隷の扱いを見るにつけ、一度は合致したはずの想定上の奴隷制と目前のそれとが乖離していく。自由身分の者よりも良い衣服を身に纏い、食うに困らない奴隷は――とりわけ、欧米人旅行者が出会うような現地の富裕層の家庭のなかには――たくさんいたのである。また、特に旅行者の場合、町中を見聞することはあっても、プランテーションを訪れることはきわめてまれだった。インド洋西海域に足を踏み入れた欧米の人びと――旅行者に限らず、これから述べるような英王立海軍に属する人びとも含めて――は、自らの思い描く奴隷や奴隷制の存在をある場面で確認し、別の場面でそれが裏切られる経験をしていく。

誰が誰に「悪魔を突きつけ」たのか[25]？

イギリスは大西洋でそうだったように、インド洋西海域でも奴隷制ではなく、奴隷交易に廃止の矛先をまず向けた。その背景としては、奴隷制への干渉は内政干渉につながり、外交や商業の交渉に悪影響を及ぼしてしまうかもしれないという懸念があった。そこで、ここでもイギリスは奴隷交易廃止へ向けた条約の締結をまず行う。それは一八二〇年のペルシア湾における主要首長間で締結された一般和平協約に奴隷交易の禁止を盛り込んだのを皮切りに、四〇年代末までにおおよその目処が付けられる。ただし、洋上パトロールや奴隷船の拿捕など、活動が実効力をもつのは、大西洋での活動に一段落をつけた王立海軍が本格的に参入するまで待つ必要がある。

王立海軍参入以前、この海域における奴隷交易監視活動の主体は英東インド会社直属のインド海軍であった。しかし、彼らの奴隷船拿捕や奴隷救出の成果はきわめて乏しかった。これに対して、王立海軍はたとえば一八六五年から六九年にかけて、約三〇〇〇名の救出奴隷をアデンに送り届けている。注意しなくてはならないのは、アデンは彼らが救出した奴隷を送り届ける基地のひとつにすぎない点である。そのほかの基地でも、たとえばモーリシャス島には、一八五六年から六九年までのあいだに二三六五名の救出奴隷を上陸させている。資料的な問題から王立海軍が救出した奴隷の総数は明らかではないが、インド海軍の成果と較べれば圧倒的な活躍ぶりであったのは間違いない。

しかし、王立海軍の活動について同時代の人びとの反応を調べていくと、驚くような記述に出会うことがしばしばある。マサチューセッツ州セイラムのピーボディー・アンド・エセックス博物館附属フィリプス図書館には、この地を拠点にインド洋各地で活動した商人たちの書簡が多数集められているが、そのなかの、一八六九年当時、ザンジバル島に滞在していたウェブという商人の書簡には王立海軍の活動に関して次のような言及がある。「沿岸部を交易するダウ船に悪魔を突きつけるかのようである。これがこのまま続けば、交易全体を駄目にしてしまうだろう」[26]。

「悪魔を突きつける」とは何事か。ウェブは続ける。「昨年は七〇隻超が彼らによって破壊されたが、そのうちの多くは疑う余地もなく、乗組員以外には奴隷を載せていない罪なき商船だった」。なぜ王立海軍は「罪なき商船」を破壊したのだろうか。実は、彼らには奴隷船拿捕について高額な報奨金が用意されていた。報奨金制度はインド海軍にもあったが、双方で大きく異なる点がいくつかある。ひとつは報奨金が支払われるまでのプロセスである。両軍ともに、報奨金の支払いには海事裁判所における審査を経る必要があったが、一八五〇年代のインド海軍の場合、インド洋西海域を見渡しても海事裁判所はボンベイにしかなく、審査が長期化する傾向にあり、結審まで二年を要することすらあった。他方、王立海軍の海事裁判所は複数あり、審査はボンベイよりも甘かったとされる。しかも、インド海軍の場合は奴隷を輸送していると思しき船舶まるごと、乗組員も含めてボンベイまで連行する必要があったのに対して、王立海軍では、拿捕した船舶を耐航性に不充分と現場で判断した場合、その場での破壊が許されていた。では、何を根拠に王立海軍は「奴隷船」を認定していたのだろうか。右も左もわからないインド洋での活動に従事する王立海軍の新任艦長には、『奴隷交易の鎮圧のための手引き』がまず手渡された。巻末に大西洋奴隷交易廃止に関する各国との条約を列挙するこの八つ折り本は、明らかに大西洋での利用を念頭に作成されたマニュアルである。それに従えば、船内にあった大きな水桶や大量の食糧は「奴隷船」認定に十分な証拠となった。

実は、インド洋西海域には奴隷輸送を専門にするという意味での「奴隷船」は存在しない。奴隷は他の輸送品と混載されており、奴隷は積み荷の一部でしかなかった。また、海を縦横に自らの意思で往来するのは白人だけに限られないし、船に乗客がいるのも驚くに値しない。数日に亘る航海で乗客が何も飲み食いをしないと想定するほうがどうかしている。さらに、奴隷を積載する船とその他の船を外見から峻別することもできなかった。このことは、奴隷を実際に積んでいる船も、いまは積んでいなくても積んだ経験のある船も、一切積んだことのない船も、どれもが「奴隷船」に認定されうる可能性を導く。

以上を踏まえれば、白人以外の人間ばかりが乗っている船に大きな釜や水桶があるから、それを奴隷船と呼び、さらには、それがために破壊までする監視活動が「悪魔を突きつける」行為として糾弾されても、なるほどと思わずにはいられない。事実、ザンジバル島の海事裁判所を例にとれば、一八六七年から六九年までの七七件の案件のうち、拿捕時に奴隷が船内にひとりもいなかった事例は全体の六割超に達する。そして、それらのほとんどで報奨金が認められていた。これを踏まえたとき、ウェブの「罪なき商船」という言葉に込められた意味も明白になるだろう。王立海軍は自らの経験知におけるインド洋西海域で遭遇する現実を押し込めていくことで、彼らが想定する奴隷交易とインド洋西海域における現実のそれとのずれを飛び越えていったのであり、それは確かに奴隷交易に大きな一撃を加えたが、同時にそれと不可分の他の交易にも大きな打撃を与えていた(27)。

王立海軍の活動に対して非難の声をあげたのは現地の為政者や商人ばかりでなかった。一八六三年にはザンジバルに拠点を置く欧米商社が連名でこうした活動を非難する書簡を在ザンジバル英領事館に送付しているし、奴隷廃止の急先鋒であるはずの宣教師も同様の非難をしている。あたかも報奨金というニンジンをぶら下げられたかのようにした王立海軍が、大西洋における「奴隷船」イメージをインド洋西海域に強引に持ち込むことで、彼らの華々しい成果が成し遂げられていたのである。そこに旅行者の奴隷観察のようなナイーブさはない。そのような状況でこそ、「悪魔」が現れたのである。

（1）Wayne Ackerson, *The African Institution（1807–1827）and the Antislavery Movement in Great Britain*, Lewiston: The Edwin Mellen Press, 2005, pp. 16–17.; Blackburn, *The Overthrow of Colonial Slavery 1776–1848*, pp. 146–149, 157–158, 295–299, Davis, *The Problem of Slavery*, pp. 117, 309–311, 423–427.; Drescher, *Capitalism and Antislavery*, p. 215.; Paula E. Dumas, *Proslavery Britain: Fighting for Slavery in An Era of Abolition*, London: Palgrave MacMillan, 2016, pp. 9–49.; Stephen Farrell, "'Contrary to the Principles of Justice, Humanity and Sound Policy': The Slave Trade, Parliamentary Politics and the Abolition Act, 1807," in Farrell et al.（eds.）, *The British Slave Trade*, pp. 146–148.; Jenna M. Gibbs, *Performing the Temple of Liberty: Slavery, Theater, and Popular Culture in London and Philadelphia, 1760–1850*, Baltimore: The Johns Hopkins U. P., 2014, pp. 74–86.; Jenny S. Martinez, *The Slave Trade and the Origins of International Human Rights Law*, Oxford: Oxford U. P., 2012, p. 22.; Clare Midgley, *Women against Slavery: The British Campaigns, 1780–1870*, London: Routledge, 1992.; Oldfield, *Transatlantic Abolitionism in the Age of Revolution*, pp. 185–198.; Srividhya Swaminathan, *Debating the Slave Trade: Rhetoric of British National Identity, 1759–1815*, London and New York: Routledge, 2009.; David Turley, *The Culture of English Antislavery 1780–1860*, London: Routledge, 1991, pp. 173–174.; リンダ・コリー著、川北稔監訳『イギリス国民の誕生』名古屋大学出版会、二〇〇〇年、三七五頁。

（2）*Acte du congrès de Vienne du 9 Juin 1815, avec ses annexes*, Vienne: L'imprimerie impériale et royale, 1815, p. 302.; Arthur F. Corwin, *Spain and the Abolition of Slavery in Cuba, 1817–1886*, Austin: The University of Texas Press, 1967, pp. 28–32.; Serge Daget, "France, Suppression of the Illegal Trade, and England, 1817–1850," in David Eltis and James Walvin (eds.), *The Abolition of the Atlantic Slave Trade: Origins and Effects in Europe, Africa, and the Americas*, Madison: The University of Wisconsin Press, 1981.; Drescher, *Abolition*, pp. 228–230.; ibid, "Whose Abolition?" pp. 159–160.; Peter Grindal, *Opposing the Slavers: the Royal Navy's Campaign against the Atlantic Slave Trade*, London: I. B. Tauris, 2016, pp. 109, 112–171.; Lewis Hertslet, *A Complete Collection of the Treaties and Conventions at Present Subsisting between Great Britain and Foreign Powers; So far as They Relate to Commerce and Navigation; to the Repression and Abolition of the Slave Trade*, London: T. Egerton, 1820, Vol. 1, pp. 260–263.; Paul Michael Kielstra, *Politics of Slave Trade Suppression in Britain and France, 1814–48: Diplomacy, Morality and Economics*, London: Macmillan, 2000, pp. 23–30.; Suzanne Miers, *Britain and the Ending of the Slave Trade*, New York: Africana Publishing, 1975, pp. 9–28.; *The Parliamentary Debates from the Year 1803 to the Present Time* 27, 1814, pp. 1078–1079.; Jim Powell, *Greatest Emancipations: How the West Abolished Slavery*, New York: Palgrave Macmillan, 2008, pp. 94–95.; Jerome Reich, "The Slave Trade at the Congress of Vienna: A Study in English Public Opinion," *The Journal of Negro History* 53: 2, 1968.; Charles William Vane (ed.), *Correspondence, Despatches, and Other Papers, of Viscount Castlereagh, Second Marquess of Londonderry*, London: John Murray, 1853, Vol. 2, pp. 73, 103, 110, 115–120, 199.; Brian E. Vick, *The Congress of Vienna: Power and Politics after Napoleon*, Cambridge: Harvard U. P., 2014, pp. 195–202.

(3) Vane (ed.), *Correspondence, Despatches, and Other Papers of Viscount Castlereagh, Second Marquess of Londonderry*, Vol. 2, p. 73.

(4) Arthur F. Corwin, *Spain and the Abolition of Slavery in Cuba, 1817–1886*, Austin: The University of Texas Press, 1967, pp. 28–32.; Daget, "France, Suppression of the Illegal Trade, and England, 1817–1850," p. 211.; David Eltis, *Economic Growth and the Ending of the Transatlantic Slave Trade*, New York: Oxford U. P., 1987, p. 94.; Foreign and Common Wealth Office, *Slavery in Diplomacy: the Foreign Office and the*

Suppression of the Transatlantic Slave Trade (Foreign and Commonwealth Office Historians History Note 17), 2007, pp. 29–47.; Lawrence C. Jennings, "France, Great Britain, and the Repression of the Slave Trade, 1841–1845," *French Historical Studies* 10: 1, 1977.; Suzanne Miers, *Slavery in the Twentieth Century: the Evolution of AGlobal Problem*, Walnut Creek: Altamira, 2003, p. 15.; ibid, *Britain and the Ending of the Slave Trade*, pp. 13–28.; Maeve Ryan, "The Price of Legitimacy in Humanitarian Intervention: Britain, the Right of Search, and the Abolition of the West African Slave Trade, 1807–1867," in Brendan Simms and D. J. B. Trim (eds.), *Humanitarian Intervention (1807–1827) and the Antislavery Movement in Great Britain,: A History*, Cambridge: Cambridge U. P., 2011, pp. 238–254.

(5) Ackerson, *The African Institution (1807–1827) and the Antislavery Movement in Great Britain*, pp. 15–16.; Emilia Viotti da Costa, *Crowns of Glory, Tears of Blood: The Demerara Slave Rebellion of 1823*, New York: Oxford U. P., 1994, pp. 171–206.; Drescher, *Abolition*, p. 255.; Dumas, *Proslavery Britain*, pp. 47–48, 149–153.; William A. Green, *British Slave Emancipation: the Sugar Colonies and the Great Experiment, 1830–1865*, Oxford: Clarendon Press, 1976, pp. 100–101, 109.; William Law Mathieson, *British Slave Emancipation 1838–1849*, London: Longman, 1832, p. 118.; Gelien Matthews, *Caribbean Slave Revolts and the British Abolitionist Movement*, Baton Rouge: Louisiana State U. P., 2006, pp. 137–138.; Kenneth Morgan, *Slavery and the British Empire: From Africa to America*, Oxford: Oxford U. P., 2007, pp. 173–174, 179–182.

(6) Brown, *Moral Capital*.; Drescher, *Abolition*, pp. 250–251.; ibid., *Capitalism and Antislavery*, pp. 125–133.; Moira Ferguson, *Subject to Others: British Women Writers and Colonial Slavery, 1670–1834*, New York: Routledge, 1992, pp. 258–264.; Elizabeth Heyrick, *Immediate, Not Gradual Abolition; or, An Inquiry into the Shortest, Safest, and Most Effectual Means of Getting Rid of West Indian Slavery*, London: Harchard, 1824.; Judie L. Holcomb, *Moral Commerce: Quakers and the Transatlantic Boycott of the Slave Labor Economy*, Ithaca: Cornell U. P., 2016, pp. 92–106.; Midgley, *Women against Slavery*, 1992, pp. 43–70.; コリー『イ

ギリス国民の誕生』二九二―二九三頁、田村理「クリストファ・ブラウンの「モラル資本」論――イギリス反奴隷制運動史研究における先端的議論の紹介」『北大史学』五一、二〇一一年、四六―六〇頁。

（7）Midgley, *Women against Slavery*, p. 44.

（8）Nicholas Draper, *The Price of Emancipation: Slave-Ownership, Compensation and British Society at the End of Slavery*, Cambridge: Cambridge U. P., 2010, pp. 1–113.; Seymour Drescher, *The Mighty Experiment: Free Labor versus Slavery in British Emancipation*, Oxford: Oxford U. P., pp. 121–143.; Oldfield, *Transatlantic Abolitionism in the Age of Revolution*, p. 253.; Mike Kaye, “The Development of the Anti-Slavery Movement after 1807,” in Farrell et al.（eds.）, *The British Slave Trade*, p. 239.

（9）Neta C. Crawford, *Argument and Change in World Politics: Ethics, Decolonization, and Humanitarian Intervention*, Cambridge: Cambridge U. P., 2002, p. 166.; Draper, *The Price of Emancipation*.; Eltis, *Economic Growth*, table 2, pp. 92–93.; Catherine Hall, Nicholas Draper, Keith McClelland, Katie Donington and Rachel Lang, *Legacies of British Slave-Ownership: Colonial Slavery and the Formation of Victorian Britain*, Cambridge: Cambridge U. P., 2014.; Richard Huzzey, *Freedom Burning: Anti-Slavery and Empire in Victorian Britain*, Ithaca: Cornell U. P., 2012, pp. 42–43.; Chaim D. Kaufmann and Robert A. Pape, “Explaining Costly International Moral Action: Britain's Sixty-year Campaign against the Atlantic Slave Trade,” *International Organization* 53: 4, 1999, pp. 636–637.; David Olusoga, “The History of British Slave Ownership has been buried: Now its Scale can be revealed,” *The Guardian*, 12 July 2015.; E. Phillip LeVeen, “British Slave Trade Suppression Policies 1821–1865,” Ph. D dissertation to Chicago University, 1971, pp. 85–102.; https://www.ucl.ac.uk/lbs/（最終確認日二〇二〇年八月一日）https://www.esri.cao.go.jp/jp/sna/data/data_list/kakuhou/files/h30/h30_kaku_top.html（最終確認日二〇二〇年九月八日）。

（10）L. Diane Barnes（ed.）, *Frederick Douglass: A Life in Documents*, Charlottesville: University of Virginia Press, 2013, p. 55.; Swaminathan, *Debating the Slave Trade*.; Howard Temperley, *British Antislavery*,

1833-1870, Columbia: University of South Carolina Press, 1972, pp. 63, 86-87.; Turley, *The Culture of English Antislavery*, pp. 192-199.; Sarah Meer, *Uncle Tom Mania: Slavery, Minstrelsy, and Transantlantic Culture in the 1850s*, Athens: The University of Georgia Press, 2005, p. 164.; コリー『イギリス国民の誕生』三六八—三七一頁、井野瀬久美惠『大英帝国という経験』講談社、二〇一七年。

（11）　送られた手芸品は、アメリカ合衆国の女性の奴隷廃止運動家たちが開催したバザーで売られた。彼女たちの活動における手芸品とバザーの重要性は、Julie Roy Jeffrey, *The Great Silent Army of Abolitionism: Ordinary Women in the Antislavery Movement*, Chapel Hill: The University of North Carolina Press, 1998, pp. 96-126 を参照。

（12）　Ackerson, *The African Institution (1807-1827) and the Antislavery Movement in Great Britain*, pp. 49-50.; Brown, *Moral Capital*, pp. 260-261, 278-279.; Dino Costantini, *Mission civilisatrice: le rôle de l'histoire coloniale dans la construction de l'identité politique française*, Paris: Edition la découverte, 2008, pp. 82-89.; Miers, *Britain and the Ending of the Slave Trade*, pp. 17-19.; Oldfield, *Transatlantic Abolitionism in the Age of Revolution*, pp. 170-172.; Thomas, *Romanticism and Slave Narratives*, p. 44.; Tomkins, *The Clapham Sect*, pp. 66-67.; 工藤庸子『ヨーロッパ文明批判序説——植民地・共和国・オリエンタリズム』東京大学出版会、二〇〇三年、一一七—一二〇頁、西川長夫『増補国境の越え方——国民国家論序説』平凡社、二〇〇一年、一六二—一六三頁、平野千果子『フランス植民地主義の歴史——奴隷制廃止から植民地帝国の崩壊まで』人文書院、二〇〇二年、五九—七〇頁。

（13）　British Library Add MS41262A, 63 [Thomas Clarkson to John Clarkson, s.l., s.d.].

（14）　*Substance of the Report of the Court of Directors of the Sierra Leone Company*, London: James Phillips, 1795, p. 30.

（15）　Edward A. Alpers, *Ivory and Slaves in East Central Africa: Changing Pattern of International Trade in East Central Africa to the Later Nineteenth Century*, Berkeley: University of California Press, 1975, pp.

152-153, 188, 199.; Epidariste Colin, "Notice sur Mozambique," *Annales des voyages, de la géographie et de l'histoire* 9, 1809, pp. 304, 312.; G. S. P. Freeman-Grenville, *The French at Kilwa Island: An Episode in Eighteenth-Century East African History*, Oxford: Clarendon Press, 1965.; Klein, *The Atlantic Slave Trade*, pp. 71-72.; MAHA（インド・マハーラーシュトラ州立文書館）PD1860/159/225［Rigby to Anderson, Zaznzibar, 11 February 1860］.; Daniel Domingues da Silva, David Eltis, Philip Misevich, and Olatunji Ojo, "The Diaspora of Africans Liberated from Slave Ships in the Nineteenth century," *Journal of African History* 55, 2014.; Hideaki Suzuki, *Slave Trade Profiteers in the Western Indian Ocean: Suppression and Resistance in the Nineteenth Century*, New York: Palgrave, 2017, pp. 22-23, 97-99.; Dale W. Tomich（ed.）, *The Politics of the Second Slavery*, New York: SUNY Press, 2016.; 鈴木「インド洋西海域と大西洋における奴隷制・交易廃絶の展開」二四八―二五二頁。

（16） MAHA PD1860/159/225［Rigby to Anderson, Zaznzibar, 11 February 1860］.

（17） Gwyn Campbell, *An Economic History of Imperial Madagascar, 1750-1895: The Rise and Fall of an Island Empire*, Cambridge: Cambridge U. P., 2005.; Suzuki, *Slave Trade Profiteers in the Western Indian Ocean*, pp. 22-23.; Vijaya Teelock, *Bitter Sugar: Sugar and Slavery in 19th Century Mauritius*, Moka: Mahatma Gandhi Institute, 1998.; 鈴木「インド洋西海域と大西洋における奴隷制・交易廃絶の展開」二五二―二五八頁。

（18） Matthew S. Hopper, *Slaves of One Master: Globalization and Slavery in Arabia in the Age of Empire*, New Haven: Yale U. P., 2015, pp. 54-58, 60-64.; Behnaz A. Mirzai, *A History of Slavery and Emancipation in Iran, 1800-1929*, Austin: University of Texas Press, 2017, pp. 37-38, 53.; Hideaki Suzuki, "Enslaved population and Indian Owners along the East African Coast: Exploring the Rigby Manumission List, 1860-1861," *History in Africa* 39, 2012.; ibid, *Slave Trade Profiteers in the Western Indian Ocean*, pp. 19-33, 鈴木英明「インド洋西海域と「近代」――奴隷の流通を事例にして」『史学雑誌』一一六―七、二〇〇七年、

九—一一頁、同「世界商品クローヴがもたらしたもの——十九世紀ザンジバル島の商業・食料・人口移動」石川博樹・小松かおり・藤本武編『食と農のアフリカ——現代の基層に迫る』昭和堂、二〇一六年、二一三—二二六頁。

(19) ただし、局地的には奴隷に農業労働を求める地域も存在した。たとえば、下イラクでは土壌に含まれる塩分を除くために大量の労働力が必要とされ、そこで主に用いられていたアフリカ黒人奴隷が主体となっていわゆるザンジュの乱が引き起こされたことは広く知られている。その後、下イラクでは、反乱の再発を恐れて奴隷を用いた農業が行われなくなったとされるが、アラビア半島のいくつかの地点では、アフリカ黒人奴隷を主たる労働力とした農耕が二〇世紀に至るまで歴史的に展開した（Benjamin Reilly, *Slavery, Agriculture, and Malaria in the Arabian Peninsula*, Athens: Ohio U. P., 2015）。

(20) 鈴木「世界商品クローヴがもたらしたもの」、二二五—二二六頁。

(21) R. W. Beachey, *The Slave Trade of Eastern Africa*, London: Rex Collings, 1976, pp. 61-63.; Fryer, *Staying Power*, pp. 9-10.; John Johnson, *A Journey from India to England through Persia, Georgia, Russia, Poland, and Prussia in the Year 1817*, London: Longman, Hurst, Rees, Orme, and Brown, 1818.; pp. 12-13.; 鈴木「インド洋西海域と大西洋における奴隷制・交易廃絶の展開」二六一—二六四頁、浜『ハイチ革命とフランス革命』九七頁、メルシエ著、原宏編訳『一八世紀パリ生活誌——タブロー・ド・パリ』下、岩波書店、一九八九年、一一六頁。

(22) 奴隷にホスト社会への同化を求める傾向が強いインド洋西海域周辺諸社会では、同化のしやすさから子供が奴隷として好まれていた（Hideaki Suzuki, "Tracing their 'Middle Passages': Slave Accounts from the Nineteenth-Century Western Indian Ocean," in Alice Bellagamba, Sandra E. Greene and Martin A. Klein (eds.), *African Voices on Slavery and the Slave Trade*, Cambridge: Cambridge U. P., 2013, pp. 310-311）。また、アフリカ大陸東部沿岸のスワヒリ社会における奴隷制の分析は、鈴木英明「一九世紀東アフリカ沿岸部社会の奴隷制とジェンダー——『スワヒリ人たちの慣習』を手がかりにして」粟屋利江・松本悠子編

『人の移動と文化の交差』、明石書店、二〇一〇年を参照。

(23) Samuel Sullivan Cox, *Buckeye Abroad, Or, Wanderings in Europe and in the Orient*, Columbus: Follett, Foster and Company, 1859, pp. 244–245.

(24) HCPP（英庶民院議会文書）1868–69 [4131-I] LVI, 747 [Livingstone to the Earl of Clarendon, East Africa, 11 June 1866]。

(25) Satyendra Peerthum, *From Captivity to Freedom: A History of the Liberated Africans associated with the Aapravasi Ghat during the Nineteenth Century*, Port Louis: Aapravasi Ghat Trust Fund, 2013, p. 3.; Suzuki, *Slave Trade Profiteers in the Western Indian Ocean*, pp. 59–72.; 鈴木英明「インド洋西海域における「奴隷船」狩り――一九世紀奴隷交易廃絶活動の一断面」『アフリカ研究』七九、二〇一一年、一三―二五頁、同「インド洋西海域と「近代」」一一―一六頁。

(26) PPEM MH201/Box3 [F.R. Webb to E.D. Ropes, Zanzibar, 13 April 1869].

(27) 王立海軍の「奴隷船」狩りについては、監視隊員間の報奨金分配も大きく影響を及ぼした。その場合、上官の方が正規の取り分は多くなるが、それに対して、拿捕の現場で次のような事態も生じていた。著者のウィリアム・デュベロはインド洋西海域の奴隷交易監視活動に下士官として参加した人物で、監視活動に関する日誌調の著作を遺している。そのなかで、ジャックという仮名の乗組員の行動が次のように記されている。

船上でのすべての危険で激しい任務を引き受けることで、彼は金であれ、宝石であれ、何であれ、巡航中に集めたすべての収奪品を自分のものにするのが許されて当然だと考えるのである。それが正しく入手されたものであっても、そうでなくても。

この略奪に関する不規律な態度はとても恥ずべきものだが、監督されはしない。それゆえに、それはある悲惨な結果を導くのだ。つまり、船が拿捕されるや否や、ジャックの脳裏にまず浮かぶのは「略奪品」なのであって、もしも彼が略奪品の匂いをブラックハウンド犬のように嗅ぎ取ったなら、彼はそれに確実に手をかけ、そしてものにする。すべてのものが生贄になるのだ。「誠実なジャック」はきわめて頻繁に不誠実な獣になる。（中略）彼の上官とわずかばかりの良心的な同僚が拿捕船の帆耳を引き上げているのをよそに、彼はこっそりと下に降り、扉を破り、箱を開け、そして金や宝石に飛び付いて自分のものにしてしまうのである。そんな、地獄のような戦場にいる強欲な者ですら潔しとしないようなことを、ジャックはしばしばやってのけるのだ（W. Cope Devereux, *A Cruise in the "Gorgon;" Or, Eighteen Months on H.M.S. "Gorgon," engaged in the Suppression of the Slave Trade on the East Coast of Africa*, London: Bell and Daldy, 1869, p.129）。

第4章　グローバル／ローカルなポリティクスとしての奴隷廃止
——あるいは手段化する奴隷廃止

インド洋西海域の奴隷交易の核であったアフリカ大陸東部沿岸では、オマーンに起源をもつブー・サイード朝の支配が一九世紀前半に確立していったが、一八五六年に勃発した王位継承争いによって、この王朝はオマーンとアフリカ大陸東部沿岸とに分裂する。この争いに際して、後者を継承する側に在ザンジバル英領事が大きく肩入れしたのを契機に、分裂後、奴隷交易に関する問題を含め、イギリス政府はこの新スルターンへの影響力を強めた(1)。そして、一八七三年に次のスルターンに財政問題の肩代わりと引き換えに奴隷交易廃止を宣言させるに至る。このように、奴隷廃止の問題は必ずしもそれそのものを焦点としていつでも、どこでも進展していったのではない。むしろ、奴隷廃止は哲学や宗教、倫理などに根差した理念ではなく、現実感——とりわけ政治的な——によって成し遂げられていく。つまり、奴隷廃止は何か別の目的のために達成されていく、いわば手段化していくのである。そうした傾向はフランスによる第一回目の廃止に見られ、イギリスの事例でも確認できたが、奴隷廃止が世界的共通体験になっていくなかでより顕著になっていく。本章では、アメリカ合衆国、タイ、日本、さらにエチオピアと仏領西アフリカ、ペルシア湾を事例にして、その実態を観察していこう。

1　合衆国の維持と奴隷廃止

奴隷が必要な社会では、どのように廃止がされたのか(2)

トマス・ジェファソンによる米独立宣言の草稿に奴隷制廃止の内容が盛り込まれていたこと、そして、その内容が周囲の反対によって最終的に削除されたこと、これらは広く知られている。大西洋を跨ぐ奴隷廃止ネットワークの進展に北米の人びとが深く関与していた一方で、奴隷廃止は北米において容易に実現できるものではなかった。英仏本国とは異なり、英領北米植民地、のちのアメリカ合衆国では奴隷はとりわけ経済的にきわめて重要な存在であり続けた。もちろん地域差は存在する。商工業を主要産業とする北部の経済では、奴隷は直接的に重要なアクターではなかった。これまで紹介してきた北米における奴隷廃止の動きが地理的に北部に集中していたのは偶然ではない。逆に農業を基盤とする南部では、奴隷労働力の占める経済的な重要性は明白だった。南北戦争も併せて思い浮かべれば、ここから奴隷廃止を推進する北部対奴隷制擁護の南部という図式を容易に導きたくなる。しかし、南部でも奴隷廃止の議論は存在したし、その逆も存在した。北部の商工業が南部産農産物に大きく依存していたことも忘れるわけにはいかない。では、合衆国において、奴隷廃止はどのように成し遂げられていったのだろうか。その前に英領北米植民地時代の奴隷制について見てみたい。

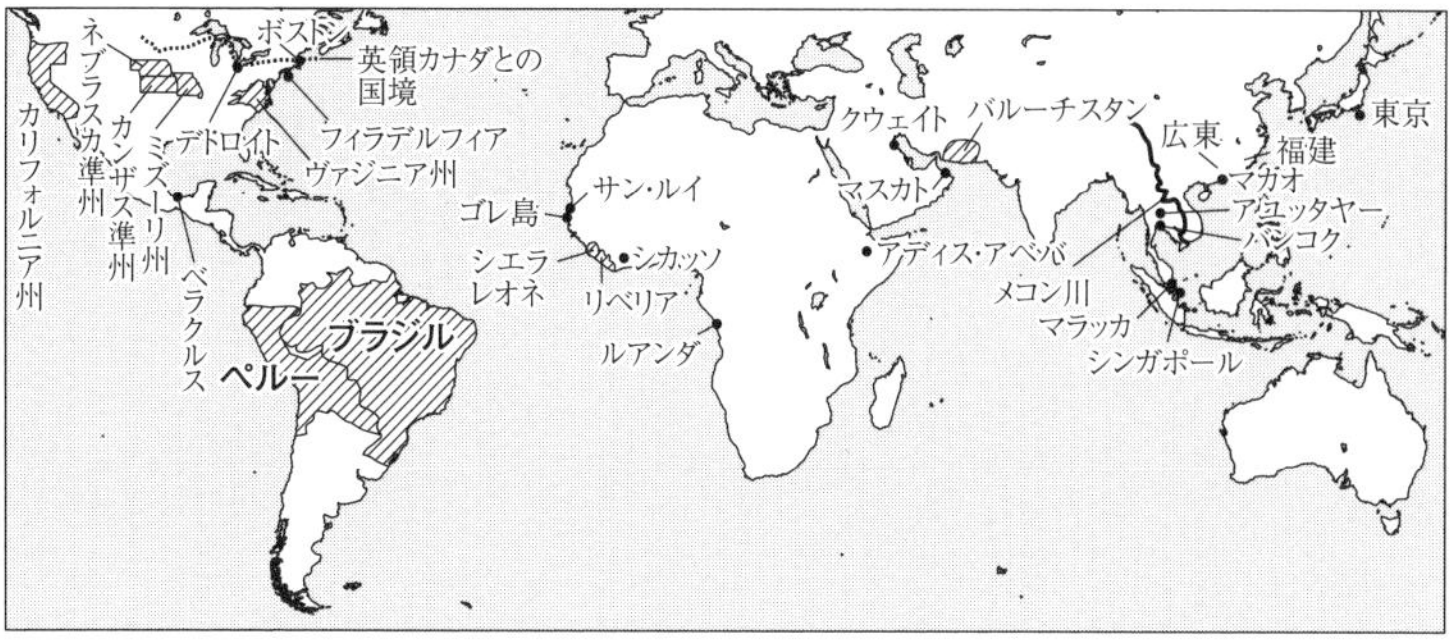

地図4　第4章に登場する主な地名

英領北米植民地のアフリカ黒人奴隷制――アンソニー・ジョンソンとその奴隷[3]

ピルグリム・ファーザーズ到着前年の一六一九年、ヴァジニア植民地に最初のアフリカ黒人が上陸する。彼らをどのように言い表すのかは難しい。彼らはルアンダからベラクルスへポルトガル船によって移送される途中の奴隷だったが、フリシンゲンの私掠免許をもったイギリス船によって拿捕された結果、この植民地に連れてこられた経緯をもつ。その意味では、彼らを奴隷と呼んでもいいのかもしれない。しかし、ヴァジニア植民地における彼らの身分は奴隷ではなく、年季契約労働者であった。この場合の年季契約労働者とは、原則的にヴァジニアまでの交通費や契約期間中の衣食住と引き換えに、雇用主のもとで一定期間、労働に従事する契約に合意した人びとである。その多くは、当時、この植民地の経済を支えていたタバコ・プランテーションでの労働に従事した。契約期間が満了すると、彼らは解放給与を携えて自由身分となる。解放給与は契約満了後の生活基盤を形成するために雇用者から与えられる当座の食糧や頭金を指すが、土地が与えられることもあった。注意したいのは、これがアフリカ黒人に限られた制度ではなかったことである。むしろ、植民地を経営するヴァジニア会社はイギリスからの移民を念頭に制度設計を試みていた。一六三〇年代の清教徒移民を除けば、合衆国独立以前の新大陸の英領植民地へのヨーロッパ人移民の半数から多くて三分の二が年季契約労働者であったとする試算もある。(4) また、少なくとも一六三二年から六一年までのヴァジニアの郡裁判所記録では、アフリカ黒人は白人と同様に「サーヴァント」、あるいは「ニグロ・サーヴァント」などと身分が記されており、「奴隷」と記す事例はない。

一六二一年にヴァジニア植民地のジェームスタウンに降り立ったアンゴラ出身とされる「ニグロのアントニオ」もこうした年季契約労働者の一員となった。彼を運んできたのがジェームス号という船舶であるのはわかっているが、彼がどのような経緯で乗船したのかは不明である。いずれにせよ、彼はバーネット家のプランテーションで労働し、一六三五年にはすでに自由身分を手に入れていたと考えられる。その間、彼はバーネット家から独立して耕作することを許され、メアリーというアフリカ黒人女性と結婚し、一六四〇年までには二人の子供をもうけていた。一六四〇年代にはいくばくかの土地を入手し、畜産業を営むようになる。その後も所有地の拡大を続け、最終的には二〇〇ヘクタールを超える土地を所有した。同時に、彼は一六五一年までにアンソニー・ジョンソンというイングランド風の名前を名乗るようになっている。一六五三年には火災に見舞われ、彼の土地は灰燼に帰してしまうが、その際にジョンソンは郡裁判所に救済を求め、税の軽減措置を受けている。

翌年、ジョンソンは再び裁判所に足を向けた。これは、彼のもとで働いていたジョン・カゾルというアフリカ黒人が彼によって奴隷の扱いを受けているとして隣人の白人プランターに救助を求めたのに端を発する。返還の求めに応じない隣人と戻ってこないカゾルに対して、ジョンソンはカゾルが生涯を通して自らの所有にあると裁判を起こしたのである。アフリカ黒人がアフリカ黒人の所有の認定を求めたこの裁判は、ジョンソンの全面勝訴に終わる。結局、カゾルはジョンソンのもとに戻され、その生涯を彼のもとで費やした。これと較べたいのが、この判決以前の一六四〇年、契約期間中に逃亡した白人とアフリカ黒人からなる年季契約労働者の一団が逮捕された別の一件である。このときの判決は白人逃亡者に四年間の追加労働を命じる一方、黒人逃亡者には一生涯、逃亡時の雇用者に奉仕することを命じていた。アフリカ黒人への差別的判決という点でこのふたつの判決は類似しているが、大きな相違点は、一六四〇年の一件のアフリカ黒人が契約期間中の逃亡という契約違反を犯しているのに対して、カゾルは何の罪も犯していないことである。カゾルの裁判のなかで、彼を保護しようとした白人プランターは彼の契約期間がすでに満了していることを指摘している。しかし、それが判決に及ぼした影響は見出せない。アフリカ黒人と彼らの生涯に亘る隷属とが、この判決を経て司法によって固く結びつけられる。

このように、英領北米植民地では、アフリカ黒人は奴隷として所与の存在ではなかったのである。では、この植民地でアフリカ黒人奴隷制がどのように誕生したのか、これについては諸説ある。たとえば、待遇に業を煮やした白人年季契約労働者ナサニエル・ベイコンの率いた乱（一六七六―七七年）によって雇用者が年季契約労働制に見切りをつけ、奴隷制を好むようになり、アフリカ黒人を用いるようになったという説もあれば、一六六〇年代から顕著になる白人年季契約労働者の枯渇を指摘する説もある。いずれにせよ、英領北米植民地で奴隷制が露わになったとき、それはアフリカ黒人と深く結びつくのである。かつては同じ年季契約労働者であった白人は奴隷とはならず、アフリカ黒人が奴隷制の対象となった。事実、英領北米植民地ではジョンソンとカゾルの一件の後、人種に関する法令が次々に出される。たとえば、メリーランド植民地では一六六四年に最初の奴隷法が制定され、この植民地内の黒人はすべて終身の奴隷であるとする主張に法的な根拠が与えられた。その後、一六九二年の奴隷法では、白人とのあいだに私生児をもうけた自由身分の黒人は奴隷身分に転ずることが定められる。(5)

こうして英領北米植民地で新たに誕生した奴隷制にアフリカ黒人だけが固く結びつけられていくのだが、それはなぜだろうか。原住民がその対象から外されて行く背景としては、旧世界から運ばれてきた疫病への適応力、農作業への適性、反乱の可能性が挙げられる。奴隷制とアフリカ黒人との結びつきについては、次の議論が有力な手がかりとなるだろう。すなわち、アイラ・バーリンは、タバコやコメのプランテーション生産が急速に拡大する一七世紀末までに北米植民地にやってきたアフリカ黒人たちが「大西洋クレオール」だったことを指摘する。アフリカ大陸におけるヨーロッパ諸勢力の拠点貿易港近辺、あるいはそこからカリブ海を経てやって来た彼ら「大西洋クレオール」はすでに大西洋海域世界的生活環境に身を置いており、言語や信仰をはじめとして、植民地社会にも素早く順応できた。しかし、それ以降になると、アフリカ大陸での奴隷供給地がより内陸に進んでいくことで、新たにヴァジニアに連れて来られる多くのアフリカ黒人は大西洋海域世界とはまったくの異世界からやって来るようになった。この説に従えば、英領北米植民地のアフリカ黒人奴隷制の誕生には、本書冒頭で扱った他者性の問題が重要な作用を及ぼしたということになろう。英領北米植民地でアフリカ黒人の居場所が奴隷制のなかに押し込められていく。

独立戦争と北部・大西洋岸中部の奴隷廃止(6)

英領北米植民地で奴隷制のなかに押し込められていくアフリカ黒人に、そこから脱出する機会が訪れる。独立戦争の混乱に乗じて少なからぬ奴隷たちがプランテーションから姿をくらませる。逃亡先は混乱に陥った戦闘地帯であった。そのどさくさのなかで自由身分をいつの間にか得ている者がいた。こうした混乱と廃止論者たちの継続的な運動、そして独立戦争で叫ばれた自由という大義が一七七〇年代以降、北部各地を奴隷廃止に向かわせた。自由という大義こそは、トマス・ジェファソンの『ヴァジニア覚え書』や独立宣言で繰り返され、独立戦争を精神的に支えたものである。英領北米植民地の独立を夢想し、実現させた者にとって、奴隷制はその理念とそぐわない不快な制度だという信念が芽生えていったとアイラ・バーリンは指摘する。ヴァモント州では、一七七七年にイギリスからの独立を宣言した際に制定した憲法のなかで、すべての二一歳以上の男性と一八歳以上の女性は自らが同意した場合と犯罪者など法に定められた場合を除き、拘束的な身分には置かれないとした。また、ペンシルヴェニア州などでは、南米よりも早く「子宮の自由」に基づく漸次的な奴隷解放によって奴隷制の廃止に着手している。同州では、一七八〇年三月一日以降に奴隷の親から生まれた新生児は、二八歳になると自動的に自由身分を享受することになった。他方、類似の法の制定に失敗したマサチューセッツ州では、一七八〇年代に一連の判例をもって奴隷制が廃止されていく。

これらの動向は奴隷廃止の決定打ではなく、あくまでもその方向に向かおうとする法整備としてその評価を留めるべきだろう。逆に、仮に自由という大義がなければ、これらの州で参政権をもつ多くの人にとってこうした法はそれほど魅力のあるものではなかった。大義と社会全体の本心とは決して近接していなかった。たとえば、先述のペンシルヴェニア州の法令は、見方を変えると、所有者にとっては、法の施行後に奴隷の親のもとに生まれた新生児も二八歳までならば、その父母と同じように使えることを保証していた。しかも、この法令は早くも成立の年にそれを有名無実化しようと見直しの声があがっている。これを押し留めたのがフィラデルフィアの自由黒人たちによる請願であった。合衆国の自由黒人による集団的政治活動の最初期の事例として知られるこの請願によって、修正法案は否決される。つまり、隙さえあれば、奴隷廃止への歩みはいつでも後戻りしえた。一八一〇年に至っても、北部を中心とする奴隷制を容認しない諸州には約二万七〇〇〇人の奴隷が存在していた。

綿花と奴隷(7)

薄氷の上を渡るように北部や中部大西洋岸は奴隷廃止へ歩みをゆっくりと危かしく進めていくが、南部はその真逆に歩みを進める。農業を基盤とする南部では奴隷労働力が何よりも必要だった。プランテーションではタバコや藍、コメなどが栽培されてきた。特にコメは、その栽培法の起源をアフリカ大陸西部にもつ、すなわちアフリカ黒人によってもたらされたものだったことが近年の研究で明らかになっている。

英領時代に重要だったこれらが主として高南部で生産されていたのに対して、一八世紀末から著しく発展する綿花栽培の中心は、深南部を中心とする低南部である。栽培地域が限られるなどの理由で永らく経済的に大きな重要性をもつには至らなかった綿花栽培の変貌する契機が、独立戦争後に訪れる。一七九三年、イーライ・ホイットニーが綿繰り機を発明する。綿花には長繊維種と短繊維種とがあるが、深南部などで広く栽培されてきたのは後者であった。実は長繊維種用の綿繰り機はすでに存在しており、ムガル朝治下のインドで開発されたものが導入・改良されていたが、短繊維種には使用できなかった。したがって、短繊維種の場合は手作業で種子と綿繊維とを選り分ける必要があり、ホイットニーの発明以前は一人当たり一日五〇〇グラム弱の綿を選り分けるのが精一杯であった。しかし、彼の発明によって、一人当たり一日二二・五キログラム超、すなわち四五倍もの量を選り分けることが可能になったのである。しかも、綿繰り機の構造は単純で、容易に模倣ができた。それがもたらす帰結は明らかだった。あちらこちらに模倣品があふれたのである。

作業効率の劇的な向上を手にしたプランターたちは綿花栽培を拡大する。そうなれば、必要になるのは労働力、すなわち奴隷である。一八〇八年に合衆国は奴隷輸入を全面的に禁止するが、これは彼らの労働力調達にはたいした問題とはならなかった。北米の奴隷人口は新大陸では例外的に自然増をしていたし、国際競争や栽培環境の劣化で斜陽になったタバコや藍のプランテーション地帯には減少によって余剰となった奴隷労働力が豊富に存在していた。たとえば、プランテーションを軸に早くから成長をしていたヴァジニアとメリーランドでは、すでに一七二〇年代には奴隷人口の自然増加がはじまっている。つまり、海の向こうから奴隷を運んでこなくても、合衆国のなかでうまく奴隷労働力をやりくりすれば、この新しい需要に対応できたのである。その帰結は明白だった。こうして深南部に向かう奴隷たちの強制的な大行進がはじまる。この大移動は「第二の中間航路」と呼ぶべき苛酷で、奴隷たちに深遠な影響を及ぼすものであった。これによって増産が可能になった南部綿は、北部の港から主にイギリスへと輸出されていった。その規模は一八世紀最末期と南北戦争直前とを較べると重量で二万倍に増加しており、南北戦争直前にはイギリスの原綿総輸入の約八割を占めるに至っていた。これがイギリスの産業革命の重要な原材料となったことはいうまでもない。一八二〇年から六〇年までに高南部から低南部へ移送された奴隷数は、八七万五〇〇〇人を超えると見積もられている。

このコットン・ブームが訪れる以前の南部では、奴隷制に対してどのような意見をもつことも比較的自由であったとされるが、ひとたびブームが起きると奴隷擁護論が渦巻く。

北部における奴隷制廃止運動——絵本と歌、急進的な廃止運動(8)

南部がコットン・ブームに踊り、奴隷擁護論が渦巻いていた一八三二年、ボストンのアフリカン・バプティスト教会の地下で「ニューイングランド反奴隷制協会」が結成される。この会は翌年に「米反奴隷制協会」として再出発するが、こうした活動の中心にいたのがウィリアム・ロイド・ギャリソン（一八〇五—七九年）であった。一八二〇年代からこの問題に取り組んできた彼は当初、一般的だった漸次廃止論の立場をとっていたが、一八二九年の夏を境に、即時廃止に転向したとされる。新聞社の見習工から身を興し、新聞業に足場を築いていた彼は一八三一年、急進的な反奴隷制新聞『リベレーター』を発刊する。

この新聞で特徴的なのは女性や子供の読者を常に意識していたことである。紙面には「青少年部門」が設けられ、そこには女性廃止運動家たちによる子供向けの詩や物語が掲載された。当時のアメリカ社会が母親たちに子供の道徳や愛国心、公共心の醸成を委ねるようになっていたことを背景に、こうした形での彼女らの積極的な起用を説明する研究者もいる。女性たちの活躍の場は、新聞だけに限らず、様々な出版物にも拡がっていく。そのなかでも、一八四六年とその翌年のフィラデルフィアで開催された反奴隷制フェアのためにハンナ・タウンゼント（?—一八六五年）が準備した『反奴隷制アルファベット』は目を惹く。アルファベットを教えるこの絵本では、Aはアップルではなく、アボリッショニスト（廃止論者）のAであり、Bはブラザーのになる。それぞれのアルファベットには単語の簡単な説明が付されており、ブラザーは「どことなく濃い肌をしているけれども、天のお父様の目にはあなたと同じくらい愛しく映っているよ」と説明される。そして、Yはユース（若者）のYであり、罪（奴隷制）と勇敢に闘えと幼い読者を鼓舞する（図19）。

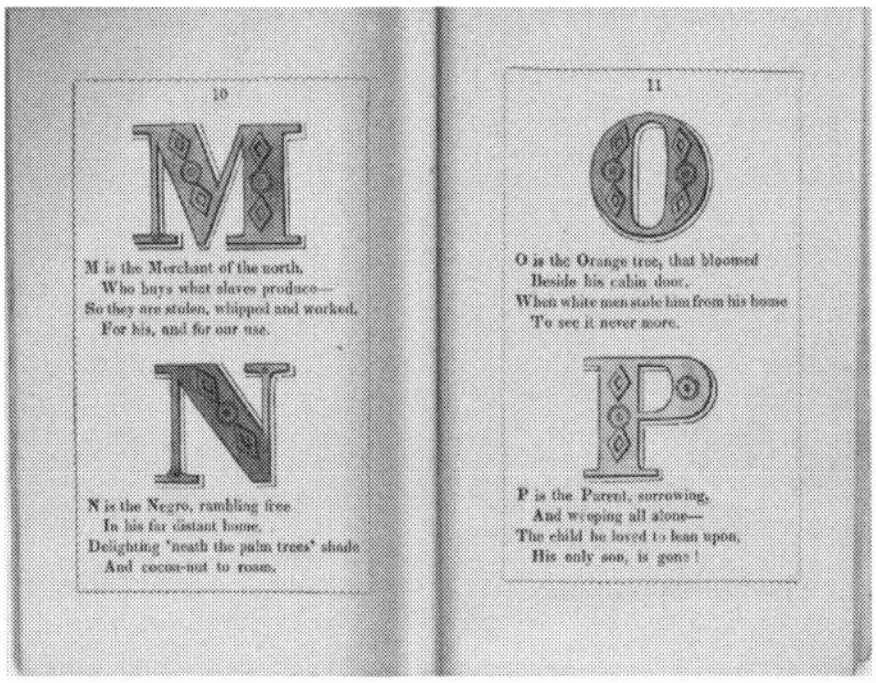

図19　『反奴隷制アルファベット』

注）Mは奴隷の生産物を商う北部の商人（Merchant），彼や自分たちのために奴隷は鞭打たれ働かされているとされ，Pは親（Pearent），愛する子供をさらわれた親の哀しみがそこにつづられる．

音楽も大衆を巻き込むのに大きく貢献した。ハッチンソン・ファミリー・シンガーズ（以下、シンガーズ）のことはここで特筆すべきだろう。ニューハンプシャー州の音楽好きな大家族に生まれたこの四人組のコーラス・グループは一八四一年に最初のツアーを行い、その後、徐々に名声を確立していく。その大きなきっかけが反奴隷制集会での公演だった。ニューハンプシャー州で反奴隷制運動をけん引していたピーボディー・ロジャースが、反奴隷制集会で参加者として来場していた彼らを見かける。彼らは当時、合衆国内で広がっていた宗教復興と社会改革（第二次覚醒運動）に共鳴していたとされる。ロジャースは彼らを説得し、一八四三年の初め、彼らの故郷で開催された集会に登場させる。その後、彼の主宰していた反奴隷制新聞の記事がギャリソンにも読まれ、シンガーズはマサチューセッツの反奴隷制集会にも招待された。奴隷制廃止とともに第二次覚醒運動の焦点のひとつでもあった禁酒運動では、比較的早くから運動の振興に歌が用いられてきたが（シンガーズも禁酒の歌を歌っていた）、奴隷制廃止運動に深く関与していたクエイカーの運動家たちは当初、そのような振興手法には批判的だったとされる。しかし、一八四〇年代に入る頃には米反奴隷制協会から枝分かれした自由党が勢力を伸ばしていたし、出版と講演を主体とする彼らの従来の活動手法も頭打ちになっていた。こうした状況の打開策として、シンガーズはニューヨークで開催された米反奴隷制協会の大会に登場する。部会の開閉幕で歌を披露した彼らは大会の目玉となった。そこで浮上の足がかりを確かにした彼らは奴隷廃止運動のアイコンとして、また傑出したエンターテイナーとしてスターダムにのし上がっていく。彼らは奴隷制反対をテーマにした「線路をあけろ Get off the Track」、のちには「リンカンと自由 Lincoln and Liberty」など政党のキャンペーン・ソングも手がけるようにもなる。奴隷廃止運動のアンセムとも評される彼らの作品のコピーはインターネット上で視聴できるが、「線路をあけろ」は現代の感覚からしてもなかなか心地よいメロディーとリリックである。こうして北部を中心に奴隷廃止運動がエンターテイメントとも交錯しながら展開していく。

夜明けへと走る地下鉄道[9]

ところで、奴隷の逃亡は世界各地で見られた。逃亡には数日の短期から数か月単位の長期、または永遠に逃亡するなどのパタンが見られ、逃亡奴隷たちのコミュニティ――マルーン・コミュニティ――は世界各地で形成された。南部の奴隷たちも奴隷制を容認しない自由州の自由黒人コミュニティ、一八二二年に奴隷制が廃止されていたメキシコ、あるいは英領カナダを目指し逃避行を試みる。

彼らに大きく立ちはだかったのが合衆国憲法であった。その第四条二節三項に従えば、ある州の法律下で労働の義務にある者が他州に逃亡した場合、その逃亡者の労働を使用する権利をもつ者の求めに応じて身柄が引き渡されなくてはならなかった。これには誰が逃亡者の引き渡しの妥当性を判断し、引き渡しに至る過程の監督をするのかについて説明されていない欠点があった。その不備を補うため、一七九三年と一八五〇年に逃亡奴隷法が成立する。それでも、自由黒人が逃亡奴隷と名指しされた場合の対処を欠いているなどとして、自由州の多くでは自由黒人の法的地位を守る個人自由保護法や人身保護法が成立している。

しかし、逃亡者にとって何より幸いだったのは逃亡を援助する人びとの存在である。それは白人のなかにも自由黒人のなかにも見られた。フレデリック・ダグラスもそのひとりである。正確な生年のわからない彼はメリーランド州で奴隷として生まれ、独学し、のちに逃亡に成功してニューヨークを拠点に奴隷制廃止運動を牽引した。彼が他の逃亡者の援助をしていたことは確かで、別の援助者に送った短い手紙が残されている。「親愛なる貴下、いま、私の家に三人いる。とても状態が悪い。私も具合が悪い。助言求む。一度、来てくれ。D・F」[10]。一八五一年九月に書かれたとされるこの手紙はノートの端切れに走り書きで記されている。逃亡とその援助は絶対に秘密裏に行われる必要があった。逃亡の失敗は逃亡者を自由から引き剝がすだけでなく、援助者にも危険を及ぼす。

逃亡者はこうした援助者を頼って隠れ家を転々と渡り歩き、奴隷身分から自らの解放を試みる。こうした一連の援助者のネットワークは、いつの頃からか「地下鉄道」と呼ばれるようになった。逃亡者は隠れ家から隠れ家へと、列車が駅から駅へと向かうように移動するのである。かつ、それは秘密裡に、つまり地上ではなく、地下的に行われなければならなかった。地下鉄道の終着駅は場合によって異なったが、その鉄路は英領カナダまで伸びていた。なぜかといえば、英領カナダが合衆国とは別の英国法の統治下にあり、そこでは一八三四年の奴隷制廃止法が適用されていたからである。つまり、英領カナダに足を踏み入れることで、逃亡者は奴隷身分からの完全な解放を手に入れることができた。地下鉄道の隠語ではデトロイトは「ミッド・ナイト」と呼ばれ、デトロイト湖の向こうにある英領カナダは「ダウン（夜明け）」と呼ばれた。逃亡者は人目を避け、いまだ真っ暗なデトロイトから自由の夜明けへと向かうのである。この意味では合衆国ではなく、英領カナダこそが自由の地であった。また、奴隷制がすでに廃止されていたメキシコも彼らにとっては目指すべき地であった。こんにちの「トランプの壁」を思い起こせば、まさに隔世の感である。こうした地下鉄道によって奴隷身分から逃亡を果たした人びとの総数はいまだに推測の域を出ない。数の多寡は関係なく、こうして奴隷が逃亡すること自体、個々の所有者たちを苛立たせていく。

アメリカ植民協会——「故郷」へ帰るのを拒む人びと[11]

奴隷制をめぐる廃止論者と擁護論者との対立は先鋭化していくが、双方のあいだにはアメリカ植民協会（以下、植民協会）という緩衝地帯が存在した。一八一六年二月、ヴァジニア州議会議員のチャールズ・マーサーが友人の政治家たちと泥酔しながら『ヴァジニア覚え書』について議論したのが、その設立の契機とされている。そこでの議論とは、『ヴァジニア覚え書』には奴隷がある程度の教育を受け、一定の年齢に達したならば、適当な場所に入植させる計画が記されているものの、現実には実践されていないという批判であった。実状を精査したマーサーは同年、賛同者とともに植民協会を設立する。その後、トマス・クラークソンの助言もあり、植民先がシエラレオネにほど近いシェルブロ島に定められる。一八二〇年には最初の移住団が送り出されたが、現地の過酷な環境に適応できず多くが落命する。これを受けた大統領ジェームス・モンローは代替地の確保を試み、リベリア植民地の礎が築かれた。合衆国内のアフリカ黒人奴隷をいつかどこかへ植民させる計画は、この協会にはじまったことではない。ただし、植民協会が特筆されるのは、それ以前の計画者と異なり、彼らが計画を実行したところにある。

計画がこのタイミングで実現した背景として、急増する自由黒人の存在を無視することはできない。一七八〇年代以降、合衆国内の黒人奴隷人口は南・南西部を中心に倍増しているが、北・中西部を中心に自由黒人の数が四倍に増加していた。すでに自由黒人が集中していた北部の大都市に南部で解放された元奴隷がなだれ込む[12]。フィラデルフィアでは、一七八〇年の段階で黒人が人口に占める割合は三・六パーセントだったが、その一〇年後には九・五パーセントに急増していた。新たに都市の住民となった元奴隷たちは様々な理由で社会的上昇ではなく、没落を経験していく。そうしたなかで、いくつもの黒人コミュニティが形成され出す。彼らは教会や互助組織を設立し、出版活動にも積極的だった。出版を通して白人による政治・経済的な支配を糾弾する姿はあたかものちの公民権運動を先取りしていたかのようでもある。

他方、植民協会の賛同者の地理的分布は北部に限られない。協会の活動が最盛期を迎える一八二〇年代後半から三〇年代における支部数を数えた竹本友子によれば、協会の運動を支えたのは中部、北西部、中西部、そしてとりわけ高南部であった。逆に、コットン・ブームの深南部、そして奴隷廃止を強硬に支持する北東部では協会の活動は浸透しなかった。

自由黒人たちのリベリア移住へ向ける眼差しは――時代と地域によって多少のばらつきはあるが――総じてきわめて冷ややかであった[13]。彼らの多くはすでに「アフリカ」ではなく、「アメリカ」に自らの故郷を見出すようになっていた。特に、一八〇八年の奴隷輸入禁止以降、合衆国の黒人たちのなかでもはや「アフリカ」を現実の故郷と想起しない世代が増えていったとされる。アフリカ大陸から奴隷として連れてこられ、自由身分を手に入れるまでに所要した（往々にして）数世代に亘る時間を考えれば、自由黒人のあいだではなおさら、「アフリカ」は祖先の故郷として想起できても、自らとの関係について現実感の沸く場所とはなり難かった。逆に、彼らは身分の違いを超えて、同じ合衆国に生きる黒人として奴隷身分の者たちに同情を寄せていた。これらを踏まえれば、もはやアフリカ黒人と彼らを呼ぶことは、この時点ではふさわしくないのかもしれない。こうした心情は、一八一七年にフィラデルフィアの聖ベテル教会でリベリア移住の妥当性を議論するために集まった三〇〇〇人超の黒人たちが採決した決議によくあらわれている。「われわれの祖先は野生のままのアメリカにおいて成功した最初の耕作者だったのであり、その末裔としてのわれわれは、祖先の血と汗を肥やしにしたこの豊かな大地の祝福に与る権利をもつと考えるのである」(14)。

結局、植民事業は六〇年までに一万人強の自由黒人と奴隷とを植民させるに留まった。

妥協から流血へ

リベリア植民の失敗が示すように緩衝地帯としての植民協会は結果的にその役割を全うできず、奴隷制廃止派と擁護派の対立は輪郭を露わにしていく。しかも、南部の奴隷制容認の奴隷州が自由関税を主張する一方、北部の奴隷制を認めない自由州は保護関税を主張するという経済的主張の相違も見られた。両陣営は合衆国への新加盟州が奴隷州と自由州のどちらに属するのかという問題でも激しく対立する。なぜならば、この問題は、各州等しくふたりずつ代表を出す連邦議会上院の勢力図に即座に投影されるからである。しかし、合衆国分裂は多くの人びとにとってどうしても避けたいシナリオであった。だからこそ妥協が用意されてきた。一八一九年から二一年にかけてのミズーリ州の合衆国加盟に際して北緯三六度三〇分線以北で奴隷制を禁じた（逆にいえば、その南では奴隷制が容認される）ミズーリ妥協をはじめとして、カリフォルニア州の自由州としての編入と新逃亡奴隷法の制定などが焦点となった一八五〇年の妥協もその一例である。妥協の着地点は常に慎重に探られたが、一八五四年のネブラスカ・カンザス法の制定に際しては明らかにその着地点を間違えた。

この法は、ネブラスカとカンザスの両準州を創設することに先立って制定されたもので、両準州の住民に自由州か奴隷州かの選択をさせるという内容であった。この方針が明らかになると、奴隷制擁護派と廃止派の双方が両州に押し寄せ、直接的な武力衝突に発展した。いわゆる「流血のカンザス」と呼ばれる一件である。これによって双方の対立は引き返せない段階にまで到達する。[15] 一八六一年、南北戦争が幕を開ける。

南北戦争と奴隷解放宣言[16]

とはいえ、南北戦争が奴隷制の存廃をめぐる戦争だという理解は必ずしも正しくない。奴隷州の多くは合衆国を離脱し、アメリカ連合国（以下、連合国）を形成したが、北部の自由州とともに連邦に留まる奴隷州（境界州）も存在した。同時に、連邦を率いるリンカン自身が奴隷廃止に決して積極的ではなかった。北部の奴隷廃止運動とリンカンの政治判断とは必ずしも太い絆では結ばれていない。では、なぜ彼は奴隷解放宣言を出したのだろうか。

まず確認したいのは、リンカンは個人的には奴隷制に嫌悪感を抱いていたとされるが、奴隷制廃止の権限は大統領にはないと考えていたことである。彼は憲法に則り、南部の奴隷所有者たちの権利にも注意を払っていた。それゆえに、彼が長らく思い描いてきた奴隷制廃止とは、奴隷所有者への補償を含む。では、彼は黒人に対してどういう眼差しを向けていたのだろう。それについては、一八六二年八月一四日に彼がワシントンDCの黒人指導者たちと面会した際の発言を紹介したい。リンカンは奴隷制について批判をする一方、眼前の黒人指導者たちと自分たち白人とは平等ではないと言い放ち、なおかつ、「私たち」は黒人奴隷制がなければ戦う必要がなかったのだと続ける。それゆえに、「私たちとあなたたち双方にとってよいのは、つまり、離れ離れになることです」と断言する。[17] そこでは具体的に明示されなかったが、この頃、中央アメリカのチリキに解放奴隷たちを移住させる計画が進められていた。彼のいう「私たち」のなかに黒人の入る余地はない。

もう少しリンカンの言動を見ていこう。彼の奴隷制に対する立場としてしばしば引用されるのが、一八六二年八月二二日付『ニューヨーク・トリビューン』紙に掲載された公開書簡の次の一節である。「この戦争における私の至高の目的とは連邦を救うことであり、奴隷制を救うことでも、破壊することでもないのである。もし誰一人奴隷を自由にせずに連邦を救えるならば私はそうするだろうし、もしすべての奴隷を自由にすることで連邦を救えるならば私はそうするだろう。私が奴隷制に、そして有色人種に行っていることはそれが連邦を助けるのだと私が信じるゆえなのである」。大統領としての彼にとってもっとも重要なのは奴隷制の存廃ではなく、連邦の護持であり、戦争の勝利であった。実際にこの翌月、彼は奴隷解放予備宣言を発令している。それによれば、連邦に反乱する州にいる奴隷は翌年一月一日からすべて自由身分となることが予告された。これは連邦の奴隷制に対する態度を国内外に明示する効果があり、とりわけ、連合国と綿花で深く結びついていたイギリスが表立って連合国に支援し続けるのを阻止した。他方、リンカンが奴隷解放宣言でもっとも懼れていたのは境界州が連合国側に寝返ることだったので、予備宣言公布のタイミングは慎重に見計られた。結局、アンティータムの激戦の勝利を見届けた段階でそれは実行される。

連合国内の奴隷が連邦軍に逃げ込む現象は、開戦当初から見られたが、予備宣言の時点ですでに数万人規模の逃亡奴隷が北軍の後方支援を行っていた。一八六三年一月一日に予告通り奴隷解放宣言に署名がされると、彼らは兵士として前線に立つようにもなった。連邦政府は同年五月には黒人部隊局を創設している。南北戦争は結局、連邦軍の勝利に終わる。

ところで、注意したいのは、奴隷解放宣言は連邦に反乱する州の奴隷のみを対象にしていた点である。つまり、連邦側の奴隷州すなわち境界州と連邦軍の占領地域内の約八〇万人の奴隷は対象外であった。また、リンカンが持論としていた所有者への補償や解放奴隷の海外植民も宣言には一切含まれていない。彼はのちにこう記している。「私は出来事をコントロールしていたなどとはいわない。むしろ、正直にいえば、出来事が私をコントロールしていたのだ」[18]。解放宣言はリンカンの暗殺後の一八六五年、修正第一三条として合衆国憲法に組み入れられた。総じていえば、リンカンの解放宣言は、奴隷廃止に焦点を絞って彼の評伝を書き上げたエリック・フォーナー曰く、「宣言は人権の尊重からではなく、「軍事上の必要性から」なされたもの」[19]にほかならなかったのである。

2　輝かしい近代化へのひとコマとして、国民誕生の助走としての奴隷廃止
――ラッタナーコーシン朝の場合

バウリング条約[20]

カンザスが流血に滴った直後の一八五五年、バンコクで暹英友好通商条約――通称バウリング条約――が結ばれる。ラッタナーコーシン朝ラーマ四世モンクット（在位一八五一―六八年）と在香港英領事ジョン・バウリングとのあいだで調印されたこの条約は、タイ史における近代外交の幕開けとし

て知られる。この条約で、ラッタナーコーシン朝はイギリスに対して従来の王室独占貿易体制を放棄し、自由貿易の門戸を開放するとともに領事裁判権を認めた。この条約を一種のひな形のようにしてその後、フランス、合衆国、プロイセンなどと王室は次々と不平等条約を結んでいく。

モンクット治世期の外交政策は王朝を取り巻く国際関係の急激な変化を念頭に置いて理解すべきである。近隣諸地域では植民地化の進展が予断を許さない状況にあった。現実に、条約締結の三年後にはナポレオン三世の派遣した軍勢が阮朝統治下の現在のベトナム南部に進駐し、その後の仏領コーチシナの原型が露わになる。また、マレー半島ではすでにシンガポールを押さえたイギリスがマラッカでも統治権を獲得し、着実に足場を築きつつあった。モンクット即位の翌年には、イギリスが下ビルマを併合する契機となる第二次英緬戦争も勃発している。王朝自体にもイギリスの銃口が向けられていた。サラワク王国の「白人ラージャ」ことジェームズ・ブルックがモンクットの先代ラーマ三世との条約締結を試みたが、難航する交渉過程で彼は武力による解決をちらつかせていた。植民地化の靴音はバンコクの王宮でももはや無視できる雑音ではなかった。とりわけ、モンクットは仏僧時代に英語を宣教師などから学び、香港やシンガポールの英字新聞を読むなどして、同時代の状況の変化に敏感だったとされる。

欧米諸国との関係を極力避けようとしてきた従来の王たちとは異なり、開明派と評されるモンクットは即位の頃、仏領事に「いまやわが国は、二方三方にわたり、強大な外国に囲まれている。小国にすぎない我が国は、この先どう振る舞えばいいだろうか」と心情を吐露する書簡を送ったとされている。(21) 条約を結ぶ以上、原則的に条約締結国同士は相互に国として見なしているのであるから、条約の締結は不意の植民地化の一応の抑止力になりえた。王が一連の不平等条約に署名をしたのはこうした状況のなかであった(22)。

条約の締結については王室の財政状況も加味する必要がある。アヘン戦争や太平天国の乱などによる混乱によって、清朝との朝貢貿易は以前ほどうまみのあるものではなくなっていた。他方、新たな貿易相手との交易を約束する条約締結は新たな収益をもたらす可能性を秘めていた。モンクットは一連の条約の締結によって、新たな技術や知識が導入され、資本の流入によって国内経済も活性化しているときわめて肯定的な評価を下している。

植民地化への一応の抑止力を不平等条約によって獲得し、かつ財政の悪化も喰い止めることのできた王室は以後、国力を蓄えつつ、植民地化のさらなる抑止のために「文明化」を試みていく。たとえば、即位したばかりのモンクットは欧米各国の首長や有力者に自国の存在を訴えようと、自らが英語で書いた書簡を送っていた。また、彼に続くチュラーロンコーン治世の最初期には、パリ万博（一八六九年）にも参加している。「未開」であるがゆえに植民地化という「文明化」の対象になるのであって、すでに文明化されている「文明国」ならば、その対象化を阻止できる。「文明国」として自国を国際社会のなかに定置しようとするこうした試みは、タイにおける近代化改革として知られるチャクリー改革の一端と見なすことができる。奴隷廃止もこの改革のなかに居場所を与えられる。ただし、チャクリー改革の意義をそこに留めることはできない。たとえばラッタナーコーシン朝期を社会史的に分析するニティ・エウセイウォンによれば、改革は「王政に絶対的権力を与え、中央の貴族、地方の貴族、朝貢国の支配者たち、そして仏僧組織といった旧来の慣習的な諸権力を減じる」ためのものでもあった[23]。では、そのような多義的な改革の理念や目標と奴隷廃止がどのようにかかわっていくのだろうか。それを論じるためにまず、タイ史の文脈における奴隷の姿を浮き彫りにする必要がある。

タート、プライ、ナーイ[24]

一八三〇年にパリ外国宣教会よってバンコクに派遣され、モンクットと近しい関係を築き、のちには東シャムの使徒座代理に叙せられたジャン゠バプティスト・パルゴアは一八五八年に刊行された自著のなかで、ラッタナーコーシン朝治下の総人口を五〇〇—六〇〇万人と見積もり、少なくともその三分の一が奴隷であると記している。先述のバウリングも同じような意見であった。これらがきちんとした人口調査に基づいていないことはもちろんであるが、しかし、ここから明らかなのは、奴隷がタイ、とりわけバンコクを訪れるこうした欧米人たちの視界に容易に入ってくる存在であった事実である。

欧米人訪問者が記録する「奴隷」は、タイ語で「タート」と呼ばれる存在に対応する[25]。タートは三印法典中の「タート法」によって定められた存在であった[26]。三印法典とは、ラッタナーコーシン朝初代のラーマ一世が編纂を命じ、アユッタヤー朝時代の法体系を基礎にして、一八〇五年に完成した法典である。タート法では、「使うことのできる奴隷七種」と「使うことのできない奴隷六種」が分類されており、それらをまとめれば、奴隷化の契機として債務、贈与、出生、刑罰、捕縛が法的に認識されていたといえる。ただし、一九世紀に入ると、このような様々な奴隷化の契機は実質的に債務へと集約されていくとされる。債務奴隷の場合、売り手が金品を受け取り、売却される人（売り手自身、あるいはその家族）が奴隷になるのだが、アキン・ラビバダナによれば、この文脈では買い手は「買う」という動詞を使わず、「助ける」という動詞を用いており、そこには「金を貸すことで貧しい者を助ける」という論理が内包されていた。この債務奴隷には大きく二種類あり、売買価格によって売り手の権利が異なる。法定身価（年齢と性別によって決められ、一定年齢に達するまでは上昇する）による売買の場合は買戻しの権利が消滅する完全売買奴隷、それ未満の場合は売り手に自由身分を買戻す権利が保留される預入売買奴隷となった。「タート法」成立の一九世紀初頭には後者が中心的になっていたと考えられる。預入売買奴隷の契約とは、いわば、その奴隷を質入れして、金を借りているような状態である。奴隷の労働は借金の利子の代わりとみなされた。

奴隷を一九世紀のタイ社会全体のなかに位置づけるならば、それを独立した社会層と見なすことは不適当である。そうではなく、複雑な保護と非保護、支配と被支配の動的なマトリクスのなかに位置づける必要がある。少なくとも一九世紀においてタイ社会は支配層と被支配層とに大別でき、前者（ナーイ）には王、王族と爵位をもった人間が属し、後者の範疇は、「隷属民」「平民」「自由民」などの訳語が宛てられるプライと奴隷とに分けられると一般的には説明される。支配層と被支配層をつなぐ紐帯は基本的には個人的な保護と非保護の関係性によって保たれていた。

労働力をめぐる駆け引き(27)

この支配層と被支配層の個人的な関係性の総体の上位に自らを位置づけることで、被支配層労働力の直接的・間接的な活用を試みていたのが王室であった。河川の氾濫原に拡がる広大で肥沃な土地に対して人口が希少だったその領内では、富の確保と維持には労働力の確保がきわめて重要な課題として横たわり続けてきた。このような状況下、王室は被支配層のなかで女性や子供、特定の条件を満たした男性を除いて徭役を課し、その労働力を王宮の警護や寺院の建設、王国内の主要交通手段であった河川や運河の開削にも用いた。徭役制の起源については不明であるが、一六世紀初頭には文献上、その存在が確認できる。一七世紀末のアユッタヤー朝の時代にタイを訪れたヨーロッパ人旅行者によってもこの制度は記録されており、徭役期間が年間六か月に及ぶ時期もあったが、新たに即位した王が人心掌握を目的にそれを短縮するなど、後代になるにつれ短縮される傾向にあった。また、王都から離れた地域では「ムアン」と呼ばれる統治単位が設定され、そこでは被支配層には徭役の代わりに物納が課されていた。このムアンは「地方国」と訳される場合が多いが、領域的な意味は帯びず、むしろ、それはムアンを統べるチャオ・ムアン（首長）の主要役人と被支配層との人的なつながりから構成されていた。物納の場合、王室による労働力の直接的な活用はないが、被支配層ひとり当たりの物納額が定められており、彼らの労働力が転じて物資となって納められる仕組みになっていた。たとえば、北部や東北部から納められるチークや漆、蘇木などは、バウリング条約以前の王室独占貿易体制下では清朝への朝貢品や海外輸出品として重要な位置を占めていた。このように、被支配層労働力の直接・間接利用は王室にとってきわめて重要であり、王都やムアンの被支配層はクロムやムーなどといったより小さな統治単位に登録され、手首や腕にその証を入れ墨で刻まれ、中央にはその管理を司る登録局が設けられた。

しかし、王室が個人的紐帯の上に立ち、その関係性から労働力や金品を搾取しようとするこうした試みは、徭役や納税を免れるための偽入れ墨の流行などによって常に挑戦にさらされていた(28)。そこからは、王室とそれ以外とのあいだの労働力をめぐる緊張関係を読み取れる。この関係性は二つに分けることができる。ひとつ目は王室とその他の支配層との関係である。小泉順子によれば、労働力管理に関する法令は被支配層ではなく、先述の統治単位を実質的に管轄する中間支配層に向けて発せられていた。他方、中間支配層の側からはそれに対する抵抗が見られた。支配下の人数を過少申告するのはその好例である。なぜそのようなことをするのかについては、チャオ・ムアンが王室からの収入を受けないかわりに、ムアン内の財政や司法に関する全権を掌握し、そこから生じる利益をまず押さえ、余剰の一部を王室に納めるという「食国制度」を念頭に置けばわかりやすい。つまり、被支配層の徴税対象人口を過少申告すれば、それだけ王室に納める額は少なくなる。これは同時に、中間支配層のもとに置かれた被支配層にも負担軽減という利益をもたらした。

二つ目は王室と被支配者そのものの関係である。すなわち、王室が中間支配者にかかわるのは、第一義として王室が彼らを介して被支配者層の労働力にアクセスしたいからであったが、被支配者の側もそれを巧みにかわしていた。先に述べた偽入れ墨もそうだが、それ以外にもチャオ・ムアンなどの有力者の私民になる方法があった。小泉によれば、王室と地方有力者たちとの折衝のなかで、一九世紀半ばには、後者に属する特定条件下で免除された者を除く被支配層のうち、三分の一は後者の私民として認定することが王室によって認められるようになり、私民については王室への物納が免除された。加えて、彼らが用いたのは家族や自らを支配者の誰かの奴隷にすることである。徭役や物納に免除のカテゴリーが存在することはすでに触れているが、奴隷もその範疇に含まれていた。奴隷身分から抜け出せなくなる可能性を考えると、この選択肢はリスクが高いように見える。しかし、いずれにせよ搾取されるのは同じである。奴隷になれば、少なくとも王室による搾取の対象ではなくなり、同時に、所有者からの保護の対象となった。つまり、どのような形であれ被支配者として生きるしかない多くの人びとにとって、奴隷なる身分はより負担の少ない人生を約束するものであったということができる。

こうした被支配層による王室との関係性の拒絶は、王室にとって許せるものではもちろんなかった。それは税収に関連してだけのことではない。被支配層が王室から切り離され、チャオ・ムアンなどのみに従属するということは、王朝の安定について大きな不安要因を形成することにほかならなかった。ムアンのなかには強大化し、そのもとに従属するムアンも存在した。従属するムアンのなかには直接ではなく、上位のムアンを介して王室に貢納する事例も存在した。強大化したムアンは王室にとって潜在的な対抗勢力と想起されるのである。

コメ、開拓、貨幣納、新たな労働力(29)

バウリング条約とそれに続く欧米諸国との条約の締結はラッタナーコーシン朝とその支配領域に自由貿易の風穴を開け、それは次第に広がっていった。この過程で重要な役割を果たした輸出品がコメである。バウリング条約以前にも主要な輸出品の一角を占めていたと考えられるコメは、自由貿易の風穴から海外市場へと勢いを増して吹き出していく。生産高は一八七〇年代前半から急増し、コメが輸出品の全体に占める割合も一八九〇年には約七割まで達した。増産は技術改良ではなく、主に耕地面積の拡大によって実現された。

耕地面積の拡大は、新デルタ地帯の開発によってなされる。チャオプラヤ・デルタはアユッタヤーを境に、その北に拡がる古デルタ地帯——数万年前に形成され、海抜が五から二〇メートル程度で南北に傾斜する——と、アユッタヤー以南に拡がる過去数千年のシャム湾からの堆積によって形成された海抜五メートル以下の新デルタ地帯とに分けられる。歴史的に人類が利用してきたのは、アユッタヤーやスパンブーリーなどの古い都市を擁する古デルタ地帯であり、低平な新デルタは雨季の全面冠水と乾季の全面乾燥、また、海水の流入によってヒトの生存環境としてきわめて厳しく、一九世紀に入っても未開発のまま放置されてきた。新デルタ地帯の開発の要は運河開削であった。それによって耕地面積は拡大し、流通網が整備される。運河開削自体はアユッタヤー朝でも、その後継王朝でも実施されてきたが、田辺繁治によれば、モンクットの先代にあたるラーマ三世（チェーサダーボーディン、在位一八二四—五一年）治世期に新たな時代を迎える。この時期に徭役の貨幣納が進展するようになり、従来のような徭役労働力が確保できなくなっていく。これと並行して、王室は次第にこうした事業における工賃を公定するようになる。賃金労働者を用いることで、不足した労働力を補おうというのである。そこにいたのが中国からの労働者である。

一八二〇年代初頭にバンコクを訪れたイギリスの外交官は、この時期にすでに「乗客は中国からシャムへのもっとも価値ある輸入品である[30]」と記している。次のモンクットの治世期には、彼らが運河開削を担うようにもなっていく。彼らすべてが定着したわけではないが、一八二二年の段階で四四万人程度であった王朝内の華僑・華人人口は、一九世紀前半の急激な流入を経て、一八五四年には総人口の約四分の一に匹敵する約一五〇万人に達した。一八五〇年代には、毎年、一万五〇〇〇人の中国人が移民してくると予測する同時代文献も存在する。

移民のプッシュ要因としては、アヘン戦争や太平天国の乱などによる政情不安や飢饉、人口圧が挙げられる。移民の多くはこれらの被害の大きい広東や福建といった南中国沿海部出身者たちによって構成されていた。プル要因としては、先述の徭役労働力不足に加え、一般的にはタイの人びとは農業に従事することを好んだために、農業以外の業種では常に労働力が枯渇していたという事情もある。王朝領内の南部にあるスズ鉱山、また、コメなどの輸出をするにあたっては、鉄道の敷設も必要だったし、精米施設や港湾でも労働力の調達は喫緊の課題であった。このような背景のもと、同時期のバンコクの非熟練労働者賃金は東アジアのどこの港よりも高かったとする研究もある。[31] 一八八〇年代に南中国沿海部諸港とバンコクとを結ぶ蒸気船の定期航路が開通すると、その流入に一層の拍車がかけられた。ウィリアム・スキナーは、一八九三年から一九〇五年までのあいだ、中国からタイへの出入国者の差が年間一四万五〇〇〇人の入超だったと試算している。

こうした移民労働力は概して労働の質が徭役労働力よりも高く、貨幣納の進展は王室にとっては渡りに船であった。貨幣納を王室が好んだ背景には、このような労働の質と経済効率との関係性に加えて、被支配層が王室に貨幣納をすることで中間支配層の被支配層労働力への関与を妨げる意図も認められよう。

このような被支配層の労働力をめぐる駆け引きが王室とその他の支配層とのあいだで進んでいたのである。注意したいのは、奴隷がこの駆け引きの蚊帳の外に置かれていたことである。この状況はチュラーロンコーン治世期に大きく変化する。

絶対王政、貨幣経済、奴隷廃止(32)

一八六八年の即位の時点でわずか一五歳だったチュラーロンコーンの治世当初は、有力貴族ブンナーク家が摂政政治を行っており、その意向に沿った副王が王の施政を代行していた。チュラーロンコーンが実権を握ったのは、自身が成人し、ブンナーク家当主や副王が死去した一八八〇年代半ばだったとされる。それまで貴族によって占められてきた大臣ポストをモンクットの息子や孫、いわゆる「モンクット・ファミリー」に与え、身内で周囲を固めるとともに、いわゆるお雇い外国人を雇うなどして一連の改革に本格的に着手するようになる。

近代法の整備、義務教育の導入等の教育改革に加え、徭役制が段階的に廃止されていく。その終着点は一八九九年の人頭税の導入と一九〇五年の徴兵制の施行であった。被支配層は徭役ではなく、貨幣納と徴兵制を通して王朝に貢献する体制が確立していく。それは、王室と被支配層とがもはや中間支配層を介さずに、直接に結ばれたことを意味した。

奴隷制はこの文脈のなかで廃止への道をたどる。王の即位以前にも奴隷制の改革は見られたが(33)、一八七四年の布告では、自らの即位年以降に生まれた奴隷は、法定身価が八歳で最高に達したのち年齢とともに減じていき、二一歳になった時点でそれが消滅することになった(34)。このような漸次的な方法をとった背景には、急激な奴隷制の廃止が招く悪影響（所有者への補償や解放された奴隷たちの生活の不安定）を王室側が認識していたことが先行研究では指摘される。同時に、ここではチュラーロンコーンの即位と奴隷廃止とが連動させられている点にも着目したい。その後、一九〇五年、徴兵制施行の四か月前、一八七四年の布告で対象外だった奴隷の法定身価を毎月四バーツの割合で減額し、新規売買を禁止する「ラッタナーコーシン暦一二四年タート法」を国土の多くを対象に発布し、一九一二年に全土くまなく対象とすることで奴隷廃止は完了する。

これと並行して、それまでは奴隷として用いていた戦争捕虜の扱いも改める必要があった。なぜならば、タイ国内に連行された近隣諸国民はそれらの国ぐにの宗主国となった西欧諸国によってその司法権が主張されうる対象であり、ひいては領域的侵略を招きかねなかったからである。一八九〇年代、メコン川の東岸を奪取したフランスがこの地域からの戦争捕虜に対して司法権を主張する動きへの牽制として、王朝はそれらの人びとを公式記録のなかでラオやプアン、チャム、ベトナム奴隷と呼称するのをやめている。

このように、ラッタナーコーシン朝治下では、世界経済や地域内の植民地化の進展、海をまたいだ人の移動を背景とする絶対王政の確立と独立の保持、一人前のプレイヤーとしての国際社会参加という目的のもと、奴隷廃止が進められていったのである。

3　内なる奴隷の「発見」——芸娼妓解放令と東アジアにおける奴隷概念の伝播

マリア・ルス号事件(35)

ラッタナーコーシン朝における奴隷廃止が本格化する一八七〇年代、明治政府はある国際問題に直面する。発端は一八七二年七月九日、横浜港に入港した一隻のペルー船だった。マリア・ルス号というこの船はマカオからペルーに向かう途中、台風に遭遇し、修理のためにやむなく横浜に入港したのだった。当時、ペルー政府と明治政府とのあいだには条約が未締結であったが、この時点でそれはさほどの問題とはならない。数日後、船客であった清国人男性が、この船の近くに停泊していた英王立海軍の艦船に救助される。ここから、この船には二三〇人の清国人年季契約労働者が「奴隷状態」で乗船していることが発覚した。神奈川県へ身柄を引き渡されたこの清国人男性は、最終的にマリア・ルス号船長に戻される。その後、この船から脱出した別の清国人乗客の証言で、最初の脱出者が帰船後、船長から虐待を受けていたことが明るみに出る。それをきっかけに行われた船客の清国人たちへの聞き取りでは、船長による苛酷な扱いに関する訴えがなされた。英領事館から外務卿副島種臣を通じて裁判の実施をけしかけられた明治政府は、内政に専念すべきなど反対の声もあったものの、太政官がこの一件に関する全権を副島に与える裁定を下し、その副島が神奈川県権令大江卓に特別法廷の設置を委任するという形で体裁を整え、八月七日より審理を開始する。英公使代理は副島を説得するなかで、全面的な協力を約束するとともに、明治政府にこの裁判を主体的に実施するだけでなく、国際的な動向となりつつある反奴隷交易について裁判を通じてその姿勢を示すよう勧告していた。

英領事館の後方支援のもと一八七二年八月三〇日に裁判は結審し、船長を放免にする一方、清国人船客は明治政府の保護下に置かれた。これに対して、船長は清国人船客と交わした契約に則ってペルーに向かうために彼らの身柄の返還を求め、神奈川県へ訴状を提出する。これを受けて、第二の裁判は同年九月一八日から開始された。裁判のなかで、船長の代言人チャールズ・ディケンズは今回の移民契約の執行が妥当であることを弁論するに際し、日本の事例を批判する。そのなかで強制的な蝦夷地への開拓民送出と並んで挙げられたのが、遊女奉公契約であった。これに対して、日本側の代言人は遊女が自由意志によって契約していることを強調するなどして反論する。この裁判の判決では、明治政府が国外への奴隷移民を全面的に禁止していることがまず確認され、この立場から船長の訴えは全面的に斥けられた。その後、明治政府とペルー政府とはこの件について仲裁裁判で決着をつけることにし、ロシア皇帝がその仲裁者に選定される。これも最終的に明治政府の勝訴となった。

マリア・ルス号裁判と内なる「奴隷」(36)

マリア・ルス号の一件を明治政府が裁く法的根拠が危うかったことは、居留地規定などを根拠にしばしば指摘される。また、通説では裁判の実施に積極的だったとされる副島種臣についても、その姿勢が一貫していないことが指摘される。それでも、明治政府はこの裁判を紆余曲折を経ながら実施した。その原動力として指摘できるのは、国際社会との距離をこの機会を通じて縮めることができるだろうという思惑であった。初代上海高等法院判事を務めたエドモンド・ホーンビーはマリア・ルス号事件に明治政府が関与するうえで重要な役割を果たした人物だが、彼はこの件をめぐって副島と最初に面会した際、「日本はいまや国際礼譲の新たな一員として名乗りをあげる機会を得たのだと示唆した(37)」と自叙伝に記している。また、お雇い外国人によって記されたとされる第二の裁判の判決文の冒頭では、全世界が受容する正義と公正の原則に従ったものであることを目指したという理念が述べられ、これに続いて判決文には日本が独立主権国家によって構成される「国際法体制」を受容したこと、すなわち国際社会の一員となったことが記されている。この判決はほかでもなく、国際社会に向けられたものであった。実際に、マリア・ルス号に関する一連の裁判は合衆国やイギリスの新聞、また「イギリスと外国の反奴隷制協会」の機関紙『アンチ・スレイヴァリー・レポーター』でも報道され、英庶民院議会でこの話題が取り上げられるなど国際社会では明治政府に好意的な受け止めがなされた。政府の側も少なくとも三冊の英文パンフレット類を発行し、その成果を広くアピールしようという姿勢がうかがえる。また、裁判長を務めた大江卓は司法省御雇ジョージ・W・ヒルに命じて一連の経緯をまとめさせ、それを和訳のうえ刊行したが、その序文からは「外からの視線」を十分に意識していたことがよくわかる。

困屈無告の難民二百三十余人をして提撕の下、直に束縛を釋き自主自由の権を得て故国に帰らしむ。けだし敗奴の事たるや素より我国律の厳禁にして、欧米文明の国に於いても盛んに之を主張して開明の先務とする所なり。今此一案の本邦に生ずるは、殊に虞らざるの好機会にして、内は以って開明文化の一大基礎を開き、外は以って万国に伝頒し、公法の一斑となすに足れり。(38)

マリア・ルス号事件をめぐる一連の裁判は国際社会の「たしなみ」としての国際法を受容し、人身売買という国際社会における「悪」に対して毅然とした対応を貫徹した存在として明治政府をアピールするうえで絶好の舞台だった。そうだとすれば、すでに奴隷廃止が世界各地で続々と達せられようとしていたこの時期に、しかも、そのような舞台で芸娼妓という「内なる「奴隷」」の存在を暴露された明治政府の動揺は過小評価できないだろう。

芸娼妓解放令(39)

マリア・ルス号に関する裁判が結審して約一か月後、芸娼妓解放令（以下、解放令と略）が公布される。解放令とは、通常、(A)一八七二年（明治五年）一〇月二日付太政官布告第二九五号（布）および、(C)同年一〇月九日付司法省達第二二号を指し示す。(B)太政官布告第二九五号に関する東京府の番外の達（一〇月七日）も一連の過程のなかで重要な意義を有しており、三つは相互に関連している。その概略をそれぞれ記せば、(A)では人身売買が人倫に背き、あるまじきことであり、古来より禁じられているにもかかわらず、年季奉公など、実質的な人身売買が行われている現状を指摘し、それを今後厳禁とすると第一項で謳う。そして、第四項では具体的に芸娼妓を取り上げ、それらを年季奉公から解放し、これに関する金銭貸借の訴訟は一切受理しないことを明言した。これに対して、(B)では、芸娼妓の解放について、その身代金を当事者間で早急に示談し、一週間以内に届出をするよう命じており、いわば、(A)で明言された金銭問題に関する訴訟不受理から一歩前戻りさせている。ところが、(B)が公布された翌日に東京府に伝達され、その後、告示された(C)では、改めて(A)で明言された金銭問題の訴訟の不受理を、次のような論理を用いて再度伝達する。つまり、芸娼妓は人身の権利を失っており、牛馬と同然である。牛馬に代金の返済を求めることはできない。したがって、芸娼妓に身代金や貸借金の返済などを要求することはできないとし、かつ、そうした金銭は実質的に古来より認められていない人身売買に関連しているがゆえに不正な金であるとする。

横山百合子によれば、東京府の伝達(B)は、遊女屋と遊女の現実的な関係に鑑みて、司法省の告示(A)よりも実効性の高いものであった。それと比べると、(B)の伝達後、速やかにそれを牽制する(C)を告示し、あくまでも早期の解放を実現しようとする司法省の対応やその告示内容には、切迫感が滲み出ている。いずれにしても、(C)によって芸娼妓の背負っていた借金は解消された。これを受けて、たとえば山梨県甲府市の遊廓新柳町では約七三パーセントの遊女が遊廓を離れ、東京の新吉原では、解放から一か月も経つと、遊女のうち、戻ってきた者が一〇分の一もいないと報告されるような事態を迎える。

マリア・ルス号裁判と解放令とのあいだを直接橋渡しする証拠はなく、また、近年の研究では、裁判開始以前にすでに芸娼妓解放の動きが司法省や大蔵省で見られたことが明らかになっている。それらの動向を吟味すると、これらの省庁の中枢にいた人びとの少なくとも一部が「内なる「奴隷」」として芸娼妓を位置づけており、世界規模で展開しつつあった奴隷廃止の動向にも決して無頓着でなかったことがわかる。たとえば、マリア・ルス号事件が明るみに出はじめた一八七二年七月二八日に司法省で行われていた議論では、日本に広く見られる年季奉公の名を借りた人身売買は諸外国にはない習弊であり、哀れみに堪えないとして、禁止のための布告案が作成されている。また、マリア・ルス号裁判開廷直前に大蔵大輔井上馨が正院に上申した芸娼妓解放にかかわる建議文では、芸娼妓とアメリカの奴隷とが「殆ント大同小異」(40)であると指摘されているし、大江卓はディケンズの陳述以前に、裁判を考慮して、横浜の遊郭を早急に廃止すべきであるとする書簡を大蔵省に送っている(41)。このように、マリア・ルス号裁判によってはじめて解放令が導かれたのではなく、すでに解放への動きは裁判以前に存在していた。であるならば、ダニエル・ボツマンが指摘するように、解放令に対する裁判の意義はこの動きの活性化に求められるべきだろう。ここに言葉を足すならば、そうした動きが具現化する後押しに、国際的な注視が必要だったのである。

旧い支配と新しい支配(42)

このように、解放令は間接的ながらも世界的な奴隷廃止の動きと連動していた。しかし、解放令に至るもうひとつの文脈にも注意したい。それはラッタナーコーシン朝と同じように、明治政府が志向した直接的な国民統治の実現に関係する。それは芸娼妓解放とどうつながっているのだろうか。以下では、横山百合子の新吉原を事例にした議論を紹介したい。

江戸幕府は遊女の活動を一定の区画に制限する政策をとっていた。そうした区画は遊女町や遊郭と呼ばれる。新吉原もそうした遊女町であり、一六一二年に設置された。江戸幕府統治下では、性の売買は遊女町が独占的に有する特権であった。一方、遊女町には江戸幕府から売買春の管理という役が課される。新吉原町を事例にすれば、この町以外で売春を行う非合法の売女とその所有者の摘発がこの町に課されており、江戸の売買春秩序の維持を担っていた。摘発はしばしば暴力を伴っており、たとえば、一七世紀の事例では摘発に一〇〇人もが動員され、戦闘行為も記録されている。このように、特権と役は表裏一体であった。

新吉原に限らず、こうした特権団体は日本各地に存在し、身分制と深く連動しながら、江戸幕府の統治の重要な礎石として機能してきた。明治政府成立当初の最重要課題のひとつは、身分制を解体し、ひいては、こうした特権団体が有するそのもとにいる人びとへの管理の枠組みも解体し、政府自らが直接的に国民を支配する仕組みの確立であった。その意味で、従来の売買春の管理の役を新吉原のような遊女町から取り上げる解放令は、明治政府が直接的に国民を統治するという新たな支配構造の確立の一翼を担っていたのである。

奴隷根性、あるいは奴性論――東アジアにおける「奴隷」(43)

世界中で議論されていた奴隷問題と解放令とがかかわるのと並行するように、「奴隷」という言葉が一定の意味を宿して日本語のなかに定着していく。一八七四年に刊行され、その二年後に廃刊された『明六雑誌』は、短命ながら日本における学術雑誌の先駆けとして知られている。国立国語学研究所が制作したこの雑誌のコーパスで「奴」という語がどれだけ用いられているのかを検索すると、八〇例が該当する。論文数だと二七編を数える。個々の論文の主題は異なるが、どれも自国、他国を問わず、国家や国民を論じており、奴隷の心性、すなわち、奴隷根性や、後述の中国語などにおける奴性や奴才につながるだろう用法も見られる。また、読売新聞では一八七五年八月一〇日付の紙面に笹野定則という人物が「奴隷根性」という言葉を用いて投書しているし、一八八二年二月二六日付の同紙には「独立したまえ」という題名で、植民地の独立を促す内容の文章も見える。そこでは植民地の人びとの心性を表す語として「奴隷心」という言葉が用いられている。

当時の日本の言論界や政界、さらには市井の人びとの視線が、倣うべき模範として憧憬の念を織り交ぜながら欧米、つまり植民地支配者に向いていたとすれば、奴隷や奴隷根性といった語はその真逆に定置されるべき対象であった。その文脈では奴隷とは敗者のなれの果てなのであり、そんなものは誰も目指したくない。したがって、実体としての奴隷――多くの場合、合衆国の黒人奴隷を念頭に想起される――は哀れみだったり、ときにその境遇に義憤を覚える対象であったりしても、石川禎浩が論じるように、精神的隷属の象徴なのであり、決して自分たちがそのようになってはならない対象であった。その意味で、日本人と自認する人びとが日本人の奴隷的な心性、すなわち奴隷根性を語ることはきわめて痛烈な自集団批判だったのであり、現実に奴隷、つまり被支配者となってしまう潜在的可能性から脱却せねばならないという焦燥感や緊張感がそうした語りには常に付帯していた。

しかし、日清・日露戦争を経て日本が国際社会のなかで一定の立場を獲得するようになると、「奴隷」はより日常のなかで見出されるようにもなっていく。読売新聞一九〇八年一二月二四日付紙面の投稿欄には次のような文章が掲載されている。「僕の友の下宿屋に女学生が一人居るが、「男は女の奴隷ですわ」と云っているそうだ。実に癪にさわるではないか」。また、百姓と奴隷とを重ね合わせたり（朝日新聞一八九八年一二月一日付）、女性のありかたを奴隷になぞらえたり（読売新聞一九〇五年四月二六日付）する用例も見られる。

日本語の「奴隷」という語が国際社会における国家単位の焦燥感や緊張感からこうして解放されていくのと入れ替わるように、中国で奴性論が流行する。岸本美緒にしたがえば、奴性論とは次のようなものである。すなわち、清朝末期以降、「奴性」や「奴才」といった語が中国人の民族性を言い表す一種の流行語となる。「奴」という語には、人間からもっともかけ離れたおぞましさが歴史的に染み渡っていた。したがって、「奴性」や「奴才」というのは、独立や自立、国民、愛国心、自由平等、権利といった同時代に世界的に共通して価値をもつとされた言葉の指し示す概念や観念と対極に定置される。すなわち、「奴隷」や「奴性」「奴才」という語が用いられるときには、二〇〇〇年に亘る専制政治によって、国民各自のなかに「奴性」や「奴才」が染み込んでしまっているという自覚にたち、内面的変革なくしては中国が滅亡してしまうという、強い危機感がその文脈を支配する。こうした方向性をもつ議論を岸本は奴性論と定義する。こうした奴性論には、日本における「奴隷」や「奴隷根性」といった概念が影響を与えていた事実が明らかにされている。日本への亡命経験をもつ梁啓超が奴性論の代表的な論者であるのは決して偶然ではない。岸本によれば、一九〇三年以降、中国語刊行物で「奴隷」の用例が急増する。それらの用例では、「奴隷」という語は抽象的・比喩的に用いられ、世界情勢のなかでの中国の従属的状況や中国人の態度が問題とされる。また、朝鮮でも、中采浩（一八八〇—一九三六年）が事大主義や植民地支配に対する自民族のあり方のなかに奴性を見出し、その超克のために大檀君民族主義を唱える。このように、東アジアでは、「奴隷」という言葉に国際社会における自集団の立ち位置に関する焦燥感や緊張感が詰め込まれていく。「奴隷」とは自らのうちに潜み、他方、自らの目指す西洋諸国にはないものであった。内なる「奴隷」を克服することなしに、国際社会における自らの立ち位置は十分に確立することができないという考えが共有されていく。

4　廃止される奴隷制、廃止されない奴隷制——国際社会のなかで

エチオピアの国際連盟への加盟(44)

このようにして、奴隷廃止が「文明化」の証として「文明国」を標榜する国ぐにで成し遂げられ、特に東アジアでは、「文明（近代）化」のためには訣別すべき自己が「奴隷」という言葉に込められ

ていく。奴隷廃止がウィーン会議で議題に上ったのちも、たびたび、奴隷廃止の問題は国際会議の重要な議題として討議されてきた。一八八四年から翌年にかけて開催されたベルリン会議では奴隷交易の禁止が宣言されているし(ベルリン協定第二章)、一八九〇年のブリュッセル会議は奴隷交易そのものの禁止を主要な議題に据えた会議であった。ベルリン会議の主要成果が欧米列強によるアフリカ分割の原則の確認であったように、どちらも奴隷廃止が植民地支配の問題と表裏一体で議論されたことはいうまでもない。そして、その背景に、植民地支配と奴隷廃止とを結びつける「文明化」概念が大きく影響を及ぼしていることにも研究者間で異論はない。これらの協定の内容は一九一九年のサン゠ジェルマン・アン・レ会議で再確認されている。

まさにそうした時代背景のもとに立ち上がったのが国際連盟であった。第一次世界大戦の終結を受けたヴェルサイユ条約に基づき一九二〇年に結成された国際連盟は、国際的平和維持機構として自己を規定する。広く知られているように、ここにはアメリカ合衆国やソヴィエト連邦は参加していない。いわば、二大大国を欠いたこの組織の脆弱さはよく指摘される。しかし、それでも国際連盟は立場によってはきわめて重要な意味を有した。とりわけ、以下のエチオピアの事例はその好例である。

一九二三年、エチオピアが国際連盟加盟を申請する。その意図は自国の独立の保持にあった。連盟規約第一〇条には、加盟国の領土保全と政治的独立が謳われている。当時、この国の近隣には英仏伊といった植民地勢力がひしめき合っていた。加盟申請の時点で、エチオピアは侵攻をすでに一度、撃退している。一八九六年、イタリアがエチオピアの保護国化を主張したのを引き金に両国のあいだで第一次エチオピア戦争が勃発したが、エチオピアが勝利し、イタリアに自らの独立を承認させていた。

しかし、一九〇六年、英仏伊はエチオピアを蚊帳の外にエチオピア利権の分割に合意する。第一次世界大戦は一時的に三国にエチオピアへの関心を逸らさせたが、その終結とともに彼らの視線は再び引き戻されていた。

エチオピアの加盟に際して奴隷制の有無が大きな焦点となる。国際連盟はその結成当初から、奴隷廃止につながる問題意識を有していた。たとえば、連盟規約第二三条では労働問題や人身売買に言及している。奴隷問題が具体的に議論の俎上に上るのは、一九二二年の第三回総会でのニュージーランド代表による動議にはじまる。そこでは、アフリカ大陸、とりわけエチオピアに存在する奴隷制に関して、情報収集とそれに基づく適切な処置を国際連盟として行うことが提案された。これを受け、アフリカ大陸の奴隷制に関して「悪との戦いのための最上の手段」を議論するための委員会が設置され、それは本書冒頭で紹介した一九二六年奴隷条約につながっていく。

エチオピアの奴隷制が国際社会で注目されるようになったのは、第一次世界大戦終結後にエチオピアとイギリスが共同で行った国境画定のための踏査がきっかけであった。アディス・アベバからジンマまでの地域から英領東アフリカへ向けて一歩外に出れば、活発な奴隷交易の痕跡がそこかしこで認められ、奴隷供給地が英領に喰い込んでいることも明らかになった。この事実は一九二二年一月に『ウェストミンスター・ガゼット』紙で公表される。この情報に関心を示したのが、英反奴隷制協会が一九〇九年に原住民保護協会と合併した「反奴隷制及び原住民保護協会」であった。彼らは英外務省が動かないのを悟ると、国際連盟でのロビー活動を行う。先の動議はその成果に位置づけられる。

エチオピアが加盟申請するか否かは国際連盟内外で見解が分かれていた。外部からのいかなる内政干渉も拒んできたことから、申請はないだろうという意見も聞かれた。加盟に際して問題視されるのが不可避だった奴隷制とは、一九一六年に実権を握ったハイレ・セラシエ一世ラス・タファリにとって、「伝統のなかに深く根付いている」ものであり、容易に廃止できるものではなかった(45)。それでも加盟申請し、第四回総会で全会一致によって認可された。ただし、それはエチオピアがベルリン協定以来の奴隷廃止に関する国際社会の取り組みに賛同を表明し、その実現に取り組むことをひとつの条件としていた。

このように、「伝統のなかに深く根付いている」ものと訣別し、「文明化」を受け入れることでエチオピアは国際連盟に加盟した。一九二四年には、ラス・タファリは自国の奴隷制と奴隷交易に関する現状とそれに対する取り組み、そして同年三月に公布した奴隷制の廃止を国際連盟に報告している。しかし、「文明化」と引き換えに抑止したはずの植民地化が一九三六年に実現してしまう。国際連盟はイタリアのエチオピア侵攻に対しては無力であった。イタリア・ムッソリーニ内閣は、エチオピアにおける奴隷制の廃止が不十分であり、この侵攻を奴隷制との戦いとして正当化した。ラス・タファリはロンドンに亡命する。

見過ごされた人びと①——フランスの三度目の廃止(46)

このように奴隷という存在や言葉そのものに地球規模で一定の共通した理解が生まれ、各地で奴隷と名指しされる存在が解放され、制度自体も廃止されつつあった時代のなかでも、地球のどこかでは奴隷制が存続していた。それは国際社会から隔絶された場所にではなく、国際社会の主要メンバーで

図20　ゴレ島を海から臨む

注）ダカールの沖合に浮かぶゴレ島はフランスのアフリカ大陸西部支配の出発点として，また，奴隷積み出し港として知られるが，非常に小さい島である．

ある帝国の内側にあった。

フランスは三度、奴隷制を廃止している。一八四八年のフランスにとって二度目の奴隷制廃止は、帝国規模で見れば、最後の廃止ではない。それ以降も、アフリカ大陸西部では奴隷制が温存された。一八四八年の時点では、フランスの拠点はほぼゴレ島（図20）とサン・ルイに限定され、その周囲は現地勢力に取り囲まれていた。廃止を知った近隣の奴隷たちがそれらの拠点に押し寄せる混乱を避けるために、それらを統べるセネガル総督は、近隣の支配者たちに奴隷たちを自領域から遠ざけるようにあらかじめ警告をしていた。また、おそらくは仏領植民地に出入りする商人からの伝聞で奴隷制廃止の予定を知った近隣の支配者のなかには、自らの奴隷を勝手に解放されたあかつきには宣戦布告を予告する者もいた。

一八五四年にセネガル総督に着任したルイ・フェデルブは仏領西アフリカの基礎を築いた人物だが、彼は支配領域を広げる過程で、本国の法律に従って征服地に奴隷制廃止を強いれば、統治がたちいかなくなることを理解していた。そこで彼は、一八四八年の本国における廃止の法的根拠となっていた通称シュルシェル法を同年以降に征服した土地には適用しないこと、そして、アフリカ大陸の征服地の住民は市民ではなく、臣民であり、それゆえにフランスの法の適用範囲外であるとする打開策をひねり出す。その後もフェデルブは版図の拡大を進める一方、仏領内で奴隷制を実質的に温存する仕組みを巧妙に作り上げていく。それは新たな征服地だけに留まらなかった。たとえば、一八五七年には、サン・ルイに連れてこられた子供は二四時間以内に解放する条件で購入可能となり、その子供を解放した人物は子供の後見人となることを定めた。これは、サン・ルイ住民（白人、黒人問わず）の家庭における児童労働力の主要な供給装置として機能した。このように、一八世紀後半、アフリカ大陸西部のフランス支配地域では奴隷制が温存される。ちょうど、落花生のプランテーション栽培も軌道に乗り出すのがこの頃である。労働力はいくらでも必要だった。

他方で征服も進められていくが、その軍勢が四〇〇〇名を超えることはなかったとされる。したがって、前線では誰かれかまわず戦うのではなく、味方につけられる勢力は味方につける必要があった。奴隷廃止を掲げてはつく味方もつかないように思われた。こうして、前線では奴隷制の存続が不問に付される。こうした征服活動の前線を武官が指揮する一方、状況の安定した後方には文官が派遣されるようになるが、そこでは新たな状況が生じる。文官が奴隷制廃止を進めようとするのである。たとえば、一八七五年には、先述のサン・ルイを往来する奴隷交易に対して新任の検事が法的な裁きを下そうとしたのを総督が阻止する一件が生じている。

拡張期のアフリカ大陸西部のフランス支配地域では、このように、奴隷制の廃止を推進する力とそれを温存する力との拮抗する状況が続くが、その終わりは突如訪れる。一八九八年、フランスに対してもっとも強硬に抵抗を続けていたサモリ・トゥーレが捕えられ、ティエバ・トラオレがシカッソに築いた強固な砦も陥落する。仏領西アフリカには、もはや際立った軍事的懸念は存在しなかった。統治の主体はこれで文官へと移行していく。それはフランス帝国のなかで奴隷制廃止と温存との拮抗関係が終わったことを意味した。一九〇五年、仏領西アフリカに次の布告が下る。すなわち、そこでは誰かを奴隷にすること――つまり奴隷化――と奴隷の取引とが廃止された。このように、仏領西アフリカでは、奴隷廃止は植民地化の進展具合に応じて留め置かれ、そして頃合いを見計らって再び進められていったのである。

見過ごされた人びと②――ペルシア湾の非公式帝国(47)

ペルシア湾では奴隷制が二〇世紀半ばまで残存した。一八二〇年の一般和平協約はインド洋西海域における奴隷交易廃止への重要な一歩であったが、それが締結されたペルシア湾では奴隷廃止へ向かう動きはきわめて緩慢だった。奴隷交易については、インド洋西海域での監視活動がペルシア湾ではなく、奴隷の主要供給源たるアフリカ大陸東部沿岸に注力されたという理由が挙げられる。これに対して、一九世紀後半から、ナツメヤシや真珠が世界商品になっていくのと並行して、ペルシア湾で労働力需要が増加していった。アフリカ大陸東部沿岸からの奴隷輸送が困難になるなか、需要はバルーチスタンという新たな奴隷供給地をペルシア湾内に獲得することで満たされていく。ガージャール朝と英領インドというふたつの強大な政治権力の緩衝地帯になったバルーチスタンでは、部族単位の小規模な政治権力が拮抗し、そこでの争いに必要とされる銃や弾薬と奴隷が交換された。遊牧民が多くを占めるこの地域では、家畜の略奪は抗争の手段として一般的であり、その延長線上に対立勢力成員の誘拐があった。彼らが奴隷として取引された。また、奴隷の二世、三世も貴重な労働力となった。

この時期のペルシア湾は、一般にイギリスの非公式帝国として位置づけられる。非公式帝国とは、直接的な支配を伴わずに一定の政治経済的な支配を及ぼす状態を指すが、「帝国」という言葉につられてイギリスが強権的な振る舞いができたと想定すると、それは現実とはかけ離れてしまう。

港を拠点として血縁集団を核とする小規模な集団がひしめき合うペルシア湾、特にそのアラビア半島側では、水資源の充分な確保など生存基盤の安定は容易ではなかった。そのため、より良い生存環境の獲得・確保に争いが常に絶えなかった。秩序の安定は集団間のパトロン―クライアント関係によってはかられる。イギリスが非公式帝国を築けたのは一八一九年に当時、ホルムズ海峡を中心に一大勢力となっていたカワースィム集団を海賊鎮圧の名のもとに撃破したことに大きく依っている。この出来事と翌年の一般和平協約の主導によって、イギリスは現地勢力間で形成されるパトロン―クライアント関係のさらに上に立つパトロンとしての立場を確立したのである。しかし、そのことはイギリスに強権的な行動を許したわけではない。フランスやオスマン朝はペルシア湾に影響力を伸張させようとしていたし、ロシアも決して無視できなかった。クライアントたる諸首長国にとってイギリスの代わりはいくらでもいたのである。

首長国がパトロンとしてのイギリスに求めたのは基本的には首長国間での争いの仲介や回避なのであり、内政に手を突っ込まれることは一切、望んでいなかった。したがって、イギリスの要求を呑んで奴隷交易の制限や禁止をしても、奴隷制への介入は別問題であった。イギリスの側もそれを充分に認識していた。本国とインドを結ぶエンパイアルートとしての重要性をもつペルシア湾に非公式帝国を維持することは、帝国としてのイギリスにとってきわめて重要な意味をもっていた。二〇世紀前半、様々な理由で奴隷が英領事館や現地代理人のもとに保護を求めて押し寄せる状況が発生するが、そうした場合、どう対応するかに関して指示書が作成されている。そこでは、個々の首長国と締結した条約の範囲をまず確認し、さらには、それぞれの支配者の性格などにも鑑みた慎重な対応が指示された。たとえば、ブー・サイード朝の場合は、スルターンの顔色をうかがうことが指示され、首長と奴隷交易禁止の条約を一切結べていないクウェイトからやって来た奴隷の場合は、それがはっきりとした時点で一切相手をしないようにと注記される。世界の奴隷廃止の旗手であったはずのイギリス政府はペルシア湾では密かに帝国の権益を優先させていた。

(1)　詳細は、鈴木英明「サイード・ビン・スルターン没後のアフリカ大陸東部領土相続をめぐる経緯——奴隷流通構造における沿岸部スワヒリ社会の機能変化に関する追論」『スワヒリ・アンド・アフリカ研究』二二、二〇一一年を参照。

(2)　デイヴィッド・アーミテイジ著、平田雅博・岩井淳・菅原秀二・細川道久訳『独立宣言の世界史』ミネルヴァ書房、二〇一二年、五八—六二頁、清水忠重『アメリカの黒人奴隷制論——その思想史的展開』木鐸社、二〇〇一年、五五—六七頁、ジェームス・B・スチュワート著、真下剛訳『アメリカ黒人解放前史——奴隷制廃止運動（アボリッショニズム）』明石書店、一九九四年、七五—八七頁。

(3)　"Anthony Johnson versus John Casar, Northampton County Court Case, 1655," Document Bank of Virginia (http://edu.lva.virginia.gov/dbva/items/show/126　最終確認日二〇二〇年七月三〇日).; Theodore W. Allen, *The Invention of the White Race: The Origin of Racial Oppression in Anglo-America*, Vol. 2, London: Verso, 1997, pp. 178–180.; Ira Berlin, "From Creole to African: Atlantic Creoles and the Origins of African-American Society in Mainland North America," *The William and Mary Quarterly* 53: 2, 1996.; ibid., *Many Thousands Gone: The First Two Centuries of Slavery in North America*, Cambridge: Harvard

U. P., 1998, pp. 29–31.; Warren M. Billings (ed.), *The Old Dominion in the Seventeenth Century: A Documentary History of Virginia, 1606–1700*, Chapel Hill: The University of North Carolina Press, 2007, pp. 173–174, 180.; T.H. Breen and Stephen Innes, *"Myne Owne Ground": Race and Freedom on Virginia's Eastern Shore, 1640–1676*, 25th Anniversary Ed., New York: Oxford U. P., 2005, pp. 7–18.; John C. Coomb, "Beyond the 'Origins Debate': Rethinking the Rise of Virginia Slavery," in Douglas Bradburn and John C. Coomb (eds.), *Early Modern Virginia: Reconsidering the Old Dominion*, Charlottesville: University of Virginia Press, 2011.; Winthrop D. Jordan, "Modern Tensions and the Origins of American Slavery," *The Journal of Southern History* 28: 1, 1962, pp. 23–24.; Abbot Emerson Smith, *Colonists in Bondage: White Servitude and Convict Labor in America 1607–1776*, Chapel Hill: The University of North Carolina Press, 1947, p. 336.; David W. Galenson, "The Rise and Fall of Indentured Servitude in the Americas: An Economic Analysis," *The Journal of Economic History* 44: 1, 1984, pp. 2–6.; Edmund S. Morgan, *American Slavery, American Freedom: The Ordeal of Colonial Virginia*, New York: W.W. Norton and Co., 2003（1st. 1975）, pp. 316–337.; Justin Roberts, "Race and the Origin of Plantation Slavery," Oxford Research Encyclopedias of American History（http://americanhistory.oxfordre.com/view/10.1093/acrefore/9780199329175.001.0001/acrefore-9780199329175-e-268?rskey=fZo3n8&result=1 最終確認日二〇二〇年八月四日）.; John Henderson Russell, "The Free Negro in Virginia 1619–1865," Ph.D thesis to the Johns Hopkins University, 1913, p. 24.; Lorena S. Walsh, *Motives of Honor, Pleasure, and Profit: Plantation Management in the Colonial Chesapeake, 1607–1763*, Chapel Hill: The University of North Carolina Press, 2010, p. 113.; アイラ・バーリン著、落合明子・大類久恵・小原豊志訳『アメリカの奴隷制と黒人――五世代にわたる捕囚の歴史』明石書店、二〇〇七年、四七―九〇頁、和田光弘『紫煙と帝国――アメリカ南部タバコ植民地の社会と経済』名古屋大学出版会、二〇〇〇年、一四四―一四五頁。

（4） 和田光弘は、イギリスの下層民出身の若い独身男性が一七世紀の典型的な年季契約労働者であるとし、故郷で職にあぶれた彼らが近郊の小都市に職を求めて移動し、そこでも職が得られずに大都市に移動し、結局、新大陸移住を決意したというモデルを提示する。つまり、国内移動の延長としての移民として捉える（和田『紫煙と帝国』一一〇―一一一頁）。

（5）　メリーランド植民地の事例と共通する歩みをたどったヴァジニア植民地の奴隷法制定過程については、池本幸三『近代奴隷制社会の史的展開――チェサピーク湾ヴァジニア植民地を中心として』ミネルヴァ書房、一九八七年、二四七―二六五頁を参照。

（6）　Gary B. Nash, *Forging Freedom: The Formation of Philadelphia's Black Community 1720–1840*, Cambridge: Harvard U. P., 1988, pp. 63–65.; Patrick Rael, *Eighty-eight Years: The Long Death of Slavery in the United States, 1777–1865*, Athens: The University of Georgia Press, 2015, pp. 64–68.; バーリン『アメリカの奴隷制と黒人』一六六―一六九頁。

（7）　Carden, *Freedom's Delay*, p. 68.; Judith A. Carney, *Black Rice: The African Origins of Rice Cultivation in the Americas*, Cambridge: Harvard U. P., 2001, p. 289.; Steven Deyle, *Carry Me Back: The Domestic Slave Trade in American Life*, Oxford: Oxford U. P., 2005.; Thomas Ellison, *The Cotton Trade of Great Britain: Including A History of the Liverpool Cotton Market and of the Liverpool Cotton Broker's Association*, London: Effingham Wilson, 1886, p. 86.; Elizabeth Fox-Genovese and Eugene D. Genovese, *The Mind of the Master Class: History and Faith in the Southern Slaveholders' Worldview*, Cambridge: Cambridge U. P., 2005, p. 77.; Allan Kulikoff, *Tobacco and Slaves: The Development of Southern Cultures in the Chesapeake 1680–1800*, Chapel Hill: the University of North Carolina Press, 1986, p. 70.; Angela Lakwete, *Inventing the Cotton Gin: Machine and Myth in Antebellum America*, Baltimore: The Johns Hopkins U. P., 2003, pp. 21–25.; Patricia Phillips Marshall, "King Cotton," in Anita Zaleski Weinraub (ed.), *Georgia Quilts: Piecing together a History*, Athens: The University of Georgia Press, 2006, p. 102.; バーリン『アメリカの奴隷制と黒人』二六一―二七〇頁、本田創造『アメリカ南部奴隷制社会の経済構造』岩波書店、一

九六四年、七一頁。

(8) Scott Gac, *Singing for Freedom: The Hutchinson Family Singers and the Nineteenth-Century Culture of Antebellum Reform*, New Haven: Yale U. P., 2007.; Deborah C. De Rosa, *Domestic Abolitionism and Juvenile Literature 1830–1865*, New York: State University of New York Press, 2003, pp. 18–24.; Hannah Townsend, *The Anti-Slavery Alphabet*, Philadelphia: Merrihew and Thompson, 1846.; 小池洋平『「奴隷的拘束禁止」の憲法上の意義——アメリカ合衆国憲法修正第一三条はなぜ奴隷制を廃止したのか』早稲田大学大学院社会科学研究科に提出された学位請求論文、二〇一八年、一九—二〇頁、澤入要仁「一九世紀のアメリカン・バンド——ハッチンソン・ファミリーとアメリカ大衆詩」『国際文化研究科論集』一三、二〇〇五年、森本あんり『反知性主義——アメリカが生んだ「熱病」の正体』新潮社、二〇一五年、一四五—一八三頁。

(9) Richard Price (ed.), *Maroon Societies: Rebel Slave Communities in the Americas*, 2nd. ed., Baltimore: The Johns Hopkins U. P., 1979.; Mary Ellen Snodgrass (ed.), *The Underground Railroad: An Encyclopedia of People, Places, and the Operations*, London: Routledge, 2015.

(10) L. Diane Barnes, *Frederick Douglass : A Life in Documents*, Charlottesville: University of Virginia Press, 2013, p. 72.

(11) Eric Burin, *Slavery and the Peculiar Solution: A History of the American Colonization Society*, Gainesville: U. P. of Florida, 2005, pp. 7–8, 26, 88–91 (table 1–5).; Lacy Ford, *Deliver Us from Evil: The Slavery Question in the Old South*, New York: Oxford U. P., 2009, pp. 70–71.; Holcomb, *Moral Commerce*, pp. 79–80.; James Oliver Horton and Lois E. Horton, *Slavery and the Making of America*, Oxford: Oxford U. P., 2005, pp. 90–92.; Richard S. Newman, "'A Chosen Generation': Black Founders and Early America," in Timothy Patrick McCarthy and John Stauffer (eds.), *Prophets of Protest: Reconsidering the History of American Abolitionism*, New York: The New Press, 2006, pp. 61–62.; Nash, *Forging Freedom*, pp. 142–143, 238.; Rich-

ard S. Newman, *Freedom's Prophet: Bishop Richard Allen, the AME Church, and the Black Founding Fathers*, New York: New York U. P., 2008, p. 204.; Allan Yarema, *The American Colonization Society: An Avenue to Freedom?*, Lanham: U. P. of America, 2006, pp. 53-55.; 清水忠重「アメリカ植民協会のリベリア経営」『神戸女学院大学論集』三九―三、一九九三年、三頁、竹本友子「アメリカ植民協会の歴史的性格――黒人解放運動との関連において」『史苑』四二―一・二、一九八二年、一一六頁、バーリン『アメリカの奴隷制と黒人』一七三―一七七頁。

(12) たとえば、ヴァジニア州議会は、一八〇六年に、解放された黒人は一年以内に州を離れることを定めた法案を通過させている（Carden, *Freedom's Delay*, p. 69)。

(13) 一部で見られた自由黒人たちの好意的な反応については、たとえば、Gress D. Kimball, "African, American, and Virginian: The Shaping of Black Memory in Antebellum Virginia, 1790-1860," in W. Fitzhugh Brundage (ed.), *Where These Memories Grow: History, Memory, and Southern Identity*, Chapel Hill: The University of North Carolina Press, 2000, p. 72を参照。

(14) Nash, *Forging Freedom*, p. 238.

(15) ネブラスカ・カンザス法の広範な影響については、John R. Wunder and Joann M. Ross (eds.), *The Nebraska-Kansas Act of 1854*, Lincoln: University of Nebraska Press, 2008を参照。

(16) William A. Blair and Karen Fisher Younger (eds.), *Lincoln's Proclamation*, Chapel Hill: The University of North Carolina Press, 2009.; Henry Louis Gates, Jr. (ed.), *Lincoln on Race and Slavery*, Princeton: Princeton U. P., 2009, pp. xvii-lxviii, 237, 243, 301.; 清水『アメリカの黒人奴隷制論』二八二―二九八頁、エリック・フォーナー著、森本奈理訳『業火の試練――エイブラハム・リンカンとアメリカ奴隷制』白水社、二〇一三年。

(17) Gates, Jr. (ed.), *Lincoln on Race and Slavery*, p. 237.

(18) Gates, Jr. (ed.), *Lincoln on Race and Slavery*, p. 301.

(19) フォーナー『業火の試練』、二三四頁。

(20) Benjamin A. Batson, *The End of the Absolute Monarchy in Siam*, Singapore: Oxford U. P., 1984, pp. 4-6.; S. Baring-Gould and C.A. Bampfylde, *A History of Sarawak: Under Its Two White Rajahs 1839–1908*, Kuala Lumpur: Synergy Media, 2007, pp. 155-156（1st. London, 1909）.; Nidhi Eoseewong, *Pen and Sail: Literature and History in Early Bangkok*, ed. by Chris Baker, Bangkok: Silkworm Books, 2005, p. 145.; Steven Runciman, *The White Rajahs: A History of Sarawak from 1841 to 1946*, Kuala Lumpur: Synergy Media, 2007（1st. Cambridge, 1960）, pp. 128-129.; 石井米雄『タイ近世史研究序説』岩波書店、一九九九年、石井米雄著、飯島明子解説『もうひとつの「王様と私」』めこん、二〇一六年、一六、九五頁、永井史男「外圧なき開国（一）——一九世紀シャムにおける近代化の開始に関する一考察」『法学論叢』（京都大学）一三五—二、一九九四年、五六、六五—七〇頁、矢野暢「政治の〈前近代〉と〈近代〉——「チャクリー改革」論」矢野暢編『講座東南アジア学——東南アジアの政治』七、弘文堂、一九九二年、一二頁。

(21) 石井米雄著、飯島明子解説『もうひとつの「王様と私」』六四—六五頁。

(22) 飯島明子は、後述するような人的結合を統治の基礎としてきたタイの王朝にとって、俗人主義的な領事裁判権はむしろ自然のことだったと見解を表明する（飯島明子「タイにおける領事裁判権をめぐって——保護民問題の所在」『東南アジア研究』一四—一、一九七六年、七五頁）。

(23) Eoseewong, *Pen and Sail: Literature and History in Early Bangkok*, p. 145.

(24) John Bowring, *The Kingdom and People of Siam: With a Narrative of the Mission to that Country in 1855*, Vol. 1, London: John W. Parker and Son, 1857, p. 455.; R. B. Cruikshank, "Slavery in Nineteenth Century Siam," *The Journal of the Siam Society* 63: 2, 1975, pp. 316, 330.; Neil A. Englehart, *Culture and Power in Traditional Siamese Government*, Ithaca: Cornell Southeast Asia Program Publications, 2001, pp. 36–41.; R. Lingat, *L'esclavage privé dans le vieux droit Siamois*, Paris: Les Editions Domat-Montchrestien, 1931, p. 227.; Jean-Baptiste Pallegoix, *Description du royaume Thaï ou Siam*, Bangkok: D.K. Book House, 1976, p.

119.; Akin Rabibhadana, "The Organization of Thai Society in the Early Bangkok Period, 1782-1873," Data Paper Number 74, Southeast Asia Program Department of Asian Studies, Cornell University, 1969, pp. 110-111.; Andrew Turton, "Thai Institutions of Slavery," in Watson (ed.), *Asian and African Systems of Slavery*, pp. 262-267.; 飯島「タイにおける領事裁判権」七四、石井米雄「タイの奴隷制に関する覚書」『東南アジア研究』五—三、一九六七年、一六七—一七六頁、同「三印法典について」『東南アジア研究』六—四、一九六九年、北原淳『タイ農村社会論』勁草書房、一九九〇年、三〇—三一頁、西澤希久男「タイ伝統法における奴隷制度が有する担保機能について」『国際開発研究フォーラム』三四、二〇〇七年、一六〇—一六一頁。

(25)　しかし、たとえば、バウリングに奴隷制に関する詳細な情報を提供した「バンコク在住の紳士」は、「タート」に「奴隷」という訳語を宛てることに抵抗を感じる旨を書き記している。ただし、彼自身はよりふさわしい単語があると示唆しながら、それが何であるかを記していない（Bowring, *The Kingdom and People of Siam*, Vol. 1, p. 189)。

(26)　このタート法については、タートがサンスクリット語で奴隷と訳される「ダーサ」からの転訛であることなどから、インド古代法の影響を説く研究がある一方で、ビルマ古代法の影響がそれに優越するという見解も存在する（Lingat, *L'esclavage privé dans le vieux droit Siamois*, pp. 18-27, Turton, "Thai Institutions of Slavery," pp. 251-253)。

(27)　Cruikshank, "Slavery in Nineteenth Century Siam," p. 330.; Englehart, *Culture and Power in Traditional Siamese Government*, pp. 11-13, 19-20, 40-43.; David Feeny, "The Demise of Corvée and Slavery in Thailand, 1782-1913," in Klein (ed.), *Breaking the Chains*, p. 92, Rabibhadana, "The Organization of Thai Society," pp. 17-20.; Turton, "Thai Institutions of Slavery," p. 267.; 石井『タイ近世史研究序説』二四二—二五九頁、北原『タイ農村社会論』三二頁、郡司喜一『タイ国固有行政の研究』日本書院、一九四五年、九九頁、小泉順子「バンコク朝と東北地方」池端雪浦編『変わる東南アジア史像』山川出版社、一九九四年、

一九五—二〇八頁、同「徭役と人頭税・兵役の狭間」『上智アジア学』一七、一九九九年、六〇—六八頁、田坂敏雄・西澤希久男『バンコク土地所有史序説』日本評論社、二〇〇三年、二七—三〇頁、玉田芳文「官僚制の近代化——タイの事例」矢野編『講座東南アジア学——東南アジアの政治』一〇五頁、矢野「政治の〈前近代〉と〈近代〉」二五七—二五八頁。

(28) 老齢だったり、身体の不自由な者には賦役が免除されたが、それについてもその証が入れ墨で刻まれた（石井『タイ近世史研究序説』二四九頁）。

(29) Eosewong, *Pen and Sail*, pp. 77-89, 99.; Feeny, "The Demise of Corvée and Slavery in Thailand, 1782-1913," pp. 91-92.; James C. Ingram, *Economic Change in Thailand, 1850-1970*, Stanford: Stanford U. P., 1971 (1st. 1955), pp. 21-24, 38 (Table III), 58-59, 94 (Table VIII).; D.E. Malloch, *Siam: Some General Remarks on its Productions*, Calcutta: the Baptist Mission Press, 1852, pp. 6, 8.; George William Skinner, "A Study of Chinese Community Leadership in Bangkok, together with an Historical Survey of Chinese Society in Thailand," Ph.D thesis to Cornell University, 1954, pp. 38-44.; Jeffery Sng and Pimpraphai Bisalputra, *A History of the Thai-Chinese*, Bangkok: Didier Millet, 2015, pp. 161-168, 188-189.; 高谷好一「チャオプラヤ・デルタの開拓」『東南アジア研究』一七—四、一九八〇年、六三四頁、同『熱帯デルタの農業発展——メナム・デルタの研究』創文社、一九八二年、一〇—一三、二二七—二三六頁、田辺繁治「Chao Phrayaデルタの運河開発に関する一考察（Ⅰ）」『東南アジア研究』一一—一、一九七三年、一八—二二、二八頁、同「Chao Phrayaデルタの運河開発に関する一考察（Ⅱ）——一九世紀末葉における変容過程」『東南アジア研究』一一—二、一九七三年。

(30) John Crawfurd, *Journal of An Embassy from the Governor-General of India to the Courts of Siam and Cochin China*, 2nd ed., Vol. 2, London: Henry Colburn and Richard Bentley, 1830, p. 161.

(31) ただし、この高賃金はタイ人を賃金労働に向かわせるには不十分であった。デイヴィッド・フィーニーによれば、コメを指標にすると、一八五〇年から一九一四年にかけて、王朝内の実質賃金は一・三五パーセントの割合で下落していた（David Feeny, *The Political Economy of Productivity: Thai Agricultural Development, 1880-1975*, Vancouver: University of British Columbia Press, 1982, p. 18）。

（32） David M. Engel, *Law and Kingship in Thailand during the Reign of King Chulalongkorn*, Michigan Papers on South and Southeast Asia 9, 1975, p. 97.; Feeny, "The Demise of Corvée and Slavery in Thailand, 1782-1913," p. 95.; Snit Smuckarn and Kennon Breazeale, *A Culture in Search of Survival: The Phuan of Thailand and Laos*, New Haven: Yale University Southeast Asia Studies, 1988, pp. 127-131.; David Wyatt, *The Politics of Reform in Thailand: Education in the Reign of King Chulalongkorn*, New Haven: Yale U. P., 1969, pp. 42-43.; 小泉順子「自由と不自由の境界――シャムにおける「奴隷」と「奴隷」制度の廃止」小泉順子編『歴史の生成――叙述と沈黙のヒストリオグラフィ』京都大学学術出版会、二〇一八年、二五六頁、玉田芳史「チャクリー改革と王権強化――閣僚の変遷を手がかりとして」『総合的地域研究の手法確立――世界と地域の共存パラダイムを求めて（重点領域研究総合的地域研究成果報告書シリーズ）』一九九六年、三五、六〇―六九、八五―九六頁。

（33） モンクットが一八六八年に出した布告は、負債によってさらなる奴隷人口の創出を防ごうとするものであった。すなわち、そこでは男性家主が妻、あるいはその子供を奴隷として売却するには、妻の承諾が必要であると定められた。これは、女性が男性よりも低い地位に置かれていた三印法典に代表されるタイ旧法に対する大きな挑戦だったと評価されることもある。

（34） チュラーロンコーンは、摂政によって提案されたタートの廃止に、当初、賛意を示さなかったとされる（小泉「自由と不自由の境界」二五六頁）。

（35） 外務省調査部『大日本外交文書』五、日本国際協会、一九三九年、四一二―五四〇頁、譚警迷子『夜半鐘聲』横浜中華会館、一八七二年（石橋正子編『マリア・ルス号事件関係資料集』私家本、二〇〇八年、四一―七六頁にファクシミリ版収録）、笠原英彦「マリア・ルス号事件の再検討――外務省「委任」と仲裁裁判」『法学研究――法律・政治・社会』六九―一二、一九九六年、森田朋子『開国と治外法権――領事裁判制度の運用とマリア・ルス号事件』吉川弘文館、二〇〇五年、一四七―一九八頁、ダニエル・V・ボッマン「奴隷制なき自由?――近代日本における「解放」と苦力・遊女・賤民」佐賀朝・吉田伸之編『シリーズ遊郭社会2 近世から近代へ』吉川弘文館、二〇一四年、一〇四―一一四頁。

(36) 石橋編『マリア・ルス号事件関係資料集』、二―四頁、松村正義「マリア・ルス号事件の広報外交的性格」『帝京国際文化』九、一九九六年、一―五二頁、森田『開国と治外法権』一五〇―二二五頁。

(37) Edmund Hornby, *Sir. Edmund Hornby: An Autobiography*, Boston: Houghton Mifflin Co., 1928, p. 303.

(38) 佐和希児編、林道三郎訳『白露国馬厘亜老士船裁判略記』神奈川県、一八七四年、二頁。

(39) Yuriko Yokoyama, "The *Yujo* Release Act as Emancipation of Slaves," in Suzuki (ed.), *Abolition as A Global Experience*, pp. 183-185.; 阿部保志「明治五年井上馨の遊女「解放」建議の考察」『史流』三六、一九九六年、大日方純夫『日本近代国家の成立と警察』校倉書房、一九九二年、二八〇―二八四頁、ボッマン「奴隷制なき自由?」一一八頁、森田『開国と治外法権』二五三頁。

(40) 阿部「明治五年井上馨の遊女「解放」建議の考察」七五頁に全文が掲載。

(41) 大蔵省も、「時世は文明におもむき、人権はいよいよ自由を得てきている」として、司法省案を基に自前の布告案を作成している。大日方純夫によれば、それは遊女屋と遊女の人身隷属関係を、貸座敷と遊女のあいだの金銭的な関係に組み替えようとしたものであった(大日方『日本近代国家の成立と警察』二八三―二八四頁)。

(42) Yokoyama, "The *Yujo* Release Act as Emancipation of Slaves," pp. 178-182, 190-191.; 人見佐知子『近代公娼制度の社会史的研究』日本経済評論社、二〇一五年、一九四―一九七頁。

(43) https://pj.ninjal.ac.jp/corpus_center/cmj/meiroku/(最終確認日二〇二〇年八月六日)、石川禎浩「近代東アジアにおける「奴隷」概念」弘末雅士編『越境者の世界史――奴隷・移住者・混血者』春風社、二〇一三年、一〇〇頁、王青「梁啓超と明治啓蒙思想」『北東アジア研究』一七、二〇〇九年、七五―八六頁、岸本美緒「清末における「奴隷」論の構図」『お茶の水史学』五六、二〇一三年、一八〇―一八四頁、曺明玉「申采浩の「我」言説研究——アイデンティティの政治という視座から」『ソシオサイエンス』一八、二〇一二年、五一—五八頁。

（44）Charles Henry Alexandrowicz, *The Law of Nations in Global History*, ed. by David Armitage and Jennifer Pitts, Oxford: Oxford U. P., 2017, pp. 341-346.; Jean Allain, “Slavery and the League of Nations: Ethiopia as a Civilised Nation,” *Journal of the History of International Law* 8, 2006, pp. 235–242.; ibid., *The Slavery Conventions: The Travaux Préparatoires of the 1926 League of Nations Convention and the 1956 United Nations Convention*, Leiden: Martinus Nijhoff, 2008, p. 31.; Antoinette Iadarola, “Ethiopia's Admission into the League of Nations: An Assessment of Motives,” *The International Journal of African Historical Studies* 8: 4, 1975, pp. 603–607, 615–622.; Amalia Ribi Forclaz, *Humanitarian Imperialism: The Politics of Anti-Slavery Activism, 1880–1940*, Oxford: Oxford U. P., 2015.; League of Nations, *Records of the Third Assembly Plenary Meetings*, Vol. 1, Text of Debates, 1922, pp. 49–50, 102–103.; Miers, *Slavery in the Twentieth Century*, pp. 20, 66–74.; *League of Nations Official Journal*, Special Supplement 13, 1923, p. 125.; LNGA（スイス・国際連盟文書館）S265/56/1 [Harris? to Drummond, s.l., n.d.], R61/22290/31174/1 “Slavery in Abyssinia,” 4, 14-15, LNGA R61/23252/24628/1 [Lugard to Drummond, Surrey, 22 December 1922], LNGA R64/23252/35704/1.; Junius P. Rodriguez, *The Historical Encyclopedia of World Slavery*, Santa Barbara: ABC-CLIO, 1997, Vol. 1, p. 108, s.v. Brussels Conference.

（45）Haile Selassie, *My Life and Ethiopia's Progress*, Vol. 2, ed. by Harold Marcus et al., East Lansing: Michigan State University, 1994, p. 175.

（46）Martin A. Klein, “The End of Slavery in French West Africa,” in Suzuki（ed.）, *Abolitions as A Global Experience*, pp. 199–212.

（47）Hideaki Suzuki, “Baluchi Experiences under Slavery and the Slave Trade of the Gulf of Oman and the Persian Gulf, 1921–1950,” *The Journal of the Middle East and Africa* 4: 2, 2013.; 鈴木英明「二〇世紀前半

ペルシア湾岸における奴隷解放調書の資料性の検討」(第五九回日本オリエント学会大会における報告原稿)。

第5章　解放しない人びと、解放されない人びと、新たに加わる人びと

奴隷廃止は一体、奴隷であった人びとの何を変えたのだろうか。これが本章で取り組む課題となる。結論を急げば、奴隷廃止を高らかに宣言する人びとがそれによって得た様々なものに対して、それが奴隷であった人たちの生活世界に与えた変化はきわめて乏しい。この点はロシアにおける農奴解放も同じである。一八六一年の農奴解放令で、約一二〇〇万人が農奴から解放されたとされるが、アレッサンドロ・スタンツィアーニの議論に従えば[1]、一八世紀中葉から市場経済に入り込んでいった農民たちは、様々な方法で農奴の身分から脱しており、都市などに定着する者も増えていた。その結果、農奴解放令の時点で、実質的な対象になったのは全農民の四分の一にすぎなかった。本章では、個々人の経験にも即しながら、奴隷廃止後の元奴隷の動向を最初に追おう。続いて、廃止を経験した社会がその混乱からいかに立ち直ろうとしたのか、その具体的な対応を探る。そこで私たちは奴隷廃止がもたらした新たな展開を目の当たりにする。

1　奴隷たちの去就

去りゆく奴隷と去らない奴隷（2）

イギリス帝国で奴隷制廃止後に導入された徒弟制の基本理念として同時代に喧伝されたのは、一個の社会的存在として文明社会で生きていくには未熟な元奴隷に、必要最低限の技能を元所有者が与えるという発想である。これは、しばしば触れてきた文明化の概念に照らし合わせれば非常によく理解できよう。その実態についてモーリシャス島を例に紹介しよう。この場合の徒弟契約では、通常、日曜日を除いて毎日七時間半の労働を「弟子」が「親方」に対して無償で行う代わりに、「親方」は食事や耕作用の土地を提供し、技能を「弟子」に伝授することが定められた。たとえばある徒弟契約では縫物の伝授が約束されていた。多くの場合、伝授されると約束される技能は元奴隷がすでに身につけていたものだった。徒弟制が良心的だったのは元奴隷に対してではなく、所有者に対してである。徒弟制はいわば奴隷制の延命策にほかならない。さらに、「弟子」には婚姻などの自由もなく、契約内容に見合わない労働に対しては、鞭打ちなどの厳罰を科す権利が「親方」に保証された。移動の自由も浮浪者取締法によって厳しく制限された。それによれば、一ポンド以上の財産をもたない者は浮浪者として投獄されるのだが、逆に一ポンド以上もっている場合には、その出所を示せなければ処罰の対象となった。

この制度がそれまでの奴隷制と実質的に変わらないと気づけば、逃亡する元奴隷はあとをたたない。

地図5　第5章に登場する主な地名

たとえば、一八三五年から三七年までのあいだ、モーリシャス島では年平均七・七パーセントの元奴隷が徒弟制から姿をくらました。また、徒弟期間中に貯めた金で自由身分を買い取る奴隷も少なくなかった。徒弟制完了後、元の所有者のもとに留まる事例は少ない。一八三九年三月三一日のモーリシャス島での徒弟制廃止に伴って約五万三〇〇〇人が自由身分を手に入れたとされるが、その一か月後には二万六〇〇〇人以上がそれまでいたプランテーションを去っていた。彼らは当時、まだ広大に残っていた島内の未開拓地に向かい、大工仕事に覚えのある者や商売を営もうとする者は島最大の港ポート・ルイスに移り住んだ。いずれにしても、元奴隷たちはそれまで過ごしたプランテーションから遠く離れていった。

　他方、別の場所では、公的な解放に際して自らの意志で元所有者のもとを去らない者もいた。たとえば、英保護領化を契機にして、ザンジバル島とその隣島ペンバ島では、一八九七年に奴隷制が法的に廃止される。両島では無条件一斉解放ではなく、奴隷が個々に法廷に赴いて、解放証明書を得ることで、政治権力によって個別に解放が保障される体裁がとられた。ただし、証明書を取得すれば、元奴隷には他の人びとと同様に納税や賦役の義務が課せられ、居所と安定した生活の糧を証明する必要が生じた。また、元奴隷が元の所有者の土地に住み続ける場合は、法廷で双方が賃貸の条件を確認しあう手続きが求められた。それらが履行できない解放奴隷は「浮浪者」として認定されてしまう。

このような条件下で提供される証明書を取得した奴隷は、両島の全奴隷の約一〇から二〇パーセント程度だったと考えられている。フレデリック・クーパーによれば、奴隷たちにとって証明書を取得するか否かは奴隷制か自由かの選択ではなく、主人のもとを離れ、より良い生活を自主的に追求するか、公的な奴隷制廃止がもたらす状況改善に期待して主人のもとに留まるかの選択であった。特にプランテーションで生活してきた奴隷の場合は証明書を取得しない事例が多く、そうであれば、奴隷たちはそれまでと同様に、自分たちのための耕地や家を使い続けることができた。この選択は読者にとっても合点の行く選択ではないか。なぜならば、証明書を得てしまえば、いままで自らが慣れ親しんだ耕地も家も隣近所も放棄することを意味するからである。証明書を取得したうえで従来通りの生活を営むためには、所有者との折衝が必要であり、取得前より生活環境が良くなる保証はなかった。もちろん、それまでの環境を放棄し、飛び出しても良かっただろうが、その場合、「浮浪者」に認定されないために十分に注意をして行動する必要があった。特に女性の場合は、売春婦と目され、厳しい監視下に置かれた。逆に、都市部の奴隷たちは解放身分の獲得により積極的であった。彼らはすでに一定程度、賃金労働に従事しており、奴隷制の下では慣習に従って稼ぎの半分を主人に渡していたが、その必要がなくなるからである。彼らはプランテーションの奴隷よりずっと数は少なかったが、ザンジバル島で公的に解放された奴隷のおよそ六四パーセントを占めた。

ここでは、奴隷たちが政治権力の用意した解放に重大な意味を必ずしも見出していなかったことを心に留めておきたい。ザンジバル島の奴隷たちのなかには、イギリス帝国という部外者によって保障された解放よりも、主人による自発的な解放を手に入れたほうが、解放後により上位の社会的地位を得られると考える者も少なからずいた[3]。

去れない奴隷① ——「つまり、われらはもう一度奴隷になったのです[4]」

ただし、去就を自由に選択できた元奴隷は世界的な規模で見ればわずかであった。多くの元奴隷たちは様々な理由でそれまでの居場所を去ることができなかった。たとえば、山地のないバルバドス島では、可耕地はすでにプランテーションになっており、元奴隷が自活できる場所は存在しなかった。アフリカ大陸最南端の英ケープ植民地南西部も状況は似通っていた。

徒弟制という延命策が終了すれば、労働力確保に難儀することを元主人たちは十分に予期していた。いち早い動きはカリブ海のアンティーグア島で見られた。この島では徒弟制の導入を所有者たちが拒否し、一八三四年、奴隷たちは一斉に解放される。米反奴隷制協会発行の月刊誌『アンチ・スレイヴァリー・レコード』の一八三五年一二月号ではこの島の即時解放が称賛され、解放後も社会は「すべてがうまくいっている[5]」と報告されている。しかし、それは元奴隷たちの実状を直視していない。「すべてがうまくいっている」というのは、いったい誰にとってのことだったのだろうか。実は、解放の年の末、アンティーグア議会は労働契約に関する法令を通過させていた。それによれば、今後、

図 21　アンティーグア島の廃墟となった小屋（かつての奴隷の住居）

この島では労働契約が必須となるが、契約は二人の証人の前であれば、口頭で交わすこともできるというものだった。そのうえ、契約違反を犯した労働者（元奴隷）には厳罰が用意されていた。たとえば、適切な理由のない休業は半日以下の場合であっても、一日分の給与が罰金として科された。また、もしそのような休業が二日以上、二週間以内続くのであれば、一週間の収監と強制労働に処され、泥酔や家畜への虐待は三か月の収監と強制労働が用意されていた。併せて、「賃金と家賃システム」と呼ばれるものも導入される。これによって、元奴隷がそのままプランテーションに留まれば、そこでの労働で賃金を受け取る一方、それまで無償で提供されていた家や畑を賃貸しなくてはならなくなった。この島には手つかずの土地はほとんどなかったし、元奴隷の多くは勝手を知っている土地に留まることを選んだ。つまり、彼らは元主人の被雇用者兼借家人となったのである（図21）。

アンティーグア島で採用されたこうした法令やシステムは、労働力の確保が死活問題であった近隣の植民地にも瞬く間に拡がり、それぞれの場所で少しずつ形を変えながら運用されていった。そのようななか、一八四二年、英領ガイアナのとあるプランテーションから現地の有給判事に嘆願書が送られる。そこには次のような一節が認められていた。「奴隷の時代には、われらは衣服を与えられ、食糧を与えられ、何についても補助されていました。いま、われらは自由人となり実際に自由です（原文ママ)、ただ働きをしています。つまり、われらはもう一度奴隷になったのです」[6]。「われらウォルトン・ホール・プランテーションの自由労働者たち」と名乗る差出人は、約束された給料が払われず、他方で、それまで無償で提供されてきた衣食住、医療はすべて有償になったと訴える。その挙句、「自由労働者」であるはずの彼らは、自らのそのような状況を「もう一度奴隷になった」と表現する。

去れない奴隷②——別名義での奴隷制[7]

リンカンの奴隷解放宣言は確かに合衆国の奴隷制に法的な終止符を打った。しかし、それは元奴隷が元所有者たちと対等の社会的地位を手に入れたことを意味するものではない。

南北戦争が終わったとき、合衆国は荒廃した南部の復興という大きな課題に直面する。農業を主体とする南部経済を復興させるには労働力が何よりも必要だったが、その供給源は元奴隷を差し置いてほかにはなかった。しかし、元奴隷たちはそれをすぐさま良しとしなかった。元所有者への不信感もあったし、一八六五年のクリスマスか、遅くとも翌年の一月一日には連邦政府が南部の「反乱者」たちから没収した土地を自分たちに分与すると信じていたからでもある。結局、土地分与は夢見事だったが、元奴隷たちを仕事に引き戻すのには難航した。州によっては法整備までして、プランターたちは白人移民労働者をヨーロッパから導入しようとするがそれも失敗した。こうして、労働力の供給源として元奴隷に再び焦点が合わされていった。この問題について詳細な研究を遺した辻内鏡人によれば、南北戦争後に南部諸州で黒人法(ジム・クロウ法とも呼ばれる)が次々と制定されていくのは、そうした切迫した状況と黒人に対する侮蔑的な思想とが交差するなかでのことであった。彼の言葉を借りれば、黒人法によって、「身分上はいちおう独立したものであることを承認して、擬制的に「市民」に仕立てたうえで、事実上、奴隷に対するのと同じように、専制的に黒人を支配することが図られ」た。(8) 南北戦争以前から存在していた奴隷法との連続性が見て取れるその黒人法は、州ごとに細部の違いはあるが、基本的には、①奴隷とその所有者に代わる労使関係、②労働強制、③効率的で安定した労働力の保全、これらを柱とする。具体的には、①には奉公関係を規定する奉公条項、違反に対する罰則規定を含む労働契約条項など、②には逃亡などを防止する浮浪取り締まり条項、職種の制限を設ける職業規制条項など、③としては、法的な婚姻を認めることで、労働力の再生産にもつながる婚姻条項などが挙げられる。そのなかには、一九六〇年代の公民権運動の時代まで効力を持ち続けるものもあった。

②で挙げた浮浪取り締まり条項には注意が必要である。まず、ここでいう浮浪行為を働く者、すなわち浮浪者とは、たとえば、ミシシッピ州では次のように定義される。「怠惰で放埒な者、乞食、詐欺師、もしくは、不法な賭事にふける者、逃亡者、粗野な大酒呑み、こそ泥（中略）仕事を怠り浪費に明け暮れ、家族の扶養をないがしろにする者（中略）売春宿や、賭博場に入り浸る者」。(9) こうした定義に当てはまる者は浮浪者として認定され、罰則が用意された。少なからぬ黒人法では公共事業における強制労働がその罰則であった。

強制労働は奴隷解放の理念と相反するのではないか、リンカンの奴隷解放宣言は修正第一三条で合衆国憲法に組み入れられたはずではないか、と読者は思うかもしれない。確かにその通りである。しかし、その修正第一三条こそがこの強制労働を認めている。修正第一三条第一項は次の通りである。

「奴隷制および本人の意に反する苦役は、適正な手続を経て有罪とされた当事者に対する刑罰の場合を除き、合衆国内またはその管轄に服するいかなる地においても、存在してはならない」（傍線部は筆者による）。つまり、有罪とされた者は修正第一三条の例外なのである。これは、もちろん黒人だけを対象にしたものではない。しかし、黒人法には浮浪取り締まり条項を好例に、黒人を有罪者に仕立てる落とし穴がいくつも存在していた。二〇一二年のピュリッツァー賞受賞作『別名義の奴隷制』は、その実態を鮮やかにあぶり出す。南北戦争後の南部における囚人貸出制度（一定の金額を州に払うことで囚人を労働力として用いることができる制度）下で黒人囚人の従事した強制労働がこの著作の主題であり、グリーン・コッテナムという一八八〇年代生まれの黒人の生涯に焦点が定められる。元奴隷の両親のもとで生まれたコッテナムは、一九〇八年に浮浪取り締まり条項違反で逮捕される。その身柄を拘束したアラバマ州は、彼をUSスチール社が所有する炭鉱に送り、彼はそこで命を落とすのである。こうした事例の実数は不明であるが、著者は一〇万、もしくは二〇万人にものぼるとする。

南北戦争後のとりわけ南部では、黒人法を介して、黒人はそれ以前とあまり変わりない、あるいはより過酷な状況に置かれ、奴隷解放の理念と相反するかのような強制労働とも容易に結び付けられていく。果たして彼らの生活実感として廃止の前後で何が変わったのだろう。そういう疑問を抱いたときに非常に有用なのが、米公共事業促進局によって一九三六年から足掛け三年間実施された元奴隷の生活史の聞き取り調査である。約四〇〇〇人の生活史に関する口述筆記が集成されている。そこから次のような証言を見つけるのは驚くほどたやすい。

奴隷が自由黒人よりもよろしくやっていたのは神様が知っているさ。わしらは冬には羊毛の着物を着て、火もあったし、薪木もたくさんあったし、たっぷり喰えたし、雨風しのぐ良い家もあった。夏には冷てえクラッバー・ミルクもありゃ、パンに肉、石清水だってあったさ。けど、いま、わしらにはそうしたもんは何もありゃしねえ。昔あったログ・ハウスのような家だって維持できねえんだ[10]。

これはサウス・キャロライナ州在住のジョン・ペッティーの証言で、一九三七年の六月八日に採集された。また、一八六〇年生まれとされるウィリアム・プラットは次のようにリンカンを評ずる。

エイブラハム・リンカンは適切なことをしなかったと思うね。なぜなら、何とかやっていく方法すらないような世界にすべての黒人をぶち込んだんだから。黒人たちは無力だったんだよ。彼はゆっくりとことを進めて、黒人たちが自分の力でなんとかなるようにさせるチャンスを与えるべきだったんだよ[11]。

もちろん、奴隷廃止を肯定的に評価する語りも少なくない。しかし、そうであっても、語り手の元奴隷は、「私（たち）」と、白人を主体とする聞き手の「あなた（たち）」とを明確に区別している。全米各地で採録された元奴隷たちのこうした語りからは、廃止が彼らの生活実感をほとんど何も変えなかった事実が浮かび上がり、人種間の明らかで遠い隔たりへの諦観のような感情が行間に漂う。

去れない奴隷③——かしく一件[12]

次に日本の事例を紹介しよう。芸娼妓解放令ののち、遊女屋は貸座敷と名称を変えて存続していく。たとえば、長崎県長崎市の寄合町は丸山遊郭の一角であったが、一八七六（明治九）年の段階で営業していた全九軒の貸座敷は、どれも以前は遊女屋であった。また、丸山遊郭のもう一角である丸山町で同年、営業していた一四軒の貸座敷のうち三分の一が新規開業した店であったように、新たな参入業者も見出せる。貸座敷はその名の通り、座敷を貸すだけであり、遊女は「自由意志」でそこにいるという体面がとられる。

こうした貸座敷に留まった遊女のなかには、去らないことを決めた者と、去ることのできない者とが混在していた。その比率はわかりえない。ただ、後者を考えるうえで大変示唆的なのが、横山百合子によって紹介された吉原の遊女「かしく」の事例である。越後蒲原郡巻野東ゆり上村、現在の新潟県新潟市西蒲区東汰上(13)に生まれたかしくは早くに両親を失くし、七歳で野州合戦場宿（現栃木県栃木市）の福田屋の召抱え遊女になる。その後、品川宿や千住宿の遊女屋に転売され、一八七一年、新吉原にたどり着く。そこで解放令が発令されると、当時の人主にまず引き取られるが、その人主が再び新吉原の遊女屋に彼女を転売する。それから間もなく、かしくは最初の行動を起こす。吉原町の海老屋吉助の召遣い竹次郎との結婚を理由に、「解放」を人主と行政の担当者である戸長に直訴するのである。そのときの嘆願書は次の一文で結ばれている。

かしく儀は、どのよニ相成候共、遊女いやだ申え（原文ママ）、何卒御上様御慈悲ヲ以、しろとニなし被下候様願上（原文ママ）奉候

しかし、この訴えはもろくも却下される。翌年の一月に吉原で火事が起きると、彼女は、今度は別の菊次郎という深川の髪結渡世の男のもとに身を寄せようとする。菊次郎はかしくをなだめ、一度は人主のもとに帰すが、しばらくすると、再び彼のもとに戻ってきてしまった。そのような状況を見か

ねた菊次郎の髪結の親方糟屋定吉が一五両の弁済と仲介を引き受け、ふたりは東京府へ嘆願に出向く。戸長による取り調べから二日を経た一八七三年二月五日、東京府はこの問題の決着となる内済指示を出した。それは、かしくが人主に引き渡されることで双方ともに了解したという内容であった。つまり、彼女は解放を様々に試み、そこには手を差し伸べてくれる人が何人もいたにもかかわらず、結局は人主のもとに戻されてしまったのである。

かしくに寄り添いたくなる感情を抑え、ここで状況を俯瞰すれば、彼女が解放されようと、されまいと、明治政府や東京府にとってはどうでも良いことだったのではないか。すでに述べたように、明治政府にとっての解放令は、まずもって内なる「奴隷制」を自身の体内から排出したことを対外的に示すこと、そして徳川政権下で確立した支配のあり方を改め、政府が統治下の民衆をより直接に管理することを目的にしていた。少なくとも、解放令は遊女のことを第一に考えて出されたものではない。また、最終的に戸長によってかしくが再び人主へと戻された事実のなかには、解体されたはずの遊女屋仲間の地域へゲモニーが新たに設けられた地方行政組織に吸収されていくという横山の指摘する連続性も見逃すことができない(14)。

ここから先、かしくの行方をたどることはできないし、果たして彼女が解放の先に何を夢見ていたのかについてもわからない。しかし、ここで確かなのは、「ウォルトン・ホール・プランテーションの自由労働者」も、サウス・キャロライナ州のジョン・ペッティーも、そしてかしくも皆、奴隷廃止を経たところで思ったような人生を得られなかった事実である。むしろ、個人的な実感として何も変わらないか以前より居心地の悪くなった現実、それぞれが解放の先に抱いた夢や希望、そのあいだの距離の遠さが如実に浮かび上がってくる。もちろん、明るい人生を手に入れた人もどこかにはいただろう。しかし、そうではない事例を史料に見出すことは驚くほど容易いのである。奴隷廃止後の地球上では、どんなに距離が離れていようと、驚くほど似たような運命が方々で繰り返されていた。それだけではない。奴隷廃止を経た社会には、それによって新たに問題を抱えた人びとも出てくる。

「新しい形のタート」——バンコクの売春婦たち(15)

序章で述べたように、奴隷になることは、場合によってその人の生存の可能性を高めもしたし、賭博などで背負った負債の返済手段にもなっていた。つまり、奴隷制や奴隷交易は、場合によっては生存や安全を保障するセーフティ・ネットとして機能していた。アフォンスワンに従えば、たとえばタイの被支配層にとって、奴隷廃止は家長たる男性が「家族全体を飢餓や貧困から救うために子供や妻を「売る自由」(16)を喪失したことを意味していた。つまり、それは従来機能してきたセーフティ・ネットが機能しなくなったことを意味する。その場合、どのようなことが起こるのだろうか。ここではタイの事例を取り上げたい。

一八七四年以降、漸次的な奴隷廃止の段階に入っていくのと並行して、前金を受け取って労働に従事する雇用契約の形態が登場する。それは預入売買奴隷とほとんど何も変わらないものである。関連する訴訟記録を検討したクライグ・レイモンドによれば、そうした契約はやはり、「新しい形のタート」と呼びうるものであった。この「新しい形のタート」として頻繁に目につくのが売春婦のケースである。その背景として、タートの解放とともに進められていく賃金労働者創出スキームのなかに女性がしっかり定置されていなかったことを飯島明子と小泉順子は指摘している。

買春の需要はとりわけバンコクにあった。王朝が徭役制を廃し、賃金労働に依存していくなかで、中国からこの都市へ大量に流れ込んできた労働力の大多数は男性であり、単身でやってきた彼らが彼女たちの主要な客となった。一九〇九年の時点で、バンコクの登録済み売春婦の四分の三が中華街として成立しつつあったサンペンで商売を営んでいたとされる。売春業から得られる収益は、チュラーロンコーン治世期中期には徴税請負人を介して、道路補修費などの財源となる「道路開発税」の名目で課税されていた。この税目は、その後、人頭税が施行される前年の一八九八年に、より直接的に売春業に結びつけられ、「ラッタナーコーシン暦一一七年売春婦施設法」案に転じていく。この頃になると、徴税請負額が半減し、王朝は直接に税徴収を試みるようになっていた。また、当時、バンコクの売春婦とその客のあいだで梅毒が爆発的に広まっており、それを踏まえて、この関連業務がそれまでの大蔵省から首都省衛生局に移管され、性病防止もこの案に含められていく。最終的にこの法案は、「性病防止法」と名称を変えて一九〇八年に公布されるが、そこには売春宿の経営に関する子細な点（客引きの方法など）までに至る規則も含まれていた。

タート制の廃止によって個人的な保護の拠り所を失い、なおかつ、新たな賃金労働者創出のスキームにも漏れた被支配層の女性たちの一部は、実態としてタートとほとんど変わらないような現実を生きていくことを余儀なくされる。しかも、彼女たちは道路補修や病気の予防という近代的な弁明のもとに、国家による直接的な管理の軛へと導かれてもいくのである。

2 労働力の争奪戦

プランテーション労働力の争奪[17]

多くのプランターたちにとって、奴隷廃止によって直面する最大の問題が労働力の継続的な確保であったことはいうまでもない。カリブ海の多くの英領植民地では、一八〇七年の奴隷交易廃止以降、新たな労働力をアフリカ大陸から獲得できなくなったことで深刻な労働力不足がすでに生じはじめていた。奴隷人口の不足する地域のプランターは、比較的余裕のある地域から奴隷を輸入するなどの措置を施す。一八三〇年までのあいだに二万二〇〇〇人超の奴隷がカリブ海内部で移動したが、それも焼け石に水であった。奴隷制そのものが廃止されると、プランターたちは徒弟制の導入で一定の時間的猶予を得たものの、時限つきのこの制度が終了すれば、奴隷をそれまで通りにプランテーションに引き留める強制力はもはや彼らには残されていなかった。とりわけ、一七九七年にスペイン領からイギリス領になったトリニダード島や一八一四年にオランダから割譲された英領ガイアナといった新興砂糖生産植民地では深刻な状況に直面していた。もっとも深刻だった英領ガイアナには、一八三四年前後の時点で二万六五五人の元奴隷が在住していたが、人口密度でいえば、一平方キロメートル当たりわずか〇・四人になる。これに対して、奴隷人口が比較的豊富だった地域では、先述のアンティーグア島を好例に、元奴隷の囲い込みが進んでいたことも思い起こしたい。したがって、英領ガイアナなど労働力が豊富に存在しない場所では、元奴隷を使用し続けるために、プランターたちは高額の給与を約束せざるをえない事態に直面する。ただし、それは問題の完全な解決には遠く到らなかった。元奴隷たちは、いつでも無条件に高給に――あるいは賃金を得ること自体に――魅かれはしなかったのである。たとえば、砂糖の収穫期が彼ら自身の育てる穀類などの作物の収穫期と重なった場合、彼らは自分たちの耕地での収穫を優先した。そもそも何か金でしか買えないものが欲しくなったときに、彼らは賃金労働を選ぶのであって、その必要がなければ自らの畑を耕すのを優先したのである。

これを予期したトリニダード島と英領ガイアナのプランターたちが目をつけていたのが、カリブ海ではジャマイカ島に次ぐ元奴隷人口を抱えていたバルバドス島であった。奴隷制廃止当時、この島には八万三〇〇〇人超の元奴隷が一平方キロメートル当たり一九三・四人の高密度で生活を営んでいた。これは、バルバドス島のプランターたちが従弟制廃止後も安価に労働力を確保できることを意味した。バルバドス島の統治者たちはそのような好条件を他人に譲る、あるいは共有するつもりは毛頭なかった。一八三六年に「この島からの労働者の移住を制限する条例」がバルバドス島で成立する。ただし、当時のバルバドス島およびウィンドワード諸島総督ライオネル・スミスは本国の陸軍植民地大臣に対して、この条例が厳守されない状況を次のように告発している。

誘拐の完全なシステムが動き出し、それによって膨大な数のわれわれの労働者が騙されて連れ去られており、いくつかの事例では、請負人がそのような労働者の徒弟制の法定期限を購入し、労働者の側は三年間の労働の提供についての条件に署名させられたうえで連れ去られています。その場合、報酬に関するいかなる条件についても合意された形跡はありません。

クリンプたち（労働者を周旋する請負人のこと）は基本的にはデメララ（英領ガイアナの一地域）か

らやって来ていて、そこの名のある商会が代理人事務所を開き、法定の徒弟期間を買い取り、（労働者たちを）ベルビセ（英領ガイアナの一地域）に供給しているのです[18]。労働力の確保はプランター、行政官含め、植民地支配者全体にとっての死活問題になっていく。

救い出された奴隷のその後[19]

労働力は奴隷交易監視活動によっても生み出されていた。救出された奴隷である。第3章で論じたように、インド洋西海域では英王立海軍が本格的に参入する一八六〇年以降、洋上で救出される奴隷の数が急増する。救出奴隷数は監視活動の成果を体現するものであるから、多ければ多いほど海軍にとって良いように思える。報奨金のことを考えれば、隊員たちにとっても喜ばしいことだったはずである。しかし、その急増は明らかに海軍にある困難をもたらしてもいた。原則的に、救出した奴隷は海軍が衣食住を提供し続けなくてはならなかった。救出したまでは良いが、彼らをいつまでも置いておくわけにはいかないのである。その処遇は以下のアデンのように、喫緊の課題となる。

一八三九年にイギリスの保護領となったアデンは歴史的に海上交易の要衝であり、イギリスも海軍基地を置いた。検疫などの観点から救出奴隷は近郊の小島に隔離されたが、急増した奴隷の数は施設の収容の限界を超え、居住環境は「監獄」と表現されるほど劣悪な環境になってしまう。働き口が見つかれば、そこに送ることで収容人数を減らすことができたが、アデンやその近郊に雇用はなく、あるとすればそれはボンベイにあった。イギリス側は、働き口に送り届けるまでの一切の費用も負担しなくてはならなかった。そのためにインド政庁は五年間で一万六〇〇〇ポンドの予算を付けたが、英議会のアフリカ東岸の奴隷交易に関する特別委員会はこれを「帝国の国庫にとって重い負担」[20]であると年次報告書に明記している。イギリス側はボンベイでの雇用だけに頼ることはできず、救出奴隷の別のはけ口を模索することになる。

有効なはけ口のひとつは宣教団であった。子供を引き取らせるのである。救出奴隷に多く含まれる子供は、非常に扱いが難しい存在だった。成人ですら、働き口を斡旋しても誘拐に巻き込まれたり、女性の場合は売春を強要されたりする場合もあり、子供ならば、その危険が一層高まることは容易に想定された。この点、宣教団が設立した教育施設は、子供の送り先としては好都合であった。マハーラーシュトラ州ナーシクに英国聖公会宣教協会が設立した学校には、改宗した現地人子弟のみならず、海軍や宣教活動のなかで救出された子供たちが多く通った。そのなかから、同協会が現在のケニア南部の港町モンバサ近郊のラバイで展開していた宣教活動や、一八七〇年代にやはりモンバサ近郊に建設された解放奴隷の生活共同体フレーレ・タウンで活躍する人物が輩出した。デイヴィッド・リヴィングストンのポーターにも、この学校で教育を受けた人物が含まれている。

救出奴隷たちの別の一部はボンベイのシッディー・コミュニティに委ねられた。たとえば、アブド＝アッラー・ビン・ナーシブというこのコミュニティの長は、蒸気船船員の斡旋を生業にしていた。こうした人物を介して、海軍に雇われる者も男性のなかには少なくなかった。あるいは、労働力の不足する新興植民地へも救出奴隷は送られた。たとえば、セイシェル島は一八六一年から七二年までのあいだに、二五三二人のそうした人びとを受け入れている。上陸した彼らは、奴隷制廃止によって労働力源を失ったこの島に貴重な労働力を提供した。彼らはプランターなどの雇用者とのあいだで徒弟制の契約を結ばされ、一定の期間を過ぎると自由身分になった。徒弟期間中は、帝国の側は雇用者によって支払われる掛け金で一連の出費に歯止めをかけられ、プランターは労働力を確保できた。

これらの処置は彼らを故郷に帰したところで再び奴隷にされてしまうのを防ぐためであると、役人たちは正当化する。それは救出奴隷の安全に対する配慮として受け止めることができるだろう。また、子供たちの安全と将来の自立とを念頭に置いて、宣教団に彼らを委ねるというのも理にかなっているように見える。ただし、以下の点には留意すべきだろう。すなわち、ナーシクの教育機関は、卒業生が将来、アフリカ大陸に戻り、布教に従事することを念頭に運営されており、学校ではアフリカ諸語の使用が奨励され、アフリカ大陸や奴隷交易の歴史が講じられる一方、優秀な生徒を選抜し、宣教師や教師としての訓練を積ませていた。また、フレーレ・タウンは英議会のアフリカ東岸の奴隷交易に関する特別委員会の後押しによって開始されたプロジェクトであった。つまり、救出奴隷たちは「アフリカ」に帰るべき存在として規定され、「文明化」を旗印とする植民地化の先兵に仕立てられていったのである。シエラレオネやリベリアでも似たことが繰り返されていたのを思い返したい。

セイシェル島への移送を役人たちが推薦する根拠は、多くの場合、そのほうが、元奴隷たちが「幸せに暮らすと思う[21]」など、きわめてぼやけていた。仮にその通りでも、元奴隷がプランテーションの維持や、植民地建設のための労働力として貢献した事実は否定できない。この文脈において、一八九七年に同島で開催されたヴィクトリア女王戴冠六〇周年式典は注目に値する。二〇〇〇名の救出奴隷出身者が式典に集められ、自分たちは「女王の栄えある治世の生きた証拠であります。なぜならば、われわれはみな奴隷制から自由にしてもらったのですから[22]」と祝辞を述べさせられた。ここから察することができるように、「人道的」な帝国から彼らへの施しは常に強調され、その逆の貢献は常に等閑に付された。帝国の側からすれば、彼らは労働力だけでなく、自らの人道性の高さと正しさを表象する媒体ですらあったのである。(23)

3　年季契約労働制

年季契約労働制(24)

拡がる市場と旺盛な世界商品の需要、交易網の発達は、既存の世界商品生産地以外にも商機をもたらした。カリブ海など先行する生産拠点が増産を試みるのと同時に、茶や砂糖、コーヒーなどの新たなプランテーションが世界の各地で勃興する。たとえば、セイロン島で一九世紀半ばにプランテーション栽培が試みられたコーヒーは、一八七〇年代に全島に広まった銹病菌によって一八八〇年代半ばにほぼ壊滅するが、それと入れ替わるようにして茶のプランテーション栽培が成功を収める。また、太平洋に浮かぶハワイ諸島では一八六〇年代に砂糖生産量が急増し、一九〇三年以降は缶詰パイナップルの生産も軌道に乗り出した。世界中で萌芽しつつあった新たな商機をつかむためには労働力が必要だったのであり、元奴隷たちだけではその膨張する需要を満たしきれないのは、誰の目からも明らかだった。労働力はどこに潜んでいるのか。

不足分は年季契約に基づく移民労働者という新たな労働力によって満たされる。一八三四年から一九一六年までのあいだに、少なくともインド亜大陸から一三〇万超の人びとが労働力不足にあえぐカリブ海やインド洋のプランテーションへとたどり着いた（表1）。中国やポルトガルからも年季契約労働者が投入される。この場合のポルトガル人というのは、アゾーレス諸島やマデイラ諸島といった本国から離れたポルトガル領に住む人びとが中心である。彼らの移住については、人口圧や内戦による政治・経済的困難、また、マデイラ諸島では一八四〇年代のワイン市場における低迷、一八五二年や一八七〇年のブドウ病害の深刻な蔓延がプッシュ要因となり、他方、移住先での宗教的寛容の保証や相対的に高い賃金がプル要因となった。中国人年季契約労働者の多くは珠江デルタ地帯を中心とする沿海部出身だった。そこもまた、当時、人口圧や政情不安に悩まされていた。さらに時代が進むと、イタリアや日本などからも労働力が供出されていく。こうした労働者の送り出しと受け入れに際して、国家が強く関与する場合、英語では indentured labour という言葉が用いられ、逆に、民間が取り仕切る場合は debt bondage という言葉が用いられることもある。たとえば、後述するモーリシャス島へたどり着いたインド人労働者たちは基本的には前者であり、他方、クレジット・チケット・システムと呼ばれる渡航費用を前借し、その返済にまず注力しなくて

表1　インド人年季契約労働者たちの行き先

	導入期間	人数
モーリシャス島	1834-1900	435,063
英領ガイアナ	1838-1916	238,909
トリニダード島	1845-1916	143,939
ジャマイカ島	1845-1915	36,412
グレナダ	1856-1885	3,200
セント・ルシア島	1858-1895	4,350
ナタール	1860-1911	152,184
セント・キッツ島	1860-1861	337
セント・ヴィンセント島	1860-1880	2,472
レユニオン島	1861-1883	26,507
スリナム	1873-1916	34,304
フィジー諸島	1879-1916	60,965
東アフリカ	1895-	32,000
セイシェル諸島	? -1916	6,315

出典）Brij V. Lal, *Girmitiyas: The Origins of the Fiji Indians*, Lautoka: Fiji Institute of Applied Studies, 2004 (1st. 1983), p. 40.

はならない条件下で南北アメリカ大陸へ向かった多くの中国人労働者たちは後者に分類される。ただし、双方は一様に労働内容や条件を記した書類に署名、ないしは捺印した労働者であり、基本的には契約の年限が定められていた点は共通する。したがって、以下では、一括して年季契約労働者と呼ぼう。[25]ところで、彼らは「クーリー」とも呼ばれる。元来、タミル語やカンナダ語で「雇用」とか「賃金」を意味する語が転じて彼らを指し示すようになったとされるが、これは中国語では「苦力」と漢字が宛てられる。

契約によって合意された内容と条件に従って労働すること自体は、初期の英領北米植民地で見たように、取り立てて新しいものではない。重要なのは、この労働形態がとりわけイギリス帝国での奴隷制廃止と徒弟制完了をひとつの契機として、爆発的に世界に広まっていったことである。

モーリシャス島での実験[26]

一八〇七年にイギリス帝国における奴隷交易廃止が定まったとき、その賛否を問わず無視できなかったのが今後、労働力をいかに確保するかという問題であった。これにいち早く解決策を提示したのがロバート・ファーカーであった。彼はペナンなどの領事を歴任したのち、一八〇七年に『アフリカ人奴隷交易の廃止によって生起する西インド諸島の農業労働者需要に応えるための諸提言』と題する小冊子を刊行し、中国人労働者の導入を提言する。彼によれば、中国は長いあいだ戦乱や疫病、植民地化による人口減少を経験しておらず、利用可能な労働力が豊富に存在していた。刊行から三年後、彼は初代総督としてモーリシャス島へ渡る。この島では労働力不足の解消が喫緊の課題であった。彼は奴隷の輸入を黙認することでそれに対応しようとするが、本国から再三の警告を受ける。そこで彼は先の小冊子での提言に立ち戻り、インド亜大陸から労働者を導入した。結果は失敗であった。インド人労働者はこの島に根付かなかった。一八二三年、総督の地位から解任された彼は島を去った。

しかし、いよいよ奴隷制が廃止され、労働力問題に多くのプランターが直面する場面で、ファーカーの提言に再びチャンスが与えられる。一八三四年から三八年までの短期間でインド亜大陸からモーリシャス島に上陸した年季契約労働者は、二万四〇〇〇人に及んだ。一八四六年にはインド系住民はこの島の人口の三分の一に達し、一八七一年には三分の二を超える。その背景には多くの女性移民の存在があった。一八三八年の段階では二パーセント未満であった女性の比率は一八五五年には三割に達し、一八六〇年代には半数を超えていく。もちろん、これと比例して砂糖生産も増加していった。

この島を実験場とした年季契約労働制は、その成功が確信されると世界中に拡がっていく。労働力不足に悩むプランターにとっては、まさに救世主が現れたのである。

比較的円滑な移行——ブラジルとキューバ島における廃止(27)

年季契約労働制は英領植民地のみならず、世界中に広まっていく。その過程のなかでこそ、新大陸に一九世紀の後半まで奴隷制をのこしたブラジルとキューバ島で廃止が実現する。ハイチ革命の混乱によって、世界的な砂糖生産地となったブラジルとキューバ島では、一七九〇年以降の奴隷輸入数は、両地域に運ばれた一六世紀以来の輸入総数の五四・八パーセントに達する。たとえば、一七八九年の二月末にスペイン王が奴隷交易を一般に開放すると、瞬く間にハバナは一大奴隷交易港と化した。一七九一年ごろには、開放前と比べて年間の交易規模が六〇〇パーセント近く上昇している。しかし、その後、一八四三年から翌年には「ラ・エスカレラの陰謀」と呼ばれる奴隷反乱の陰謀をめぐる大規模な奴隷や自由有色人の粛清を経験し、また、イギリスとの二国間交渉によって宗主国のスペインは一八五六年に奴隷交易を廃止するが、それでも奴隷制は存続する。一方のブラジルでは、一八二二年の独立以降、ポルトガル政府に代わり、ブラジル政府が英政府との交渉を継続し、一八五〇年にブラジル皇帝が奴隷交易禁止を公布する。奴隷交易の中心地バイーアにおける一八四九年から連続した黄熱病の流行について新たに運ばれてきた奴隷に原因があるとする見解や続発する奴隷反乱も、国際的な圧力に加えて禁止の背景として挙げられる。しかし、公布の効果はすぐに出ず、VDでは一八五〇年代を通して奴隷の流入が確認できる。また、合衆国の場合と類似した国内の奴隷交易も公布を契機に活性化し、一八五〇年から八一年までに二〇万九〇〇〇人が移動を余儀なくされたとされる。

奴隷制については両地域ともに漸次的な廃止を行った。キューバ島では一八七〇年のモレット法によって、一八六八年以降に生まれた奴隷、および六〇歳以上の奴隷が解放され、それ以外も、「パトロチナード」(「契約された者」の意)としての労働によって得た対価で自らの解放を買い取る形式で、奴隷解放が進められていった。計算上、一八八八年にはすべてのパトロチナードが自由身分になるはずだったが、一八八六年の王令によってその実現が前倒しされた。ブラジルでも、一八七一年のリオ・ブランコ法で、この法の施行後に生まれた子供がまず自由身分を獲得し、一八八五年には六五歳以上の奴隷が、そして、最終的には一八八八年の黄金法によって残るすべての奴隷が解放された。

こうした奴隷制の漸次的な廃止と並行して、年季契約労働者の導入が進められていった。キューバ島には一八四七年から七四年にかけて、約一二万五〇〇〇人の中国人年季契約労働者が上陸する。他方、ブラジルではすでに一八〇七年には中国人年季契約労働者の導入が議論されはじめていた。しかし、それは長らく拒み続けられる。その背景のひとつとして指摘されるのは、ブラジル社会のエリート層から発せられた「モンゴロイド化」に対する強い懸念である。つまり、中国人移民が大挙して押し寄せることで、ブラジル社会が大きく変貌することを恐れたのである。結局、ブラジル社会は、一八二〇年代以降、ヨーロッパ人労働者の導入を進める。ただし、その場合も、一二歳から四五歳までの男性を含む世帯単位の移民が条件として課されたし、社会主義者など、社会の秩序に不安定要素を持ち込みかねないと想起される人びとの流入には注意が払われた。移民労働者の数は奴隷交易が廃止される一八五〇年以降に急増し、それまで一〇年間で数千人単位だったのが、一〇万人を超えるようになる。さらに奴隷制が廃止されていく一八八〇年代には五〇万人規模になっていく。

年季契約労働制と奴隷制(28)

同時代の知識人たちは、年季契約労働制と奴隷制の連続性や同質性を直視している。たとえば、マハートマー・ガーンディーが英統計学者の言を引用して、年季契約労働者を「半奴隷状態」と呼んだのは広く知られている。また、日本では一八六八年に、いわゆる「元年者」と呼ばれる一五〇名前後が、横浜の在日ハワイ領事の斡旋で年季契約労働者としてハワイ諸島のサトウキビ・プランテーションに向けて日本を離れた一件が大きな問題となった。洋学者柳川春三が発行した『中外新聞外篇』では、この一件を「買奴の事」と断じ、日本では「雇夫」(ここでは年季契約労働者がそのように表現されている）として契約を交わすことは「黒奴売買」とは異なるが、海外に出ればどのように扱われるかわからない、契約に年限があったとしても生きて帰れる保証はないと警鐘を鳴らしている[29]。この記事は「元年者」たちが実際にハワイ諸島に到着し、年季契約労働者として労働する以前の段階で書かれたものであり、記事を「余り根拠のない中傷、伝聞」とする批判もある[30]。しかし、むしろ、そのような段階でアフリカ黒人奴隷交易と歴史的に距離を置いてきた日本においてすら、年季契約労働制が奴隷制と連関して認識されていた点に注目すべきだろう。

事実、年季契約労働者を取り巻く環境は彼らがその代役を務めたところの奴隷のそれと類似していた。イギリスの廃止論者たちが交易廃止のために喧伝した輸送中の高い死亡率は、年季契約労働者の移動においても――特にその初期は――大して変わらなかった[31]。そして、労働者の確保には中国の事例を好例に、しばしば詐欺や暴力が伴う。インドであれ、中国であれ、詳細な契約文言の一字一句が非識字層が多数を占めると考えられる労働者たちに十分、理解されていたとは思えない。マカオに拠点を置き、実業家、思想家として名声を博した鄭観応（一八四二―一九二二年）は中国人年季契約労働者の置かれた状況を注視し、「東誘西騙」と喝破する[32]。

年季契約労働者が暴力の被害から距離を置くことは難しかった。ハワイ諸島のプランテーションでの労働は、通常、ルナと呼ばれる監督官によって監視されていた。鞭を手にもつ彼らの暴力は労働者たちの回想のなかに頻出するし、ハワイ諸島の日本人移民たちの民謡ホレホレ節にも「ハワイ　ハワイと　来てみりゃ地獄　ボース（英語「ボス」の転訛）は悪魔で　ルナは鬼」という一節がある。ところで、このルナは多くの場合、ポルトガル出身者など白人であったが、皮肉にも彼らもまた年季契約労働者だった。

国家による介入(33)

こうして一九世紀以降に世界各地で展開される年季契約労働制を俯瞰すると、それまでの奴隷制とのあいだに多くの共通点が見出せるが、同時に異なる点もそこには存在する。奴隷制とは異なり、契約が交わされていること、その契約には年限があること、そして、ここで注目したいのが国家の介入の度合いである。奴隷制や奴隷交易に国家が介入する事例は黒人法典などこれまでにも散発的に存在してきたが、年季契約労働制ではその介入がより積極的になる。たとえば、先のモーリシャス島への年季契約労働者導入では、一八三八年までは私的な斡旋が認められたが、詐欺などがあまりにも横行し、また、移送中の死亡率もきわめて高かったために、移民は一度、インド政庁によって停止され、数か月をおいて政府主導のもとに再開されている。あるいは、日本では「元年者」騒動を経た一八八五年に締結された日布移民条約を契機に、政府主導下でハワイ移民が進められる。この官約移民がしばらく続くと、一八九四年には移民の斡旋が民間の移民会社に委ねられ、私約移民の時代に入っていく。しかし、利益を追求する移民会社による問題が多発したために、二年後に移民保護法が成立し、これ以降、政府による割り当てに従って移民会社が移民を募集するようになった。

国家の介入は労働現場にも行き渡る。年季契約労働者たちは国家の管理や監視の対象となっていく。たとえば、モーリシャス島では、病気であっても一日欠勤すれば、その罰として二日分の労働が課された。その結果、五年年季の契約が完了するのに七年かかることは決して珍しくなかった。逆に、ハワイ諸島では、日本領事館が自国の年季契約労働者たちが虐待されていると聞きつければ、それを調査し、抗議することがあった。また、一八六八年には、ペルーから現地での過酷な労働環境や虐待、差別を訴える中国人移民の嘆願書が清朝の外交管轄機関である総理各国事務衙門に届けられ、一八七四年にはペルーやキューバ島に清朝政府から調査団が派遣されている(34)。

年季契約労働者たちは地縁や血縁を頼りに結束し、団体を結成することもあったが、そこに国家が介入しようとする事例も見られた。塩出浩之が注目したハワイ中央日本人会はその好例であろう。ハワイ諸島の日本人年季契約労働者たちは「日本人の大同団結」を求め、日本人会を結成するが、そこに領事館が介入し、領事館を軸にしたハワイ中央日本人会が結成される。塩出によれば、領事館はハワイ諸島各地の日本人を組織化して日本人会を結成させることで、日本人の一元的な管理を試みようとしていた。このように、国家は労働者の送り出しにもかかわったし、労働者の労働の管理にも、また、労働者の団結にも積極的に介入する。

4　年季契約労働制の廃止——再び自己と他者をめぐって

年季契約労働者たちの抵抗と結束(35)

とはいえ、年季契約労働者たちが待遇や労働環境に対して抗議する場合、自国政府はほとんどの場合、即効性において無力であった。そこで、労働者たちは抗議や問題の解決の手段として暴力に訴える場合もあったし、プランテーションからの一時的、あるいは恒久的な逃亡も企てた。また、無断欠勤や故意に仕事を遅らせるのも抗議形態として一般的であった。こうした抵抗は、最小限の投資で最大限の利益を追求する雇用者たちを刺激するには十分であったし、奴隷たちがかつて用いた抵抗の手段でもあった。それらに際して、雇用者たちは賃金の差引や暴力で対抗したし、契約を盾に法的手段に訴えもした。ただし、暴力で抑え込んだり、法廷で勝利したりしても、雇用者の思うような高い生産性が達成されることは稀であった。

寄る辺のない年季契約労働者たちは、寄る辺を自分たちのうちに作り出す。彼らは地縁や血縁を頼りに結束を強める。たとえば、サンフランシスコでは一九世紀半ば以降、「会館」や「公所」「公会」などと呼ばれる地縁や血縁などに基づく中国人移民の相互扶助団体が、また、ハワイ諸島では、日本人労働者たちによって県人会が結成されていく。相互扶助は、たとえば東南アジアでは、出先で死亡した場合、遺体を故郷に送り届ける「運棺」に至る場合もあった。同じプランテーションに働く者同士が出身や民族の枠を超えて連帯した事例もあるが、一般的には地縁や血縁こそが頼みの綱だった。

こうして地縁や血縁を頼りに集団化する労働者たちは、契約年季が終わると定着を試みる者が多く、本国から親族を呼び寄せるなど、集団を拡大していく。移民集団が巨大化していくなかで、その内部の結束は新聞の発行や、あるいは学校の設立などを通して強化されていく。同時に、その外側からはそれは得体のしれない、注意を要するものとして見つめられていく。外部からのそうした危惧は、集団の構成員たちが既存の労働者――すなわち、彼らを外部から見つめる者たち――と競合する場合、増幅する。相互扶助団体を介して人口を増加させていったサンフランシスコの中国人労働者たちの提供する安価な労働力は、その役割を担ってきたアイルランド人労働者と競合するようになる。

アイルランド人労働者たちは一八六〇年代後半からこの問題を政治問題に移行させていき、一八七八年には、カリフォルニア州憲法に「アジア人苦力搾取、これは一種の奴隷制であり、ゆえに未来永劫、本州において禁じられる」という条文が採択される。これによって年季契約労働制と奴隷制とが明確に同一視された一方で、これはカリフォルニアの労働市場における中国人移民労働者の優位を揺るがせるのに十分であった。また、このあいだには債務労働禁止法が一八六七年に連邦議会で成立している。その後、最終的に一八八二年に米大統領が排華移民法に署名をする。これによって、新たな中国からの移民労働者の入国がその後、一〇年間は禁止され、他方ですでに合衆国に定着していた中国系の人びとは帰化不能外国人とされ、アメリカ市民への途を閉ざされた。それが意味するのは、貴堂嘉之が指摘するように、「『アメリカ人』になる権利をはく奪された新たな差別的非市民のカテゴリーの創出」だったのであり、この新カテゴリーによって「中国系労働者は社会の底辺に位置づけられ」た[36]。排華移民法は、成立当初、時限立法だったが、改正をいく度か経た一九〇四年には中国系労働者移民の無期限停止が定められる。この一連の過程は日本人移民の増加を導いたが、今度は排日移民法が一九二四年に成立する。

二〇世紀に入ると、移民送出国では、こうした自国「同胞」に対する海外での差別的な対応が大規模な嫌悪感情の渦を巻き起こす。中国では大規模な反米ボイコット運動が展開され、排日移民法施行の七月一日を徳富蘇峰は「国辱の日」と命名する。

半奴隷制とサッティヤーグラハ、民族運動へ(37)

現在の南アフリカ共和国北東部に位置した英領ナタール植民地には一九一一年当時、約一三万三〇〇〇人のインド系住民がいた。その多くは年季契約労働者たちで、ドラヴィダ語系話者——とりわけ英領インドのマドラス管区からやってきた人びと——を中心に、ビハールや西ベンガルからの出身者によっても構成される彼らは、ダイヤモンド鉱山などを仕事場としていた。同時に、彼らとは別に、「パッセンジャー・インディアン」と呼ばれるインド出身者たちもまた、この植民地の住民だった。彼らは鉱山などを仕事場とする年季契約労働者、すなわち「インデンチャード・インディアン」と対比的な分類とされ、より財力があり、より高度な教育を受けたグジャラート語話者やウルドゥー語、マラータ語話者によって占められていた。そもそも、「パッセンジャー・インディアン」という言葉自体が旅費を自弁できる能力を含意しており、旅費を前借金し、到着後の賃金でそれを返済していく年季契約労働者とは明確に区別される存在であった。

カティアヴァード半島のポルバンダル出身で、ロンドンのテンプル法曹院で学んだモーハンダース・カラムチャンド・ガーンディーは、一八九三年、親戚のかかわる裁判の弁護人を務めるためにナタール植民地に降り立った。もちろん、彼は「パッセンジャー・インディアン」の側であった。のちにマハートマーの尊称で知られる彼は、広く知られているように、到着直後から様々な人種差別を経験する。鉄道の一等席への乗車を拒否され、荷物ごと放り出されたのはそうした経験のなかでもっとも知られた一例にすぎない。彼はその出来事を次のように回想する。「突き刺すような寒さのなか、鉄道警察官に突き飛ばされ、下車し、旅行を中断し、マリッツバーグ駅の待合室に座っていました。

私の荷物はどこにあるのかわかりません。誰かに聞く勇気も出ません。また侮辱されたら？　また殴られたら？　こんな状態で寒さで震えているのにどうして眠れるでしょう！」[38]。

こうした体験は当初、個人的な体験として彼のなかで消化されようとしていた。しかし、ほどなくして、そうした経験が同じインド亜大陸からやってきた人びと——パッセンジャーであれ、インデンチャードであれ——と共有されていることをガーンディーは理解する。予定の仕事を終えた後、彼は当初の滞在予定を変更してナタール植民地に腰を据えることを決意した。そうして、インド人の権利を守り、不当な差別に対する抵抗運動に入り込んでいった。のちのインド独立運動の思想的基盤かつ実践形態であるサッティヤーグラハがそのなかで形成されていく。

英領で年季契約労働制が終焉を迎えたのは、このガーンディーを中心とする民族運動の影響が強い。当時の英本国やインド政庁の一般見解では、年季契約労働者は自由労働者であった。それは、英領植民地におけるインド人年季契約労働者の実態調査を行った英議会委員会（通称サンダーソン委員会）の最終報告（一九一〇年）でも繰り返されている。さらに、この報告書には、年季契約労働者個人への「住居、医療、一般福祉の用意は不十分なところなく、得られる賃金は契約期間中に充分な貯蓄ができるほどである」とも記されている[39]。これに対して、ガーンディーやインド国民議会派として知られるゴーパル・クリシュナ・ゴーカーレをはじめとして、年季契約労働制をインド人差別の象徴として、民族運動が展開される。年季契約労働制を奴隷制と並置することで、運動の主張は色合いを一層鮮やかにする。たとえば、インド国民会議派の新聞『プラタップ』に掲載された戯曲『クーリー制度は二〇世紀の奴隷』の冒頭には次のような詩がある。

このクーリー・システムは奴隷交易の一種だ

これまで見たことのないものがいま、インドのわれわれの眼前に現れた[40]

総督府はこの戯曲の上演を阻止する一方で、徐々に年季契約労働制に対する解釈を変えていく。ときのインド総督チャールズ・ハーディングは一九一六年に自らの調査を踏まえた報告書で次のように述べる。「私はきわめて強く本国政府に年季契約労働制の完全なる廃止を求める次第である。インドが憤怒し、大いなる苦痛と退廃を伴い、奴隷制の在り方と何も変わらない強制労働のシステムを認可することで英印両政府に影響を及ぼす人種的汚名を取り除く覚悟である」[41]。つまり、ハーディングは年季契約労働制が奴隷制と「何も変わらない」ものとして捉え、その廃止を明言するのである。ただし、それが盛り上がりつつある民族主義への処方箋であることは確かであった。一九一六年の三月をもってインド政庁はインド人年季契約労働移民を禁止する。

元奴隷は自由になったのか、年季契約労働者たちは自由だったのか[42]？

奴隷廃止を経た社会で、元奴隷たちは思い描いた通りの自由を手に入れたのだろうか。そもそも自由とは何であろうか。自由とは、「あなたは奴隷から解放されました」という誰かの宣言や証明書によって実現されるものだろうか。宣言を高らかに謳う声はすぐに宙に溶け、紙は無味乾燥である。空気を呑み込んでも、その紙を噛み締めても「自由」の味はしない。奴隷制廃止後、国家は彼らを束縛し続けようと新たな法や仕組みを用意する。解放後の元奴隷たちの多くはそれまでと大差のない、奴隷廃止が換骨奪胎された世界を生きていく。その傍らに、彼らと境遇をほとんど同じくする人びとが新たに登場する。

　年季契約労働者たちは自由意志のもとで契約を取り交わし、奴隷の代替労働力になることを引き受けた人びとだとされる。しかし、多くが文盲であった彼らがどうやって難解な法律用語を散りばめた契約書を十分に理解できたのだろう。文字の読めない彼らに付き添い、契約書の内容を嚙み砕き説明する仲介者の存在も明らかになっている。しかし、そこで「嚙み砕かれた」説明がいかなるものだったのかを私たちは知ることができない。いずれにしても契約したのである。事実、彼らの署名や捺印のされた契約書はあちらこちらに現存している。契約を交わした以上——たとえ文字が読めなくても——自己責任でしょうと、こんにちの日本社会ならば糾弾すらされかねない状況に彼らは身を置く。ただし、彼らだけが契約にがんじがらめになる立場に置かれたわけではない。イギリスでは一八二三年の主従法で初めて「雇用契約」という用語が登場している。とはいえ、本章で扱った年季契約労働者とは、故郷から遠く離れた場所に身を置く人びとである。他者には表現しがたい待遇への怒りと、故郷を離れる前に思い描いた理想と目の前の現実の狭間で生じる焦燥感とが、遠い異郷でそれらを共有する人びとの結合を促す。再び、ここにきて、自己と他者とを分け隔てる想像力が首をもたげてくる。時代は国民国家の時代に入り、民族自決が叫ばれていた。この文脈において、年季契約労働者たちの怒りや焦燥感は、すぐ隣で同じような境遇を共有している「外国人」とではなく、「同胞」と共有されるのであり、遠く離れた本国でもそれに共鳴していく。

　同時に、元奴隷や年季契約労働者個人に圧し掛かる支配の力は、かつてのように個人にその源を見出せなくなり、国家という個人の集合体なのだけれども、いくら微視してもそれを構成しているはずの個々人がぼやけてしか見えない対象がそれを司るようになる。奴隷制であるならば、奴隷と所有者の個人間のネゴシエーションで済ますことのできた事柄は、国家と個人とのネゴシエーションとなっていく。そのあいだには、法やそれに認められた契約が幾重にも立ちはだかる。それらには「自由」なる絶対的正の価値をもつとされるやはり不可視のものが色濃い影を落としている。目に見えない支配のもとで、元奴隷や年季契約労働者たちは法や自分が約束したとされる契約に従って労働を提供し、そして、ときに、やはり目に見えない民族や同郷といった共通項がもたらす結束を頼りに、つまり想像力を頼りに、それに抗っていく。

（1） Alessandro Stanziani, "The Abolition of Serfdom in Russia," in Suzuki (ed.), *Abolitions as A Global Experience*, pp. 228–239.

（2） Richard B. Allen, *Slaves, Freedmen and Indentured Laborers in Colonial Mauritius*, Cambridge: Cambridge U. P., 1999, pp. 15–16, 53–54.; Frederick Cooper, *From Slaves to Squatters: Plantation Labor and Agriculture in Zanzibar and Coastal Kenya, 1890–1925*, New Haven: Yale U. P., 1980, pp. 73–76.; HCPP 1897 [C.8433] LXII, 711–713 [Abolition of the Legal Status of Slavery in Zanzibar and Pemba].; Elisabeth McMahon, *Slavery and Emancipation in Islamic East Africa: From Honor to Respectability*, Cambridge: Cambridge U. P., 2013, pp. 56–57.; Abdul Sheriff, Vijayalakshmi Teelock, Saada Omar Wahab and Satyendra Peerthum, *Transition from Slavery in Zanzibar and Mauritius: A Comparative History*, Dakar: Council for the Development of Social Science Research in Africa, 2016, pp. 111–114.; Teelock, *Bitter Sugar*, pp. 273–276.

（3） 奴隷が法廷で解放される場合、その所有者に補償金が支払われたことから、そうした奴隷は政府が買い上げたという解釈がなされ「政府の奴隷」と呼ばれた。また、所有者のなかには、イスラーム法に則って解放をすることで、補償金よりもイスラーム教的な善行を積むことに解放の意味を見出す者もいた（Cooper, *From Slaves to Squatters*, pp. 74, 76）。

（4）"Abolition of Slavery in the West Indies," *The Anti-Slavery Record* 1: 12, 1835.; O. Nigel Bolland, "Systems of Domination after Slavery: the Control of Land and Labor in the British West Indies after 1838," *Comparative Studies in Society and History* 23: 4, 1981, pp. 594-597.; HCPP 1842（479）XXX, 656 [Free labourers of Plantation Walton Hall to Joseph Allen, Walton Hall, 6 January 1842].; Mrs. Lanaghan, *Antigua and the Antiguans*, Vol. 1, London: Saunders and Otley, 1844, pp. 148-149.; Mathieson, *British Slave Emancipation 1838-1849*, pp. 35-38.; Green, *British Slave Emancipation*, pp. 124-125.; Melanie Newton, "'The Children of Africa in the Colonies': Free People of Colour in Barbados during the Emancipation Era, 1816-1854," Ph.D. thesis to University of Oxford, 2001, pp. 27, 272-275.; Nigel Worden, "Freed Slaves and Farmers in the Mid-Nineteenth-Century South-Western Cape," in Wilmot G. James and Mary Simons（eds.）, *Class, Caste and Color: A Social and Economic History of the South African Western Cape*, New Brunswick: Transaction Publishers, 2009, p. 37.

（5）"Abolition of Slavery in the West Indies," *The Anti-Slavery Record* 1-12, 1835, p. 137.

（6）HCPP 1842（479）, XXX, 656 [Free labourers of Plantation Walton Hall to Joseph Allen, Walton Hall, 6 January 1842].

（7）Douglas A. Blackmon, *Slavery by Another Name: The Re-Enslavement of Black Americans from the Civil War to World War II*, New York: Anchor Books, 2009.; George P. Rawick（ed.）, *The American Slave: A Composite Autobiography*, 19Vols, Westport: Greenwood Publishing, 1972（1st. 1941）.; 辻内鏡人『アメリカの奴隷制と自由主義』東京大学出版会、一九九七年、一五〇—一六一、二二八—二三〇頁。

（8）辻内『アメリカの奴隷制と自由主義』、一五〇—一五一頁。

（9） 辻内『アメリカの奴隷制と自由主義』、一五九頁。

（10） Rawick（ed.）, *The American Slave*, Vol. 3, p. 266.

（11） Rawick（ed.）, *The American Slave*, Vol. 3, p. 279. 元奴隷の証言分析から、解放後の彼らの生活世界を描写した研究として、Paul D. Escott, *Slavery Remembered: A Record of Twentieth-Century Slave Narratives*, Chapel Hill: The University of North Carolina Press, 1979, pp. 159-175も参照。

（12） 加藤貴之『花月史——長崎丸山文化史』花月、二〇一一年、三七一—三七三頁、横山百合子「一九世紀都市社会における地域ヘゲモニーの再編——女髪結・遊女の生存と〈解放〉をめぐって」『歴史学研究』八八四、二〇一一年、同「芸娼妓解放令と遊女——新吉原『かしく一件』史料の紹介をかねて」『近世社会史論叢（東京大学日本史学研究室紀要別冊）』、二〇一三年、一六三—一六七頁、Yokoyama, "The Yūjo Release Act as Emancipation of Slaves," pp. 190-191。

（13） 現在の地名への比定は原直史にしたがう（http://hysed.human.niigata-u.ac.jp/blog/2013/06/10/177 最終確認日二〇二〇年七月二六日）。

（14） 人見佐知子は、さらに踏み込んで、芸娼妓解放令には遊女屋仲間の解体が不可避であるにもかかわらず、それが現実の課題となっていなかったばかりか、新たに立ち上がる近代公娼制が、こうした仲間組織を通して再編されていく点を指摘する（人見『近代公娼制度の社会史的研究』一九四—一九六頁）。

（15） Scot Barmé, *Woman, Man, Bangkok: Love, Sex, and Popular Culture in Thailand*, Bangkok: Silkworm Books, 2002, pp. 5-6, 78.; Stefan Hell, *Siam and the League of Nations: Modernisation, Sovereignty and Multilateral Diplomacy, 1920-1940*, Bangkok: River Books, 2010, pp. 164-165.; James A. Warren, *Gambling, the State and Society in Thailand, c.1800-1945*, London and New York: Routledge, 2013, pp. 72, 152.; 飯島明子・小泉順子「「人を〝タート〟にしたくない」——タイ史のジェンダー化に関する一試論」『東南アジア——歴史と文化』二九、二〇〇〇年、小泉「自由と不自由の境界」二六三—二七五頁。

（16） Aphornsvan, "Slavery and Modernity," p. 176.

(17) Bridget Brereton, *A History of Modern Trinidad 1783–1962*, Kingston: Heinemann, 1981, pp. 78–79.; David Eltis, "The Traffic in Slaves between the British West Indian Colonies, 1807–1833," *The Economic History Review*, New Series, 25: 1, 1972, pp. 57–60.; Stanley L. Engerman, "Economic Change and Contract Labor in the British Caribbean: the End of Slavery and the Adjustment to Emancipation," *Explorations in Economic History* 21, 1984, pp. 138–140.; Green, *British Slave Emancipation*, pp. 192–195.; B.W. Higman, "Population and Labor in the British Caribbean in the Early Nineteenth Century," in Stanley L. Engerman and Robert E. Gallman (eds.), *Long-Term Factors in American Economic Growth*, Chicago: Chicago U. P., 1986.; W. Emmanuel Riviere, "Labour Shortage in the British West Indies after Emancipation," *The Journal of Caribbean History* 4, 1970.

(18) HCPP 1837 (521) LIII, 377 [Smith to Glenelg, Barbados, 26 July 1836]。ただし、このような制限にもかかわらず、バルバドス島から英領ガイアナやトリニダードに移住する元奴隷は一定の割合で存在した（Howard Johnson, "Barbadian Immigrants in Trinidad 1870–1897," *Caribbean Studies* 13: 3, 1973, pp. 5–30）。

(19) MAHA PD 1901/XXV/175/236/5 [the Commissioner of Police, Bombay to Consul and Political Agent, Muscat, Bombay, 19 December 1901], MAHA PD 1906/XXVII/131/289 [Commissioner of Police, Bombay to the Secretary to Government, Bombay, Bombay, 30 April 1906], MAHA PD 1902/XLI/169/245–246 [Statement of Abdullah bin Nasib].; 鈴木英明「インド洋西海域周辺諸社会における近世・近代移行期とその矛盾——奴隷制・奴隷交易の展開に着目して」『史苑』七七—二、二〇一六年、一一三—一一六頁。

(20) HCPP 1871 [420] XII, 5.

(21) HCPP 1871 [420] XII, 30.

(22) Deryck Scarr, *Seychelles since 1770: History of A Slave and Post-slavery Society*, London: Hurst, 2000, p. 70.

(23) 大西洋では、二〇万強の奴隷が洋上で救出され、そのうちの一八万九六九人が最終的に新大陸やアフリカ大陸に送り届けられた（Da Silva, Eltis, Misevich and Ojo, "The Diaposra of Africans Liberated from Slave Ship in the Nineteenth Century," p. 367）。大西洋での救出された奴隷とその取扱いに関しては、Rosanne Marion Adderley, *"New Negroes from Africa": Slave Trade Abolition and Free African Settlement in the Nineteenth-Century Caribbean*, Bloomington: Indiana U. P., 2006 も参照。

(24) Victor Bulmer-Thomas, *The Economic History of the Caribbean since the Napoleonic Wars*, Cambridge: Cambridge U. P., 2012, pp. 65–67.; Michael L. Bush, *Servitude in Modern Times*, Cambridge: Polity, 2000, pp. 203–210.; Jo-Anne S. Ferreira, "Madeiran Portuguese Migration to Guyana, St. Vincent, Antigua and Trinidad: A Comparative Overview," *Portuguese Studies Review* 14: 2, 2006, pp. 64–68.; Donna R. Gabaccia, *Italy's Many Diasporas*, London: Routledge, 2004, pp. 65–66.; Richard A. Hawkins, *Pacific Industry: The History of Pineapple Canning in Hawaii*, London: I.B. Tauris, 2011, pp. 40–41.; Walton Look Lai, *Indentured Labor, Caribbean Sugar: Chinese and Indian Migrants to the British West Indies, 1838–1918*, Baltimore: The Johns Hopkins U. P., 1995, pp. 19–49.; ibid., "Introduction: the Chinese in Latin America and the Caribbean," in Walton Look Lai and Tan Chee-Beng（eds.）, *The Chinese in Latin America and the Caribbean*, Leiden: Brill, 2010, pp. 38–45.; ibid., "Asian Diaspora and Tropical Migration in the Age of Empire: A Comparative Overview," in Lai and Tan（eds.）, *The Chinese in Latin America and the Caribbean*.; Brij V. Lal, *Girmitiyas: The Origins of the Fiji Indians*, Lautoka: Fiji Institute of Applied Studies, 2004（1st. 1983）.; Arnold J. Meagher, *The Coolie Trade: The Traffic in Chinese Laborers to Latin America 1847–1874*, Bloomington: Xlibris, 2008, pp. 59–61.; David Northrup, *Indentured Labor in the Age of Imperialism, 1834–1922*, Cambridge: Cambridge U. P., 1995, pp. 43–79.; Skinner, "A Study of Chinese Community Leadership in Bangkok, together with an Historical Slavey of Chinese Society in Thailand," pp. 41–44.; Hugh Tinker, *A New System of Slavery: The Export of Indian Labour Overseas 1830–1920*, 2nd ed., London: Hansib, 1993.;

Ronald Wenzlhuemer, *From Coffee to Tea Cultivation in Ceylon, 1880-1900*, Leiden: Brill, 2008, pp. 64-65, 76-83.; 可児弘明『近代中国の苦力と「豬花」』岩波書店、一九七九年、二一四頁、木村健二「近代日本の出移民史」日本移民学会編『日本人と海外移住——移民の歴史・現状・展望』明石書店、二〇一八年、三一―四五頁。

(25) 世界中の年季契約労働者の移動の総体は、いまだに明らかにされていない。年季契約労働制についてもっとも包括な研究であるNorthrup, *Indentured Labor in the Age of Imperialism*, pp. 156-157では、一八三一年から一九二〇年までのあいだに、二〇七万六六二五人の年季契約労働移民が発生したとしているが、このなかには東南アジアへの移民数がまったく含まれていない。年季契約労働者の移動は、必ずしも排他的に行われていたのではなく、自由移民も同乗していた場合が多く、また、年季契約労働制に含まれる労働斡旋の制度も様々であるので、その総体を明らかにするのはきわめて困難な作業である。

(26) Richard. B. Allen, *Slaves Freedmen and Indentured Laborers in Colonial Mauritius*, p. 17.; Pamela Sooben, "Unlawfully Married," *the Angagé* 2, 2012, pp. 60-61.; Robert Townsend Farquhar, *Suggestions, arising from the Abolition of the African Slave Trade, for supplying the Demands of the West India Colonies with Agricultural Labourers*, London: John Stockdale, 1807.

(27) Jane Elizabeth Adams, "The Abolition of the Brazilian Slave Trade," *Journal of Negro History* 10: 4, 1925, pp. 635-636.; David Baronov, *The Abolition of Slavery in Brazil: The "Liberation" of Africans through the Emancipation of Capital*, West Port: Greenwood, 2000, pp. 152, 162-167.; Robert Conrad, *The Destruction of Brazilian Slavery 1850-1888*, Berkeley: University of California Press, 1972, p. 33.; Ada Ferrer, *Freedom's Mirror: Cuba and Haiti in the Age of Revolution*, New York: Cambridge U. P., 2014, p. 25.; Dale Torston Graden, *From Slavery to Freedom in Brazil: Bahia, 1835-1900*, Albuquerque: University of New Mexico Press, 2006, pp. 1-49.; Evelyn Hu-DeHart, "Chinese Coolie Labor in Cuba in the Nineteenth Century: Free Labor or Neoslavery?" *Black Studies* 12, 1994, p. 38.; David R. Murray, *Odious*

Commerce: Britain, Spain and the Abolition of the Cuban Slave Trade, Cambridge: Cambridge U. P., 1980, pp. 10–13.; Robert L. Paquette, *Sugar is made with Blood: The Conspiracy of La Escalera and the Conflict between Empires over Slavery in Cuba*, Middletown: Wesleyan U. P., 1988.; Rebecca Jarvis Scott, *Slave Emancipation in Cuba: The Transition to Free Labor, 1860–1899*, Pittsburgh: University of Pittsburgh Press, 2000 (1st. 1985), pp. 127–200.

（28） Ronald T. Takaki, *Pau Hana: Plantation Life and Labor in Hawaii, 1835–1920*, Honolulu: University of Hawaii Press, 1983, pp. 127–129.; Tinker, *A New System of Slavery*, p. 161.; M・K・ガーンディー著、田中敏雄訳注『南アフリカでのサッティヤーグラハの歴史』一、平凡社、二〇〇五年、五〇頁、村上衛『海の近代中国——福建人の活動とイギリス・清朝』名古屋大学出版会、二〇一三年、二六一—二七〇頁。

（29）『中外新聞外篇』九、一八六八年閏四月。

（30） 福永郁雄「ヴァン・リード論評」『英学史研究』一八、一九八六年、六二頁。

（31） ただし、時代を経るにつれ、年季契約労働者の移送中の死亡率は低下していく。その背景としては、移送船の巨大化と移送の迅速化、移送に関する規則の制定、大量移送の経験の蓄積などが挙げられる（Northrup, *Indentured Labor in the Age of Imperialism, 1834–1922*, pp. 89–103）。また、渡海前に、労働者の体調などが調べられ、不適格者を乗船させなかったという事情も考慮すべきだろう。一八九〇年代のカルカッタでは、多い年には不適格者は募集された者の一〇パーセント超に達した（Lal, *Girmitiyas*, pp. 59–61, Table 1.4, 1.5）。

（32） 鄭観応「論禁止販人力奴」夏東元編『鄭観応集』上、上海人民出版社、一九八二年、一一二頁。

（33） Northrup, *Indentured Labor in the Age of Imperialism, 1834–1922*, p. 119、塩出浩之『越境者の政治史——アジア太平洋における日本人の移民と植民』名古屋大学出版会、二〇一五年、一三〇—一五三頁、園田節子『南北アメリカ華民と近代中国——一九世紀トランスナショナル・マイグレーション』東京大学出版会、二〇〇九年、五九—一〇四頁、アラン・T・モリヤマ著、金子幸子共訳『日米移民史学——日本・ハワイ・アメリカ』PMC出版、一九八八年、一八二―一八三頁。

(34)　一八七〇年代後半以降は、こうした状況を受け、華人居留地に公使館や領事館が設置されるようになる（貴堂嘉之『アメリカ合衆国と中国人移民――歴史のなかの「移民国家」アメリカ』名古屋大学出版会、二〇一二年、五六―五七頁）。

(35)　Michael L. Bush, *Servitude in Modern Times*, Cambridge: Polity, 2000, p. 206.; Charles J. McClain, *In Search of Equality: The Chinese Struggle against Discrimination in Nineteenth-Century America*, Berkeley: University of California Press, 1994, pp. 79–97.; Northrup, *Indentured Labor in the Age of Imperialism, 1834–1922*, p. 118.; Stacey L. Smith, *Freedom's Frontier: California and the Struggle over Unfree Labor, Emancipation, and Reconstruction*, Chapel Hill: The University of North Carolina Press, 2013, pp. 223–224.; Takaki, *Pau Hana*, pp. 127–176.; 貴堂『アメリカ合衆国と中国人移民』四六、一〇四―一四七、二四三―二四六頁、貴堂嘉之『移民国家アメリカの歴史』岩波書店、二〇一八年、八六―一〇九頁、塩出『越境者の政治史』一四九―一五一、二九四頁、園田『南北アメリカ華民と近代中国』一三四―一六三頁、帆刈浩之『越境する身体の社会史――華僑ネットワークにおける慈善と医療』風響社、二〇一五年、九四―一一四頁、簑原俊洋『アメリカの排日運動と日米関係――「排日移民法」はなぜ成立したか』朝日新聞出版、二〇一六年、二八四―二九四頁。

(36)　貴堂嘉之『移民国家アメリカの歴史』一〇二頁。

(37)　J.E. Corbett, "A Study of the Capetown Agreement," MA thesis to the University of Cape Town, 1947, p. 17.; Ashwin Desai and Goolam Vahed, *The South Indian Gandhi: Stretcher-Bearer of Empire*, Stanford: Stanford U. P., 2016, pp. 33–34.; Uma Dhupelia-Mesthrie, "The Passenger Indian as Worker: Indian Immigrants in Cape Town in the Early Twentieth Century," *African Studies* 68: 1, 2009.; HCPP 1910 [C. 5192] XXVII, 13, 23.; Ashtosh Kumar, *Coolies of the Empire: Indentured Indians in the Sugar Colonies, 1830–1920*, Cambridge: Cambridge U. P., 2017, pp. 212–228.; Hilda Kuper, *Indian People in Natal*, Natal: the U.

P., 1960, pp. 5-9.; David Northrup, *Indentured Labor in the Age of Imperialism 1834-1922*, pp. 144-145.; Tinker, *A New System of Slavery*, pp. 334-366, ガーンディー『南アフリカでのサッティヤーグラハの歴史』一、七五―七七頁。

(38) ガーンディー『南アフリカでのサッティヤーグラハの歴史』一、七六頁。

(39) HCPP 1910 [C. 5192] XXVII, 13, 23.

(40) Kumar, *Coolies of the Empire*, p. 218.

(41) Tinker, *A New System of Slavery*, pp. 339-340.

(42) 鎌田耕一「労働者概念の生成」『日本労働研究雑誌』六二四、二〇一二年、七頁。

終章　奴隷廃止は人類に何をもたらしたのだろうか？

1　本書の論点

接続性と想像力

本書の世界的共通体験とは、まずもって各社会の奴隷廃止が時を共にしている現象であり、つまり、共時性に着目して見出されるものである。この共時性は偶然発生したのではなく、接続性によって実現された。接続性を生成する媒体は本書のなかでも複数見出されたが、そのなかでもこの共通体験を貫いた媒体は想像力であった。奴隷廃止に向かう意思を人びとのなかに育み、実行力を促したのが想像力だった。ただし、それは一枚岩ではない。一連のプロセスのなかで、異なる種類の想像力がいく重にも層をなしている。以下では、それを時代順に整理してみよう。

ヨーロッパ人による新大陸の発見は最初の層を形作った。莫大な発展可能性を秘めた新大陸の発見は、アフリカ黒人を対象とする大西洋奴隷交易の発生に関する最重要の要因であった。その可能性を試すための労働力は聖書的な世界観からも、自他の認識からも、植民者たちにとってアフリカ黒人に求めるのがもっとも適当だった。それは環境への適応力の観点からも、すでにイベリア半島沖の島々などで培われていた経験からしても、彼らの理にかなっていた。しかし、新大陸の発見がヨーロッパ人にとって未知の、想像すら及ばなかった土地が目の前に現れたことを意味していたのを忘れてはならない。彼らを支えてきた世界観は大きく揺るがされ、アフリカ黒人を奴隷化する正当性にも亀裂が入る。つまり、アフリカ黒人を対象とする大西洋奴隷交易はヨーロッパ人にとって整合性と合理性をもつものだったが、その一方で、それに対して疑義を働かす想像力も醸成されていたのである。

この世界観の震撼は啓蒙思想の登場を促し、奴隷廃止の論理的、倫理的基礎が築かれていく。しかし、啓蒙思想は同時に、亀裂の入ったアフリカ黒人を奴隷化する正当性に耐震工事を施しもした。人種の違いが科学的に証明されることで、劣位に置かれた人種を優位に立つ人種がより高きに導くという文明化の概念もひとつの糧に、その正当化が力を蓄えていく。こうした状況下で廃止を実践していったのは、アフリカ黒人奴隷に直接接し、彼らと自らとを重ね合わせる想像力をもつ人びとであった。特にその初期においては信仰の果たす役割が大きい。北米大陸のクエイカーのなかで自らの信条に奴隷廃止の必然性を、自らの境遇と奴隷に共通項を見出す者が現れ出す。信仰と想像力とが軌を一にしたところに、一連の奴隷廃止のプロセスへ想像力が直接的に、そして積極的に貢献する原初がある。ただし、奴隷労働力を不可欠とする当時の北米植民地では奴隷廃止は現実感に乏しい主張でもあった。他方、奴隷廃止のメッセージは信仰のネットワークを伝って大西洋をイギリスへと渡っていく。

とはいえ、信仰は奴隷廃止を世界的共通体験に引き上げる力をもたなかった。いや、大西洋規模でも、イギリス規模でも廃止を実現することはできなかった。信仰の違いは異なる信仰をもつ人びとと信仰に根差した想像力を容易に共有することを拒む。ここから想像力と信仰とが切り離されていく。

クラークソンや後続の廃止運動家たちの採用したロジックとは信仰ではなく、あくまで実証性を前面に押し出すことにあった。このロジックは北米との交流のなかで培われた。啓蒙主義が成熟し、イギリス国内では識字率も上昇し、米独立戦争を機に黒人に接する機会が増し、工場労働者が登場する環境のなかでこそ、そうしたロジックに支えられた彼らの主張は不特定多数と共有可能になっていく。

このようにイギリス国内で奴隷廃止が共有されていくなか、新たな想像力が出現する。道徳資本がそれである。奴隷廃止が不特定多数に広がっていくなかで、奴隷廃止を声高に主張する人びとが重ね合わせるのは奴隷と自分自身ではなく、奴隷問題と自らが課題とする社会問題とに移行していく。奴隷廃止を促す想像力が奴隷そのものではなく、自らの抱える問題に向かい出すのである。奴隷廃止が別の何かの実現のための手段となっていく。この点において、サン・ドマング喪失を阻止しようとして奴隷廃止に行き着いたフランスの経験や、植民地支配からの独立を念頭に置きながら奴隷廃止を進めていくシモン・ボリーバルの立ち居振る舞い、合衆国の護持を最優先にしていたリンカンによる奴隷解放宣言も、奴隷廃止が手段化していくという意味でイギリスの経験と同一線上に置かれる。奴隷廃止が手段化することは、廃止の主体がそこに倫理や道徳、信仰に根差すのではない何らかの現実的な利益を見出すことでもある。つまり奴隷廃止は、奴隷廃止とそれぞれが手に入れたいものとが連動するという想像力をもって、各地で初めて現実のものとなる。

手段化する廃止と並行するいくつかの共時的現象

奴隷廃止が目的から手段へと移行するこの流れのなか、文明化という補助線を獲得した植民地支配と奴隷廃止とは互いにより近接する。たとえば、仏アルジェリア侵攻の経験はそれをもっとも雄弁に語る。また、自国に有り余る自由黒人を共生不可能な存在と見なし、彼らを文明化の使者という格好の良い存在に仕立て上げ、再びアフリカ大陸に送り返し、そうやって植民地建設を試みた英領シエラレオネや米領リベリアの経験も同じ線上に列せられる。

こうして文明化を介して想起される奴隷廃止と植民地化の近接は、その周囲にいる人びとに進歩の必然性を導き出す。文明化されれば、その進歩の過程のなかで奴隷制は自然と消滅の途をたどる。もし、ある社会に奴隷制が存在するのであれば、それは文明化の程度が低いからなのであり、文明の高い者がその社会を進歩に導くという弁明のもとで支配に正当性が与えられる。この一連のロジックが、たとえば日本における芸娼妓解放令やタイのタート制廃止を導く強い引力となった。つまり、立ち上がりつつあった国際社会における自らの立ち位置の確保を喫緊の課題とするなかで、廃止が構想されていくのである。奴隷廃止は国際社会と自らとの距離を縮める絶好の機会を提供した。明治政府が作成したいくつもの外国語小冊子はそれを色鮮やかに体現する。ただ、芸娼妓やタートは果たして大西洋のプランテーション奴隷とその社会的機能において同類の存在だったのだろうか。これは奴隷の定義という難問に直結する。しかし、この問題が当時、十分に議論された痕跡はない。むしろ、明治政府にとっても、ラッタナーコーシン朝にとっても、そんな定義云々は重要な問題ではない。芸娼妓やタートの解放は、国際社会に入り込み、そこでの立ち位置を確立するという眼前の課題にも、その他の政治的課題の解決にも十分に貢献しうるものとして想起されたからこそ実行されたのである。たとえば、従来の間接的な民衆統治から直接的なそれへの移行を試みるうえで、芸娼妓やタートを解放することは大いに意義あることと見なされた。廃止によって民衆は直接的に、そして一様に国家に結びつけられた存在として位置づけられていく。近代的な国民の創出である。現在、私たちがタイと呼ぶ国は「タイ王国」という正式名称をもっている。タート制廃止が達成されたのちの一九三九年にそれまでのシャムからタイに変更されたのだが、そこに含まれる「タイ」という語がタイ族の自称であるとともに、「自由」という訳語をもつのはこの意味で非常に示唆的である。こうした一連の過程のなかで、新たな時代は崇高な理想とともにやって来て、奴隷制はそれと引き換えに廃止されるべき存在として立ち位置を与えられる。奴隷制はつまり乗り越えられた過去、あるいは乗り越えるべき現実として訣別の対象となっていく。これは転じて、奴隷的心性なるものを規定し、それが自己の内部に存在する事実を受け止め、自己批判する東アジア各地で見られた言説にも色濃く投影される。ここに、北米植民地を喪失したイギリスで、自らと袂を分かった合衆国に対して、より完全な自由を体現する存在として自らを規定しようとする動きも含めることができるだろう。本書の冒頭で触れた奴隷や奴隷制に対する地球規模の忌避や拒絶の感情の発生を、こうした過程のなかに認めることはできないだろうか。つまり、奴隷や奴隷制は、古い秩序を打破した自らの内にはあってはならないものなのであり、それらが自らの内——心の内側であれ社会の内側であれ——に存在することを認めるのは、自らの来し方を否定することにつながるのである。

他方、エチオピアの奴隷廃止と国家の存亡に関する悲劇的な結末、仏領西アフリカやペルシア湾における廃止の大幅な遅延は、奴隷廃止が手段化し、世界的共通体験となっていくなかで、いかに廃止が形骸化していったのかを如実に語る事例である。これらの経験のなかに、奴隷と自らとを重ね合わせて廃止を希求する想像力を見出すことは難しい。そこで見出せるのは、廃止の背後にあるはずの理念がいつの間にか消え失せ、何か別の目的のために使い回される奴隷廃止のやつれた姿である。これと併せて指摘したいのが、仏領西アフリカやペルシア湾に残った奴隷制は帝国政策の観点から意図的に見すごされたという事実である。しかし、前者であれば、征服活動の完了を機に奴隷制が廃止される。ここに奴隷廃止が高度に政治化される現実を認めることができる。そのような奴隷廃止に哲学的、倫理的、宗教的、道徳的あるいは人道的な要因が見出せたとしても、それらはあまりにも微弱な要因でしかない。

一連の手段化のプロセスと並行していた別の地球規模の共時的現象として、世界経済の空間・規模的拡大がある。一九世紀初頭以降、英仏などの植民地における廃止を受け、砂糖の世界的生産地として新たな奴隷需要が生まれたキューバ島やブラジルを筆頭に、大西洋では依然として奴隷制が存在しており、奴隷交易も活性化していた。同時に、インド洋西海域のいくつかの場所も忘れるわけにはいかない。世界商品の生産欲求は奴隷廃止と同じように地球規模に拡張していく。ここに大いなる矛盾を見出すことができる。つまり、奴隷交易の廃止がウィーン会議で議論されているまさにそのとき、インド洋西海域やキューバ島、ブラジルでは奴隷の獲得に力が入れられていたのである。

大西洋でも、インド洋でも、奴隷輸送は継続するが、それは条約の締結によって監視の対象となっていく。そのなかでイギリスの海洋支配が確立していった。特にインド洋西海域でのそのプロセスに見える想像力とは、きわめて一方向的なものだった。英王立海軍は彼らが大西洋で成功を収めた方法と論理とをそのままこの海域に持ち込み、それを押し通す。その結果、奴隷を輸送していない船すら拿捕や臨検、あるいは破壊の対象になった。これによって、遅くとも『エリュトラー海案内記』が成立した一世紀半ばには機能していたとされる海洋交易は大きな打撃を受けた。これは奴隷交易の多様な実態を無視し、地球規模で単一な奴隷交易が強引に想起され、そのイメージのもとでこの交易が廃絶されていくプロセスである。その強引で傲慢な想像力は、インド洋西海域の各地を歩き、奴隷制の実態に接し、その理解に困惑する欧米人旅行者たちの姿と好対照である。

大いなる矛盾と奴隷廃止、年季契約労働制

一九世紀に露わとなった大いなる矛盾は、経済的なグローバル化と政治的な色合いを帯びていく奴隷廃止のグローバル化が生み出した現象である。片方で奴隷を求め、もう片方で奴隷を廃絶しようとする真逆のベクトルの綱引きは、奴隷廃止が世界的共通体験になった事実からすれば、後者に軍配が上がったように一見、見える。しかし、奴隷廃止を世界史的共通体験と見なすならば、物言いをつける必要がある。なぜならば、奴隷廃止とはあくまでも法的な廃止にすぎず、経済的なグローバル化が必要とする奴隷の代替労働力が合法的に誕生しているからである。その一部は元奴隷が担う。彼らの多くは新たに編み出された合法的な手段で、再び奴隷廃止前と同じような役割を押しつけられる。ただし、経済的なグローバル化が要求する労働量は彼らだけではまかなえない。そこで、年季契約労働者が登場する。奴隷制と年季契約労働制とは、制度としては峻別されるべきだろう。最大の相違は契約の有無である。ただし、奴隷廃止という世界史的共通体験のプロセスをたどっていくならば、前者から後者への移行は断絶ではなく、連続、あるいは修正的かつ拡大的な再現として理解すべきだろう。

年季契約労働者になった人びとの出自は多様である。元奴隷が年季契約労働者になった事例も少なくない。他方、彼らとは別に、世界中で年季契約労働者が生まれていく。その境遇は奴隷と呼ばれた人びとと驚くほど類似性が高い。場合によっては、元奴隷の年季契約労働者たちが奴隷だった頃のほうが良かったと言い出すくらいだった。彼らの労働の管理監督は奴隷制の頃と異なり、一様に国家が深く介入するようになる。年季契約労働制が合法であるのは、何よりもそこに契約があるからである。国家や使用者は年季契約労働者の契約書への署名や捺印を根拠に、自由意志に基づく合意を強弁する。しかし、労働者たちが難解な法律用語の散りばめられた契約書を十全に理解して合意していたのかは、大いに疑問が残る。とはいえ、合意の証拠は残されているのである。それは国家や使用者が自らの正当性を強弁する際の根拠にはなれども、反証とはならない。私はここに使用者や管理者たる国家の労働者に対する想像力の停止を見て取りたい。契約書によって労働者の境遇に向けられるはずの想像力が遮られたのだといえば、それは彼らに対する最大限の弁護になるだろう。いずれにせよ、契約による合法的な奴隷の代替が誕生するのである。

多くの場合、よそ者でもあった年季契約労働者たちは異郷で社会的結合を求める。プランテーションには様々な出自の人びとが混在する場合が少なくなかったが、そこで生まれる社会的結合は民族や人種、国家を媒介としていた。彼らの助けを求める声に応答するのは、身近にいるはずの出自の異なるプランターや現地の政府ではなく、遠く海を隔てた向こうの出身国の政府であり、彼らを同胞と見なすその国民であった。それは、インドの場合を好例に、海をまたいで強い民族意識や国民意識を醸成していく。インドの場合についていえば、年季契約労働移民は奴隷と重ね合わせて想起されることで、民族意識を高揚させた。年季契約労働制が奴隷制とは異なり、労働者の自由意志に基づくものであるという強弁を押し通してきた植民地支配者たちは、想起された奴隷を介して年季契約労働制と民族主義とが結合する現実に直面し、インド人年季契約労働者の移民を禁止する。

2　世界史的共通体験の行く道

その先にある現代①——記憶と補償(1)

奴隷廃止という世界史的共通体験は今日もまだ続いている。そこで、本書の最後にいくつかのテーマを通して、この共通体験の延長線上に現代を位置づけてみたい。

一九九〇年代以降、国際社会で奴隷制や奴隷交易は人道に対する罪であると規定されるようになっていく。それはとりわけ、通称ダーバン会議（二〇〇一年）における宣言文書を契機に広く認知されるようになった。これに関連して、奴隷制や奴隷交易、あるいはそれらの廃止について、国家レヴェルを超えて、国際社会が自らの歴史に留めようとする動きも活発である。ユネスコは一九九四年から二〇年をかけ、奴隷制と奴隷交易の歴史に関する情報を世界規模で収集・調査する「奴隷ルートプロジェクト」を実施した。これに先立って制定されたものも含め、現在、少なくとも四一の世界遺産の説明に奴隷という語句を認めることができる。また、ユネスコが同じく制定する記憶遺産についても、現在、六件が登録されている。また、英議会での奴隷交易廃止法可決から二〇〇周年を迎えた二〇〇七年、国際連合は、この法が可決した三月二五日を「奴隷及び大西洋間奴隷交易犠牲者追悼国際デー」に制定した。このように、奴隷制や奴隷交易、それらの廃止は、国民国家のなかばかりでなく、国際社会においてもその歴史のなかに居場所を確保したように見える。

これと並行するように、歴史的な奴隷制や奴隷交易に関する賠償の問題も繰り返しニュースになっている。記憶に新しいところでは、二〇一三年、カリブ海周辺の一四か国と一地域からなるカリブ共同体が賠償委員会を設立し、英仏葡西蘭の旧宗主国に対して、植民地時代の先住民の大量殺害、大西洋奴隷交易と奴隷制に関する人道に対する罪を追及し、謝罪と賠償を現在、求めている。具体的には、公式の謝罪に加え、アフリカ系住民のアフリカ大陸への帰還事業、先住民コミュニティに対する開発プログラム、公衆衛生事業などの実施、人道に対する罪に関する啓蒙施設の設置、債権の放棄など一〇点を含めた「テン・ポイント・アクション・プラン」の実施を求めている。これとは対照的なのがアフリカ諸国の動向である。ダーバン宣言は人権侵害の被害者の補償を求める権利も明言しているが、アフリカ統一機構内にはすでに一九九〇年代から、ホロコーストに関する、また合衆国内のアフリカ系アメリカ人による補償請求運動に影響を受け、本書でも言及したウォルター・ロドネーのアフリカ低開発論を理論的な柱として、奴隷制、奴隷交易および植民地支配に対する補償を求める動きが存在していた。また、一九九一年には、トーゴ、セネガル、ナイジェリアの首脳が奴隷交易の過去への補償として、アフリカ諸国の負債の清算を勧告している。しかし、その一方で、ダーバン会議の直前、就任直後のセネガル大統領アブドゥライ・ワッドは、補償でいくばくかの金を手にすることで奴隷交易の過去が清算されてしまうことを不条理かつ侮辱的であると強く反対している。こうした反対について、奴隷問題にアフリカ諸国の低開発の責任を押しつけ、補償問題にのめりこむことで、低開発という現状を打破するためのより直接的な問題（独裁など）への注意を逸らしてしまうのを回避する意図を汲み取る分析も存在する。また、補償を強く求める論者のなかでも、インド洋西海域などイスラーム教徒のかかわる奴隷交易を大西洋奴隷交易と同質の問題として扱うかについてなど、立場の相違が見られる。アフリカ統一機構は二〇〇二年に発展改組しアフリカ連合となるが、現在、この新組織では組織的な補償運動は展開されていない。

このように、奴隷制や奴隷交易の過去は、植民地支配という過去とも深く連動し、被害者と加害者という二項対立を基盤としながらも、たとえば補償の問題について被害者とされる側でも多様な見解が存在しつつ、未解決の現在進行形の問題としていまだ私たちの手元にあるのである。

その先にある現代②——現代奴隷制(2)

その対象が二七〇〇万人とも、三六〇〇万人ともされる現代奴隷制もまた、私たちが奴隷廃止という世界史的共通体験のなかにいることを確認させる。「現代奴隷制」という語が指し示す対象を人身売買に限定する論者もいれば、児童労働など幅広い対象を含む者もいる。ただし、経済的に最大限の搾取をされる対象をそこに含めるのは共通している。現代奴隷制ではかつての奴隷制と異なり、多くの場合、ある個人が奴隷である期間は短期間であるとされる。というのは、人口の爆発的増加や貧困の深化によって、奴隷の予備軍はそこかしこにおり、その価格が安いからである。したがって、合法的な所有権が回避され、短期間に可能な限りの経済的搾取を行い、使いものにならなくなればその奴隷は捨てられ、新たな奴隷が調達される。可能な限りの経済的搾取を実現するためには暴力が用いられ、これも多くの論者によって現代奴隷制に不可欠な要素とされる。

ここで現代奴隷制を取り上げたのは、それが経済的なグローバル化と深く関連しているからである。より高い利益を実現するために資本は世界中、より安価な労働力を求めてどこへでも飛んでいく。人やモノ、通信の往来が加速度的に安易に、かつ迅速になっている現在、資本の移動は驚くほど自由で速い。地球規模での一体化は資本家たちにより熾烈な競争を強いて、経済利益のより効率的な追求が一層なされていく。現代奴隷制はこうした文脈のなかで発生してきたものにほかならない。ただし、これは現代が生んだ突然変異ではなく、本書で扱ってきた世界的共通体験の延長線上、つまり奴隷廃止という世界史的共通体験の一環として理解すべき現象である。現代奴隷制は多くの場合、契約によって成り立っている。暴力によって強制的に契約が結ばれることもあるが、貧困などに背中を押されて自らの意志で契約する場合も少なくない。契約の概念こそは、奴隷廃止という世界的共通体験が形成されていくなかで世界中の労使関係の基調となったものであった。労使が合意した契約書はその内容の履行に強い力を有する。本書では、奴隷制や奴隷交易のなかには生存のためのセーフティ・ネットの側面があると指摘したが、現代奴隷制にそれを見出すことは難しい。なぜならば、現代奴隷制において奴隷は使い捨てられる存在だからである[3]。

この「使い捨てられる」という表現は衝撃的である。しかし、立ち止まって見れば、この表現はあまりにも労働者を受け身として捉えすぎている。自由意志をもつ労働者はその意思に従って、まさに自由に蝶の如くに労働環境を変えれば良いではないか。労働における自由意志こそが、奴隷廃止という世界的共通体験によって人類が等しく得たものではないか。しかし、そんなレトリックに現実味がないのは明らかである。明日の食糧を獲得しなくてはならない人が悠長に仕事を選べるだろうか。自由な意思がそこにあったとしても、それは様々な要因によって制限を受け、なかば使い捨てられることを承諾するかのようにして契約が結ばれる。ここに現代日本が抱える非正規雇用の問題を連結させても、私には大きな問題がないように思われる。改めて「自由」とは何なのだろうか。こうした問いが改めて問い直される状況も本書が扱った世界史的共通体験の現在地点なのである。

その先にある現代③――人道主義と保護の放棄(4)

ここで立ち止まりたい。ここまで現代的な問題に関連して登場してきた奴隷制や奴隷交易のほとんどが大西洋、ないしはアフリカ大陸に関連したものである事実に注意を喚起したい。先述のユネスコ「奴隷ルートプロジェクト」は、世界中の奴隷制に関する起源、展開、帰結について新たな知見を確立し、それに起因する地球規模の変容と文化接触の解明を進めることで、平和の文化、新たなアイデンティティとシチズンシップの構築を目指すとされる。しかし、実際に扱われる事例のほとんどがアフリカ大陸とカリブ海を含む南北アメリカ大陸にあるのは否定のしようがない。また、国際社会で話題となるのは、現代奴隷制も含め、経済的な搾取を主たる目的とした経済奴隷制であり、そこに奴隷を供給する交易である。世界的共通体験のなかで廃止された奴隷制や奴隷交易の総体と、その共通体験の延長線上にいるはずの私たちが想起する奴隷制、奴隷交易とのあいだには大きな隔たりがある。

では、こうした議論から抜け落ちてしまったその他の廃止の経験は、現代社会に何も影響を及ぼしていないのだろうか。そんなことはない。ふたつの問題を挙げたい。奴隷廃止が世界的共通体験へ転化するきっかけは、それが手段化したところに求められる。奴隷廃止それそのものを目的とするというよりも、植民地化や支配構造の転換などの目的を達成する手段としてそれが遂行されていった。そして、たとえば植民地化の場合に見られた文明の使命など、崇高な理念が手段化の本性を覆うために用いられた。こうしたあり方は現代の国際社会でも見出すことができる。人道的介入はその最たる事例である。人道的介入は武力による他国民の人道危機の阻止というように一般的に想起されるが、武力も含んで、より広く様々なアプローチを含んだ複合的なプロセスとして捉えるべきだろう。

人道的介入が一般社会で関心を引きつけるのは、それが主権をもつはずの他国への介入、すなわち主権侵害——しかも、それは往々にして武力を伴う——に見える一方で、それを人道主義という、一見、誰からでも正義に見えるものが後支えしているという矛盾した状況を生み出すからである。多くの論者は人道主義を、「他者の痛みに対する共感、およびそれを動機として、その痛みに対処しようとする思想と行動」として捉える傾向にある(5)。人道的介入の動機として重要だとされる共感は、政策決定者の個人的なものだったり、世論がそれを構築する場合もある。奴隷廃止という世界史的共通体験を踏まえるのであれば、問題は「他者の痛みに対する共感」という貴い感情が、いかようにも手段化に利用されうるところにある。また、人びとの共感の対象となった「奴隷」なる存在が世界各地で発見されるプロセスに様々な意図が絡んでいた事実を忘れてはならない。

もうひとつの論点は、国家による保護の問題にかかわる。廃止された制度の多くには、奴隷とされる人びとの保護がそのどこかに内包されていた。もちろん、そうした保護と引き換えに何らかの搾取が伴っていたのも事実である。こうした主従関係は廃止された制度下では個人間で築かれる場合が多かったが、タイや日本の事例で顕著なように、奴隷廃止によって、国家がかつて奴隷とされた人びとと直接的な関係を結ぼうとする。彼らも含めて、国家に対して少なくとも建前上は平等な国民が生み出される。タイの事例で触れたように、奴隷廃止は国民からの徴税や徴兵制の施行と並行していた。では、こうした搾取に対して、国家は何を国民に与えたのだろう。社会保障はそのひとつである。とりわけ、一九四八年の世界人権宣言の前文でそれが人権と結びつけられて以降、各国はその拡充を試みてきた。しかし、多くの国家ではこんにちに至るまで不十分なままであるし、日本ではその綻びが明らかである。日本についていえば、非正規雇用などの労働環境をめぐる問題もその近隣にある問題として考慮に入れるべきだろう。これらの問題については、国家財政や産業構造の変化など、様々な理由で説明されるが、奴隷廃止の世界史的共通体験という歴史的視座に立つならば、国家の責任について改めて問い直される必要があるはずである。同時に、様々な背景があるにせよ、国家が社会保障をはじめ、国民の保護をあからさまに放棄していくのだとすれば、奴隷廃止という世界史的共通体験は新たな局面を迎えているともいえる。

世界史的共通体験のなかに生きる私たち

奴隷廃止は人間によって作られたものが人間によって壊されるという点で、人類にとって初めての共通体験であった。この共通体験は人権や自由、平和といった、現代の私たちがきわめて崇高な価値を認める様々な概念を実現したきわめて輝かしい体験のように見える。現代において、国家単位でも、国際社会規模でも、奴隷制や奴隷交易を容認しない強い意志は、周年行事や記念碑によって繰り返し確認され、私たちに奴隷廃止を達成したという自信と安堵を与えるようでもある。しかし、そこでいう奴隷とは、一体、何を指しているのだろうか。いま、本書を結ぼうとするこの段階で、改めて本書の序章で紹介した一九二六年奴隷条約の定義を見返しても、やはり私にはピンとこない。ただし、「奴隷」という言葉に触れたとき、反射的に想起するイメージはおぼろげながら存在する。これは読者の多くも同じではないだろうか。おそらく、その正体は一方的な搾取の対象にされる人びとだろう。振り返れば、本書の序章で紹介した私のペルシア湾岸での経験——過去における奴隷制の存在をかたくなに否定された経験——も、私の友人がおそらく、そうした奴隷像をイメージしたからではなかったのだろうか。これこそが奴隷廃止という世界的共通体験が人類にもたらした大きな遺産のひとつである。そして、そのイメージは上に述べた安堵感と相まって、進歩の果てに現代の人類が訣別した過去の一般的象徴にもなる。おそらくは私がタイの蠟人形館で出会った子供たちや未来の人類もそれを共有していくのだろう。

しかし、その一方で、合法的に、契約書によって証明される合意のもとに、奴隷制がなくなったはずの現代においても、そうしたイメージのなかの奴隷制とそれほど変わらないような現実を生きる人びとがこの地球上に存在する。世界規模で共有される奴隷像とそこに付帯する観念や感情は、あたかも人類に思考停止を促し、このもうひとつの現実を隠避しているかのようでもある。そこで思い起こさなくてはならないのが、奴隷廃止とは手段化された結果、法的な範囲に留まり、それを本質的に根絶したのではないという事実であり、その代替がその時々の合法的とされる範囲内で連綿と生み出され、現在に至っている現実である。加えて、奴隷廃止を手段化することで従来の保護のあり方を解体し、個人と直接的な関係を結ぼうとした国家は、多くの場合、その関係に含まれていたはずの個人の保護を放棄しようとしているようにすら見える。現代日本においても、それに与する政策が続々と生み出されている。現代のグローバル化と足並みをそろえるように新自由主義が力を強め、自由の名のもと、過酷な競争と国家からの薄い保護のなかに生きることを余儀なくされる私たちは、紛うことなく奴隷廃止という世界史的共通体験のなかに立っている。

奴隷廃止という世界史的共通体験は現在地点では、片方で忌まわしい過去に対する訣別の感覚と現在への安堵、そして未来に対する希望を現代の人類に共通して抱かせ、もう片方で訣別したはずの過去の再帰のような現実を突きつけている。前者だけを見るのは自己欺瞞にほかならない。果たして私たちはより良い生を全うするという意味で進歩してきたのだろうか。もしかしたら、同じところを行ったり来たりしているだけかもしれない。いずれにしても、いま私たちの目の前にあるこの矛盾した状況は突然、飛び出して来たものではなく、長い時間をかけて作り上げられてきたものなのである。立ちふさがる現実に対症療法的な処置は功を奏さないだろう。この現実のなかを進んでいくのには、まず、立ち止まり、奴隷廃止という世界史的共通体験としての現在位置を確認することが必要である。そのためには、接続性をよりどころとし、広い時空間のなかに私たちの生きる現実を位置づける想像力が不可欠である。これは目の前の問題の解決には直結しないが、しかし、それを欠いては、私たちは確たる歩みを進めることができないはずである。

（1） http://caricomreparations.org/; https://en.unesco.org/themes/fostering-rights-inclusion/slave-route.;

https://www.un.org/en/events/slaveryremembranceday/.; "Press Release: Acknowledgement of Past, Compensation urged by Many Leaders in Continuing Debate at Racism Conference"（https://www.un.org/press/en/2001/rd942.doc.htm）（以上、すべて最終確認日　二〇二〇年八月四日）, Rhoda E. Howard-Hassmann, "Reparation to Africa and the Group of Eminent Persons," *Cahiers d'étude africaines* 173–174（2004）.; ibid., *Reparation to Africa*, with Anthony P. Lombardo, Philadelphia: University of Pennsylvania Press, 2008.; *Legacies of Slavery: A Resource Book for Managers of Sites and Itineraries of Memory*, Paris: UNESCO, 2018.; Alamin Mazrui and Willy Mutunga（eds.）, *Debating the African Condition: Ali Mazrui and His Critics*, Trenton and Asmara: Africa World Press, 2004, pp. 275–480.; Daniel Tetteh Osabu-Kle, "The African Reparation Cry: Rationale, Estimate, Prospects, and Strategies," *Journal of Black Studies* 30: 3（2000）.; 永原陽子編『「植民地責任」論——脱植民地化の比較史』青木書店、二〇〇九年、「特集奴隷展示は問う」『月刊みんぱく』五〇四、二〇一九年。

（2）　Kevin Bales, Zoe Trodd and Alex Kent Williamson, *Modern Slavery: Beginner's Guides*, Oxford: Oneworld, 2009.; Julia O'Connell Davidson, *Modern Slavery: The Margins of Freedom*, New York: Palgrave, 2015.; Siddharth Kara, *Modern Slavery: A Global Perspective*, New York: Columbia University Press, 2017.; ケビン・ベイルズ著、大和田英子訳『グローバル経済と現代奴隷制』凱風社、二〇〇二年。

（3）　こうした現代奴隷制について、二〇一五年三月、イギリス政府は現代奴隷法（2015 c.30）を制定した。同法は、英国内で事業を行い、年間売上高が三六〇〇万ポンド以上の営利団体や企業に、英国内に本社のあるなしにかかわらず、自社およびそのサプライチェインにおいて、現代奴隷制と人身取引を防止する具体的な取り組みを年次報告書で公表することを求めており、多くの日本企業もそのウェブサイトなどで報告書を公開している。一部の企業は、その日本語訳も公開している。

（4）　五十嵐元道『支配する人道主義——植民地統治から平和構築まで』岩波書店、二〇一六年、小松志朗『人道的介入——秩序と正義、武力と外交』早稲田大学出版部、二〇一四年、二—四四頁、ジャン・ブリクモン著、菊池昌実訳『人道的帝国主義——民主国家アメリカの偽善と反戦平和運動の現実』新評論、二〇一一年。また、人道的介入に関する研究動向については、千知岩正継「日本語で読める人道的介入・「保護する責任」の文献リスト」『社会と倫理』二九、二〇一四年が有用。

（5）五十嵐元道『支配する人道主義』、八九頁。

あとがき

いま、この新型コロナウィルスの世界的な蔓延の只中にいる。本書を構想したとき、まさかあとがきをこうした状況下で書くとは予想だにしていなかった。もちろん、この蔓延は本書で論じたものとは少々異なっているが、世界的共通体験であることには変わりがない。そしてまた、この新たな疫病が作り出す共通体験を引力の一端としていわゆるブラック・ライヴズ・マター（ＢＬＭ）と呼ばれる一連の運動が生じている。日本でもこの問題は広く関心を呼び、大都市圏を中心に集会やデモが行われている。ミネアポリスでアフリカ系アメリカ人ジョージ・フロイド氏が警官に殺害され、その際の録画動画がＳＮＳを通じて広く拡散されることで、合衆国はおろか、世界的な運動へと昇華した。それまでごく当たり前のようにして町中にあったいくつもの銅像が引きずり降ろされ、川に放り投げられるものもあった。そうしたニュースを見ながら、私たちが奴隷廃止の世界史的共通体験のなかに生きていることを私は強く再確認させられた。この運動、そして新型コロナウィルスの問題が今後、どのように展開していくのか、詳細なことは誰も知るわけがない。しかし、少なくとも、新型コロナウィルスの顚末がいかになろうと、それが私たちの日常を変えていき、私たちの歴史観にも影響を及ぼしていくだろうし、このＢＬＭ運動はそれと相まって、奴隷制や奴隷交易、奴隷廃止に対する現代社会の向き合い方に一石を投じるのは間違いないはずである。史料に没入していく歴史研究はどこか浮世離れした行為に思われがちであるが、いまこうした状況下に身を置き、ふと立ち止まると、そうではなく、すぐれてそれは現在の学なのであると改めて強く感じている。

さて、本書はまずもって羽田正東京大学教授（当時）を代表とする日本学術振興会科学研究費補助金プロジェクト「ユーラシアの近代と新しい世界史叙述」（通称ユーラシア科研）の成果の一部である。そのなかで奴隷をテーマとする一連の研究会に中心的にかかわらせていただいた経験とそこで得た知見が本書の基礎となっている。幾度かの研究会を経て、二〇一二年にはそれをテーマの一部とする国際会議を島田竜登東京大学准教授と共に組織させてもらい、その後、奴隷に関する部分を編集し、NUS Press から二〇一六年に論文集 *Abolitions as A Global Experience* として刊行することができた。どういう経緯で奴隷を対象とする研究会を開催する機会に恵まれたのか、どうして奴隷廃止に焦点が絞られていったのか、それらに関してこれという決定的な出来事は思い出せない。ただ、当初は世界中に奴隷がいたのだから、そうした事例を集めれば、何か「新しい世界史」ができるのではないか、そうした漠然とした感覚しかなかった記憶がある。しかし、進めるにしたがって、そもそも世界中に奴隷がいたという感覚そのものを問うようになり、その感覚のもとを辿ろうとするなかで、奴隷廃止という世界的共通体験の存在に気が付いたのだった。国際会議を含む一連の研究会と論文集では国内外の第一線で活躍する研究者の深い知見に接することができ、論文集にも優れた論考を寄せていただき、そうした環境にいるうちに、自分でひとつの物語として奴隷廃止の世界史を描くことができないかと思うようになっていった。そして、このテーマで本シリーズの執筆者に名乗りを上げたのだった。

ユーラシア科研ののちも、グローバルヒストリーや奴隷、それに関連するテーマを対象とした国内外の幾つものプロジェクトに参加させてもらい、多方面からの刺激を常に受けることができたのは大変幸いだった。また、現在、私は国立民族学博物館に所属している。言わずと知れた世界でも最大規模の民族学博物館だが、世界各地を専門とする教員の研究室が並ぶ研究部のあるフロアもロの字型の廊下を一周すれば、なにか世界を一周した気になる。その感覚が私はこの上なく好きだ。また、大きな図書室をうろうろとして見つけた書籍のいくつかは本書を執筆するうえで欠かせないものとなった。こうした環境で得た刺激も本書を書き上げるうえでとても重要だった。本来ならば、その後に参加させていただいた様々なプロジェクトの題名やそれら、さらにはユーラシア科研の奴隷研究会や論文集でお世話になった方々のお名前をここで挙げて、お礼を申し上げるべきだが、万が一に誰かの名前を忘れたりすると、あとあと大変に気まずくなるのは確かで、そういうことが絶対起こり得ないという確信を持てないので、それはここではせず、個人的に行うことにしたい。とはいえ、シリーズ監修者の羽田正先生と東京大学出版会の山本徹さんのお名前をここで挙げさせていただき、深く感謝を申し上げたい。本書は本来ならばもっと早くに完成しているはずであったにもかかわらず、お二人には文字通り辛抱強く、絶えず有益な助言と励ましを与え続けていただき、本書はようやくにして刊行に漕ぎつけたのである。

奴隷研究は昨今の世界的な隆盛に比して、日本ではまだまだ未開拓の分野であるように思う。一般的に想起される奴隷のイメージからすれば、日本ではこのテーマはどこか遠くにあるもののような気がしてしまうのは決して間違ってはいない。しかし、だからといってそうしたテーマは外国語の文献やその翻訳を読めば事足りるというわけでは決してないはずである。そもそも、本書でも論じたように、奴隷廃止の世界的共通体験に日本も加わっていたのであるし、私たちがその世界史的共通体験の延長線上に立っているのも確かなことだからだ。こうしたテーマについても、日本語で思考を積み重ね、議論を醸成していくことは、不可逆的に進んでいくかのようなグローバル化のなかに生きる私たちにとって大変重要なはずだ。今後は少し角度を変えながら、私はこの問題を引き続き考えていきたいと思っている。

二〇二〇年盛夏

鈴木英明

索　引

人名索引

事項索引

さ　行

著者略歴
1978 年生
2001 年　学習院大学文学部史学科卒業
2003 年　慶應義塾大学大学院文学研究科・東洋史学分野修士課程修了
2010 年　東京大学大学院人文社会系研究科博士課程修了．博士（文学）
2014 年　長崎大学多文化社会学部准教授
2018 年　国立民族学博物館グローバル現象研究部助教
現　在　国立民族学博物館グローバル現象研究部准教授

主要著書
Slave Trade Profiteers in the Western Indian Ocean: Suppression and Resistance in the Nineteenth Century (Palgrave, 2017 年)
Abolitions as A Global Experience（編，NUS Press, 2016 年）
『東アジア海域から眺望する世界史――ネットワークと海域』（編，明石書店，2019 年）

シリーズ・グローバルヒストリー2
解放しない人びと、解放されない人びと
――奴隷廃止の世界史

2020 年 10 月 30 日　初　版

［検印廃止］

著　者　鈴木英明《すずきひであき》

発行所　一般財団法人　東京大学出版会
代表者　吉見俊哉
153-0041 東京都目黒区駒場4-5-29
http://www.utp.or.jp/
電話　03-6407-1069　Fax 03-6407-1991
振替　00160-6-59964

組　版　有限会社プログレス
印刷所　株式会社ヒライ
製本所　誠製本株式会社

ISBN 978-4-13-025172-3　Printed in Japan